EXODUS:

Deslocamentos na literatura, no cinema e em outras artes

EXODUS:

Deslocamentos na literatura, no cinema e em outras artes

Daniela Birman
Francisco Foot Hardman
(Orgs.)

Relicário

EXODUS

CAPES

Dados Internacionais de Catalogação na Publicação (CIP) de acordo com ISBD

E96

Exodus: deslocamentos na literatura, no cinema e em outras artes / organizado por Daniela Birman, Francisco Foot Hardman. - Belo Horizonte, MG : Relicário, 2020.

244 p. : il. ; 15,5cm x 22,5cm.

Inclui índice e bibliografia.

ISBN: 978-65-86279-05-4

1. Teoria e crítica literária. 2. Artes. 3. História cultural. 4. Deslocamentos. I. Birman, Daniela. II. Hardman, Francisco Foot. III. Título.

CDD 809

2020-994 CDU 82.09

Elaborado por Vagner Rodolfo da Silva - CRB-8/9410

COORDENAÇÃO EDITORIAL Maíra Nassif Passos
PROJETO GRÁFICO Ana C. Bahia
CAPA E DIAGRAMAÇÃO Caroline Gischewski
REVISÃO Lucas Morais
REVISÃO FINAL Laura Torres

RELICÁRIO EDIÇÕES
Rua Machado, 155, casa 1, Colégio Batista
Belo Horizonte, MG, 31110-080
relicarioedicoes.com | contato@relicarioedicoes.com

SUMÁRIO

EXODUS, SUAS PESQUISAS E SEUS ENCONTROS: UMA BREVE APRESENTAÇÃO

Este livro é resultado do primeiro colóquio organizado pelo **Exodus – Núcleo de Estudos sobre Produções Culturais Extemporâneas e Excêntricas na Era dos Extremos**, realizado nos dias 1 e 2 de agosto de 2019 no Instituto de Estudos da Linguagem (IEL) da Unicamp. Instituído na virada de 2018 para 2019, o **Exodus** se propõe a pensar os abalos – no campo das artes em geral e da literatura em especial – provocados por um duplo processo de exclusão, envolvendo tanto os grupos de deslocados internos e externos em relação à atual conjuntura da globalização quanto as minorias já apagadas pelo moderno projeto de Estado-nação. Segundo temos sustentado em nossos cursos, encontros e pesquisas, esse duplo e conflituoso processo coloca uma série de questões aos paradigmas usuais da história literária, da própria definição do conceito de literatura e, em sentido mais geral, de arte. Para mais informações sobre o núcleo **Exodus**, é possível consultar a página dos grupos de pesquisa do IEL-Unicamp (https://www.iel.unicamp.br/br/pesquisa-no-iel).

De fato, o atual período do capitalismo financeiro globalizado é marcado pelo abalo das representações políticas tradicionais, abalo que não pode ser desvinculado dos efeitos gerados no campo cultural, tais como o questionamento da legitimidade da representação literária e artística e o surgimento da demanda pela autorrepresentação de minorias diversas, ou mesmo maiorias silenciadas. O estudo das relações entre essas duas crises da representação, assim como das suas contaminações e tensões, constitui questão fundamental para o projeto do **Exodus**. Torna-se, assim, de grande relevância o exame sobre como essas crises da representação colocam em xeque conceitos-chave do nosso campo literário, tais como o de história literária nacional e seus cânones, literatura nacional e, em última instância, a própria noção de literatura moderna e contemporânea, entendida como legítima em sua capacidade de representar e dar voz ao outro.

Considerando o quadro aqui esboçado, acreditamos, pois, ser fundamental articularmos pesquisas relativas às produções de/sobre esse crescente número de deslocados e refugiados, assim como examinarmos e debatermos as questões teóricas e historiográficas colocadas por essas transformações e embates dos campos histórico-político e artístico-cultural. Nesse sentido, organizamos as pesquisas realizadas no grupo em quatro linhas de estudo. São estas: 1) **Conflitos interculturais** (exame de como diferentes linguagens literárias e artísticas, que emergem como "marginais", relacionam-se com formas e tradições culturais dominantes); 2) **Diversidades espaciais e temporais** (análise das particularidades regionais, em oposição à padronização homogeneizante do capitalismo globalizado; 3) **Fendas e divisões das construções nacionais** (discussão do tema das diversidades sob o enfoque da dominação étnico-racial; do drama atual dos refugiados; da desigualdade de gênero, entre tantas outras); 4) **Refugiados em seu próprio país** (reflexão em torno das diversidades e das desigualdades sociais e regionais, que percorre, por exemplo, o debate sobre as relações campo-cidade, a luta dos sem-terra e dos sem-teto).

Nem é preciso enfatizar, por ter se tornado tragicamente evidente, que a crise mundial desencadeada, neste início de 2020, pela pandemia do coronavírus vem aumentar a urgência de pesquisas conjuntas e fóruns de debates que possam aprofundar a busca de paradigmas transculturais e novas formas de cooperação. Isso deve valer tanto no plano interinstitucional quanto, sobretudo, no das relações da universidade com a sociedade, especialmente com as grandes massas de "barrados no baile", no sentido de encarar os desafios enormes que o novo período histórico lança para as atuais gerações empenhadas numa educação pública que possa ser efetivamente transformadora.

Apresentados acima de modo sequencial, esses quatro eixos temáticos atravessam e se mesclam de modos distintos ao longo dos estudos reunidos neste livro. Nesse contexto, na primeira seção da antologia, intitulada "Refugiados, deslocados e silenciados", predominam as pesquisas sobre a problemática dos refugiados (internos e externos) e das enormes diversidades espaciais e temporais.

Com efeito, no primeiro artigo do livro "Onde fica mesmo o centro? Deslocamento de paradigmas culturais na era dos refugiados", Francisco Foot Hardman descreve o colapso sistêmico atravessado pelo mundo nas primeiras décadas do século XX, marcado pela marginalização social, pela expulsão em massa e pela degradação ambiental numa escala até então inimaginável, de tal modo que esse colapso não poderia ser pensado com base nos paradigmas usuais das ciências humanas. Após indicar a contribuição de três acadêmicas norte-americanas para a investigação desse colapso (Judith Butler, Elizabeth Povinelli e Saskia Sassen), Hardman parte para a análise de obras literárias e cinematográficas que representam o drama dos refugiados e/ou dos deslocados internos.

Já no artigo "Deslocamentos marginais na China contemporânea nos filmes de Jia Zhangke", Camilo Soares se dedica a analisar a recriação da China atual nos filmes do renomado cineasta chinês, vencedor do Leão de Ouro no Festival de Veneza com *Em busca da vida* (2006). Soares nos mostra que, ao focalizar essa reconstrução espacial dos migrantes chineses, o diretor escreve a história não oficial do desenvolvimento econômico e técnico do seu país. Empenhando-se, pois, em retirar os chamados *mingong* (民工) – proletários chineses provenientes, em grande parte, do universo rural – da invisibilidade, o diretor lhes daria voz, rosto, assim como representaria sua subjetividade. Braços do desenvolvimento chinês, do qual são personagens menores, anônimos e em geral esquecidos, esses homens e mulheres, quase sempre jovens, trabalham, pois, na destruição da paisagem na qual viveram.

Se Soares examina, na obra de Zhangke, as diversidades regionais da China, assim como o movimento de metamorfose violenta do antigo mundo rural, o artigo de Mário Luiz Frungillo focaliza a coexistência de diferentes temporalidades na antiga República de Weimar (1919–1933). Com efeito, ao analisar o extenso romance *O processo Maurizius*, de Jakob Wassermann, Frungillo expõe como os conflitos entre diferentes valores e visões de mundo e a permanência de instituições provenientes do Império Alemão, defendidas de modo feroz por seus ocupantes, nos auxilia a compreender a derrocada daquela República. De modo extremamente sutil, o crítico também identifica no livro possíveis associações que poderíamos traçar com a futura lógica da "banalidade do mal" (Hannah Arendt), que se infiltraria nas instituições e na sociedade.

Na segunda seção do livro, por sua vez, predominam estudos relativos aos diálogos, transferências, embates e transformações culturais e interculturais. Assim, no primeiro artigo, "Êxodo e tradução: a literatura russa no Brasil e na Argentina", o especialista em literatura e cultura russa Bruno Barreto Gomide se detém no papel da emigração eslava, báltica e judaica na difusão da literatura russa no Brasil e na Argentina entre as décadas de 20 e de 60 do século passado. Será, pois, apenas a partir desse período, após a Revolução Russa de outubro/novembro de 1917, que esses emigrantes ganhariam papel de peso na circulação da literatura russófona, embora já estivessem presentes no sul do nosso continente desde o fim do século XIX. "Falar de literatura russa significava, a partir de então, falar de Revolução Russa. Das tradições literárias consagradas, a russa foi a mais visada por políticas repressivas desenvolvidas em diversos momentos da história política do Brasil e da Argentina", resume o autor.

No estudo seguinte, Fan Xing, professora de literatura brasileira da Universidade de Pequim, trata da difusão da literatura e cultura brasileiras na China. Com efeito, em "Literatura brasileira oculta: tradução e recepção de Jorge Amado na China", a pesquisadora examina o contraste entre o número de traduções do escritor baiano no país e o seu impacto literário. De fato, como ela nos mostra, embora tenham sido publicados mais de 20 títulos de Jorge Amado na China desde 1953, o que o torna o autor latino-americano mais traduzido no país, sua influência literária é menor do que a de escritores como Neruda, Cortázar e García Márquez.

A migração e o trânsito entre regiões podem impulsionar não apenas a difusão da literatura ou cultura letrada de origem, mas a transformação da percepção ambiental daquele que se desloca territorialmente. Essa é a temática analisada pela pesquisadora Ana Silvia Andreu da Fonseca por meio de pesquisa de caráter qualitativo realizada com um grupo de estudantes latino-americanos não brasileiros da Universidade Federal da Integração Latino-Americana (UNILA), instituição na qual é professora.

Assim, em "Percepções ambientais em trânsito na América Latina", a autora examina os dados e os casos levantados pelo seu estudo, expondo as correntes predominantes nas visões dos problemas ambientais dos estudantes entrevistados, seja em relação ao Brasil, seja em comparação com o seu país de origem.

Por fim, ainda nesta seção, outra transformação cultural em andamento é enfocada: aquela relativa à atual expansão de diferentes modelos de escrita de si, tais como o testemunho e a autoficção, em comparação com o antigo modelo da confissão autobiográfica. De fato, em "Confissão, autoficção e testemunho: literatura e invenção de si", Daniela Birman propõe o exame entre diferentes modelos de escrita do *eu*, buscando entender quais formas de subjetivação são impulsionadas por esses discursos. O artigo toma como fio condutor o confronto entre dois textos bastante diversos: a carta autobiográfica de Patrícia Galvão, publicada em *Paixão Pagu* (2005), e o romance autoficcional *Divórcio* (2013) de Ricardo Lísias.

A última seção do livro reúne artigos sobre produções nas áreas da literatura, do cinema e das artes plásticas que desafiam os modelos hegemônicos, homogeneizadores e/ou normativos que atuam na construção da identidade nacional, em especial no Brasil, mas também em Portugal. Como podemos facilmente supor, é possível identificar, nos estudos que a compõem, a articulação da problemática das divisões e fendas expostas na edificação do Estado-nação com aquela dos deslocados internos, minorias marginalizadas pela "cultural nacional" e pela ordem econômica desigual. As produções nela analisadas criam oposições e brechas em campos diversos, como aqueles da política, da ética, das lutas antirracistas e das afirmações identitárias.

Intitulada "Marginalidades políticas, sociais e étnicas", a seção tem início com o artigo "O anti-herói na ribalta", de Vera Maria Chalmers, professora fundadora do IEL-Unicamp, que vem se dedicando à produção literária de cunho anarquista, em especial no Brasil da Primeira República. De fato, nesse texto a autora se debruça sobre dois títulos de autoria do escritor libertário mineiro Avelino Fóscolo: a novela *No circo* e o romance *O jubileu*. Propondo uma leitura cerrada das obras, Chalmers destaca as ligações e a continuidade existente entre elas, assim como a sua autonomia, contribuindo com a inclusão da literatura anarquista numa história literária que não pode se deixar restringir por filtros excludentes.

O artigo seguinte é dedicado a outro escritor cuja produção desafia os valores burgueses: João Antônio, autor do memorável livro de contos *Malagueta, Perus e Bacanaço* (1963) e de muitos personagens malandros e boêmios da prosa urbana brasileira da segunda metade do século passado. Nele, o pesquisador Bruno Zeni, autor do livro *Sinuca de malandro: Ficção e autobiografia em João Antônio*, percorre um conjunto significativo de contos – publicados em livro desde a estreia do autor, em 1963, até o ano de sua morte, em 1996 – articulando a hibridez de gêneros explorada por ele, e intensificada com o tempo, à temática da errância dos seus personagens. Como Zeni nos mostra, "o caráter erradio contamina a própria escrita de João Antônio, que, nos últimos anos de sua vida, por diversos motivos, adquiriu ou sublinhou o caráter compósito de sua prosa".

A violência e a resistência política sob a ótica feminina são tema do artigo "Mulheres em tempos sombrios: tortura e aprisionamento feminino nas ditaduras do Brasil (1964–1985) e de Portugal (1926–1974)", de autoria de Lisa Carvalho Vasconcellos, pesquisadora que vem se dedicando à escrita do cárcere no Estado Novo salazarista português e nas duas ditaduras atravessadas pelo Brasil no século XX. Já nesse artigo, ao se debruçar sobre a voz e o discurso das mulheres relativos à prisão e à tortura no regime fascista português e na ditadura militar brasileira, Vasconcellos traça interessante paralelo entre os filmes *Que bom te ver viva* (1989), da brasileira Lúcia Murat, e *48* (2009), da portuguesa Susana Sousa Dias, obras que mesclam ficção e documentário.

Nos dois últimos textos do livro, outras minorias e outras violências são abordadas. Em "Trauma, escravidão, preconceito e violência no discurso literário de Luiz Silva, em *Negros em Contos* (1996)", Ricardo André Ferreira Martins e Marcela da Silva analisam a referida obra da literatura negro-brasileira contemporânea. Destacam, nas narrativas reunidas no livro, o processo de afirmação do "eu negro" e seu vínculo ao trauma produzido pela escravidão na nossa sociedade. Conhecido pelo pseudônimo literário que adotou – Cuti –, Luiz Silva, poeta, prosador, ensaísta e ativista, foi um dos fundadores do coletivo cultural *Quilombhoje* e da série de antologias *Cadernos Negros*, nos anos de 1970, marco na luta do movimento negro contra a ditadura militar. Funcionário técnico-administrativo da USP, é mestre e doutor em teoria e história literária pelo IEL-Unicamp.

Por fim, em "Transarte Brazil: diversidade, acessibilidade; arte, reflexão", as autoras Marília Gabriela Malavolta Pinho e Maria Helena Peres de Oliveira nos introduzem ao trabalho combativo da galeria Transarte, localizada na Vila Madalena, em São Paulo. Fundada por Peres de Oliveira há dez anos, a Transarte desde então tem realizado exposições e lançado editais direcionados para a problemática da diversidade – privilegiando a temática LGBTQ+ –, além de funcionar como um espaço de residência artística.

Pontapé inicial numa agenda urgentemente desafiante, cujas fronteiras e desdobramentos abrem-se à promessa de outros encontros, gostaríamos de agradecer às autoras e aos autores que colaboraram neste volume, cuja variedade de temas e enfoques é uma amostra parcial, mas por si só já notável, do que o esforço coletivo de resistência a tempos sombrios pode ser capaz de apresentar.

DANIELA BIRMAN e **FRANCISCO FOOT HARDMAN**

São Paulo e Pequim
(durante a quarentena de 2020)

REFUGIADOS, DESLOCADOS E SILENCIADOS

ONDE FICA MESMO O CENTRO? DESLOCAMENTO DE PARADIGMAS CULTURAIS NA ERA DOS REFUGIADOS

FRANCISCO FOOT HARDMAN[1]

Independentemente das interpretações diversas que possamos adotar, parece fora de dúvida que, ao longo dessas duas décadas de século XXI, as sociedades humanas e o planeta Terra aprofundaram-se em crises que, para muitos, atingiram o ponto de não-retorno, isto é, a situação de colapso sistêmico. Se a globalização, para uma minoria bem reduzida de pessoas, de corporações e de instituições, continua a ser uma ilusão real irrigada pela aceleração nunca vista de capitais fictícios, consumos fugazes e altas tecnologias ferozes, para grande parte das populações, em todo o mundo, os espaços-tempos vividos continuam a ser os da marginalidade social, da expulsão e da miséria, isto é, uma posição abaixo dos índices estatísticos convencionados para determinação da chamada "linha de pobreza". Nesse cenário grave e que nos dá sinais de sua presença todos os dias, quero me fixar, por ora, na questão dos refugiados internacionais e dos "deslocados internos", estes últimos a que o padre Júlio Lancelotti se referiu, em entrevista recente, como "refugiados urbanos". Haverá conceitos pertinentes nas

1. Agradeço a Silvana Rea e a João Frayze-Pereira, da Sociedade Brasileira de Psicanálise de São Paulo, pelo amável convite para a conferência de abertura do ano acadêmico da entidade, em março/19, o que possibilitou uma primeira versão desse artigo, saído na revista *Ide – Psicanálise e Cultura*, v. 41 (67/68), 2019, periódico daquela associação; à colega Daniela Birman, do IEL-Unicamp, pela interlocução permanente e por compartilhar o projeto de criação do núcleo de pesquisa EXODUS, em dezembro/18, que abriu novas fronteiras para uma reflexão cooperativa sobre literatura, cultura e política em tempos de colapso das representações das ciências humanas em escala global; ao colega e amigo Julio Ramos, da Berkeley University, pelos comentários e sugestões de leitura sempre precisos em nosso reencontro em China Town, Nova York, em julho/19; a Gabriel D'Amico e Halina Hardman, pela estadia em Denver, Colorado, que viabilizou a versão preliminar do trabalho; e, finalmente, ao CNPq pelo apoio continuado de Bolsa de Produtividade em Pesquisa e patrocínio ao projeto do qual este artigo é resultado parcial. As considerações e limitações aqui expressas são de minha inteira responsabilidade.

ciências humanas para refletirmos sobre a realidade desses contingentes de dezenas de milhões de seres humanos (ou centenas, se somarmos os "deslocados internos")[2] vagando por todos os rincões do planeta e nos lançando suas vozes em algaravia e seus últimos olhares de pura tragédia?

Difícil periodizar os rumos e as fases desse holocausto contemporâneo, que não envolve uma única etnia, uma só crença religiosa, um só gênero humano, uma única nacionalidade, uma filiação político-ideológica específica. Do mesmo modo, não se vislumbra solução individual ou setorizada. Os Estados nacionais falidos como representação de coletividades circunscritas em territórios de fronteiras estabelecidas (com honrosas exceções) revelam-se ineficazes na inclusão dessas massas crescentes de sem-pátria, sem-terra, sem-teto, sem-trabalho, sem-esperança. O capitalismo global, em acelerada e selvagem acumulação de capital fictício, produz e reproduz a degradação ambiental planetária sem volta e a expulsão de seres humanos sem destino, sem função, a não ser a de párias de todas as bandeiras, a nos dizer, se pudéssemos ouvir, que o Estado do mal-estar sucedeu, há muito, o curto interregno das democracias do pós-II Guerra Mundial, também conhecidas como Estados do "bem-estar social", cuja fragilidade desmanchou-se no ar da insensatez do neoliberalismo dos anos de 1980–90 e na

2. Os dados mais recentes da ONU dão conta da existência de mais de 70 milhões de refugiados internacionais em todo o mundo, desde o contingente mais antigo, do povo palestino, que se originou na expulsão de milhões de pessoas quando da criação do Estado de Israel, em 1948, e, de lá para cá, somente cresceu, até os milhões de foragidos das invasões e guerras na Síria, Iraque, Líbia, Afeganistão, além dos refugiados de mudanças climáticas, perseguições religiosas e étnicas, especialmente de países africanos. Na América Latina, depois do Haiti e Venezuela, países centro-americanos como Honduras, El Salvador e Guatemala apresentam as cifras mais dramáticas de refugiados pela fronteira México-EUA. São registros que impressionam também pelo seu crescimento exponencial na última década. Sobre refugiados urbanos, chegam a perto de 1 milhão de pessoas em situação permanente de *homeless* nos EUA, com crescimento acelerado após a crise de 2008. No Brasil, somente para a cidade de São Paulo, reportagem recente da *Folha de S. Paulo*, com base em dados da Prefeitura, registrou o aumento vertiginoso de 23 mil para 105 mil no número de moradores de rua contatados por agentes públicos, entre 2010 e 2018. Entre os motivos alegados para a situação de rua, o primeiríssimo lugar é o desemprego (cf. Mariana Zylberkan, "Em 2 anos, SP vê salto de 66% de pessoas abordadas nas ruas". *Folha de S. Paulo*, 22-06-2019, p. A17). Embora o registro de "abordagens" não possa ser estatisticamente igual ao número real de moradores de rua, estima-se que este chegue a mais de 25 mil no município paulistano, em curva ascendente e veloz ao longo dos últimos anos.

sucessão incontrolável de regimes de exceção pós-ataques ao Pentágono e às Torres Gêmeas de 2001. A crise econômico-financeira global de 2008 apenas selou o destino e incapacitou o sistema capitalista para responder, de dentro de sua lógica e seus mecanismos, ao colapso socioambiental em curso. A "loucura da razão econômica" não tem mais como obter disfarces, biombos ideológicos, máscaras de hipocrisia ou ancoradouros de boa consciência. Não há como fugir dos refugiados internacionais e deslocados internos de cada dia, de cada hora, de cada embarcação naufragada, de cada diáspora sem rumo, de cada muralha intransponível. Não há, diante disso, como continuar lecionando a mesma missa. Valem até mais os silêncios. Que possam, ao menos, captar as súplicas antes da desaparição do último náufrago, sem manuscrito em nenhuma garrafa, sem *script* nem melodia.

Todos os governos que hoje nos ameaçam, nos horrorizam e nos deprimem em escala nacional e global – não é necessário nomeá-los – são a mais perfeita expressão dos tempos sinistros que dominaram a cena. Não constituem casos extremos de "ameaça à ordem democrática", pois são já sucedâneos à sua completa negação. Sua emergência, em passo incrivelmente sincronizado, veio para destruir direitos, reprimir movimentos e atacar com violência os esteios culturais e pedagógicos que ainda subsistiram ao fim do ciclo do "bem-estar". A questão interna e externa dos refugiados é o grande fantasma que assola o terreno dos discursos ditos civilizatórios. Todas as espaço-temporalidades que ficaram esquecidas, submersas ou silenciadas teimam agora em escancarar suas vozes. Os donos do poder fazem que não escutam. Mas, ao mesmo tempo, redobram como nunca os gastos em armamentos, vigilância e autoguetização luxuosa. E prosseguem no desmanche das formas inteligentes de sociabilidade e imaginação. Enquanto houver audiências capturáveis e mídias com poder de manipulação, esse teatro poderá prosseguir. Mas os sinais de seu declínio incontornável já se mostram hoje altamente eloquentes, e sua violência inaudita é marca maior de sua inteira puerilidade, apesar de que os danos que provoca não sejam em nada pueris.

Parece mesmo que, na crise sistêmica atual, todas as ilusões cronológicas progressistas, sejam da ideologia capitalista dominante, sejam da esquerda evolucionista dogmática, acabam por engendrar formas de ilusões geográficas que mais cedo ou mais tarde se esboroam. Inversa e complementarmente, "utopias espacializadas" de variada ordem inspiram construções temporais imaginárias e de difícil efetividade, também. Os ambientes acadêmicos estadunidenses, bolhas de autorreferencialidade, têm sido entre os mais propícios para o surgimento de modas semânticas e léxicos modais tão atraentes quanto evanescentes. Entre os últimos modismos, está o do Sul Global. Tão ilusório quanto "periferia", "terceiro mundo" ou "nação subdesenvolvida", Sul Global apenas repõe, sob ótica aparentemente crítica, mas, a rigor, reificadora, a própria ideologia redutora da globalização. E agrupa, de modo aleatório, temporalidades e espacialidades diversas, sob o manto protetor da ideia de uma humanidade unificada e fadada a um futuro equalizador. Ora, o que se vê, há várias décadas, é justamente o contrário, isso para não falar de um processo de longa duração no que diz respeito à simultaneidade divergente das espaço-temporalidades no capitalismo, onde a ideia de deslocamento é determinante.[3] De todo modo, é forçoso reconhecer que a história do século XXI tem dado lugar, de modo muito mais extremo, a manifestações de esgotamento das chamadas utopias progressistas e de predomínio das distopias regressivas.[4]

Quero aqui ressaltar a importância do trabalho de três mulheres, acadêmicas norte-americanas, que indicaram de modo radical o esgotamento de paradigmas das ciências humanas para lidar com o colapso civilizatório e a irrupção da violência desmedida no mundo globalizado do século XXI: Judith Butler, Elizabeth Povinelli e Saskia Sassen. Trabalhando em áreas diferentes, quais sejam, respectivamente, estudos culturais, antropologia social e sociologia urbana, e não possuindo nenhum laço entre suas

3. Ensaiei uma aproximação anterior a esse processo, em chave poética e histórica, no artigo "Larissa e o sonho das passagens: história como deslocamento", 2009.
4. Cf., entre outros, no tocante à América Latina, a ótima reunião de ensaios críticos organizada por J. Corrêa Leite, Janaína Uemura e Filomena Siqueira em *O eclipse do progressismo: a esquerda latino-americana em debate*, 2018. Critiquei o dualismo nada dialético da dicotomia centro-periferia, tão a gosto de teorias sociológicas na América Latina, no artigo: F. Foot Hardman, "Ilusões geográficas: sobre a volubilidade da noção de periferia no espaço-tempo global". *Letterature D'America*, (161–162), 2016, p. 5-18.

respectivas obras, essas três autoras trouxeram aportes muito valiosos e, de certa maneira, pioneiros, ao tema de nosso interesse.

Judith Butler, professora em Berkeley, mais famosa por sua crítica política no campo de gênero e sexualidade, publicou, em 2004, uma reunião de cinco ensaios militantes que escreveu logo após os ataques aos EUA de 11 de setembro de 2001 e as sucessivas guerras no Afeganistão e Iraque, incluindo ocupação militar desses países. Deles, o artigo que mais nos instiga é o que dá título ao volume, *Precarious Life*, e o único inédito quando o livro apareceu. Tendo como pano de fundo a guerra do Iraque, e fazendo uma leitura crítica de categorias como "face", "proibição de matar", "paz e proximidade", presentes na filosofia hebraico-humanista de Emmanuel Levinas, mas questionando-a diante dos imensos poderes midiáticos e destrutivos da máquina de guerra norte-americana, Butler conclui com uma advertência de enorme atualidade acerca dos limites e desafios da crítica cultural nesse quadro agônico:

> Se as humanidades têm um futuro como crítica cultural, e a crítica cultural tiver uma tarefa no presente momento, não há dúvida que se trata de nos restituir ao humano onde nós não esperamos encontrá-lo, em sua fragilidade e no limite de sua capacidade de fazer sentido. (Butler, 2004, p. 151, versão livre)

Elizabeth Povinelli, docente na Columbia University, mas com larga atuação de campo junto a comunidades indígenas australianas, estuda a contradição entre seu pertencimento e, ao mesmo tempo, marginalidade nas estruturas do Estado-nação (ser "parte que não é parte"). Publicou, a propósito, um importante livro, em 2011, em que desenvolve, muito além do que normalmente os economistas conseguem enxergar, o conceito de "economias do abandono" como modelo dominante em países ricos tais quais EUA e Austrália. Com olhar sensível para as experiências concretas e localizadas, indaga-se sobre "os traços a serem traçados" como desenhos ou pré-história de "nova e positiva forma de vida". Mas essa aposta na resistência, é bom sublinhar, não se faz de modo arbitrário, idealista ou vagamente desejante: a autora pontua, a cada momento, as enormes dificuldades e violências, em nível nacional e global, do que considera serem as formas vigentes do "liberalismo tardio", cuja característica maior é o abandono dos despossuídos como alavanca da economia dos que possuem. E as estruturas estatais estão sempre a serviço dessa lógica (cf. Povinelli, 2011, caps. 4, 5 e Conclusions, p. 131–192).

Sassia Sasken, socióloga urbana de origem holandesa e de há muito professora na Columbia University, que se tornou reconhecida internacionalmente por seu estudo e conceituação das "cidades globais", ainda no início dos anos de 1990, produziu uma importante inflexão em noções consagradas nas ciências sociais (por exemplo, a velha dicotomia "inclusão X exclusão"), ao lançar, em 2014, o livro *Expulsions*, em que o princípio da expulsão de milhões de seres humanos passa a ser o motor de expansão da economia global, num mundo em que os sinais de colapso socioambiental e econômico (especialmente após a crise financeira de 2008) são por demais evidentes. Nesse contexto, brutalidade alia-se perversamente à própria complexidade "impessoal" das formas de dominação, cujo cenário preferencial é o de corporações supraestatais turbinadas pela aceleração das cadeias digitais. Entre outros casos analisados por Sasken, encontram-se o das grandes explorações de mineração, hidrelétricas e petróleo. Desastres socioambientais como os de Belo Monte, Mariana e Brumadinho, no Brasil, não a deixam mentir (cf. Sassen, 2014).

Examinemos, em seguida, algumas tentativas de representação do tema. O romance juvenil recente, *Refugee*, de Alan Gratz, publicado nos Estados Unidos em 2017, apenas reproduz, em sua boa intenção liberal, certo apelo editorial sensacionalista, em busca do pódio de *best-seller*, sempre à custa do oportunismo sentimentaloide e explorador do sofrimento infantil. Ao mesmo tempo, aponta para as limitações da representação literária nas modalidades e gêneros usuais de todos os chamados modernismos para dar conta do mundo contemporâneo em colapso.

Tentando surfar na onda de sagas infantojuvenis com que a indústria cultural tem inflado o mercado livreiro, *Refugee* narra, em três histórias paralelas conduzidas a partir de três protagonistas jovens individuais, separados no tempo e no espaço – o judeu Josef, a cubana Isabel e o sírio Mahmoud –, o roteiro de suas respectivas expulsões, fugas oceânicas e resgates. O problema é que a narrativa pretende pretensamente identificá-los, a partir do título-tema comum, a sugerir convergência em suas sagas desventuradas. No caso de Josef, da Berlim nazista, em 1938, até Antuérpia, Bélgica, em seguida o Atlântico até Cuba e Flórida, e depois de volta à Europa, até Vornay, França, 1940, onde o reencontro com a mãe e irmãos é colocado em suspenso diante da ocupação alemã, com a oferta do soldado nazi à sua mãe para a compra da liberdade de apenas um dos seus dois filhos, cabendo a ela o dilema da escolha, um a sobreviver, outro a morrer no campo de extermínio. Já com Isabel, refugiada no episódio de grande fluxo emigratório de Havana após a crise econômico-política do regime cubano, em 1994, a narrativa "facilita" uma resolução com sua passagem por Bahamas e seu desembarque subsequente na Flórida, dando a esse capítulo-desfecho o subtítulo *Home*. Mesma "solução" oferecida ao refugiado da guerra na Síria, Mahmoud, que, depois de sua peregrinação pela Turquia, mar Mediterrâneo, Macedônia, Sérvia e Hungria, em 2015, chega são e salvo a seu novo lar, também subintitulado *Home*, na cidade de Berlim.[5]

Estranhos e inverossímeis destinos! Se o termo "*refugee*", em inglês, é um substantivo de gênero neutro, que pode ser assimilado para designar refugiados tanto masculinos quanto femininos, já muito mais complicada é essa linha cruzada entre histórias separadas por contextos histórico-políticos bastante diversos, separados numa linha temporal de oito decênios, e desencadeados por fatores atuantes em cenários próprios a três continentes distintos. Se a sorte de Josef permanece indecidível na narrativa (mas dela se podendo inferir o pior), os dois destinos só aparentemente menos trágicos ou menos graves de Isabel e Mahmoud sugerem um forte viés e o caráter artificial do conjunto das histórias, esses dois últimos personagens postos em cena quase na condição de figurantes, que por mais sofridos sejam seus percursos, caminham para finais felizes, bem ao contrário de Josef, trajeto interrompido pela catástrofe sempre a mais sagrada e sempre a "quase irrepresentável" do holocausto do povo judeu.

Pois a história contemporânea dos refugiados, que pode ser periodizada justamente no pós-II Guerra Mundial e no estabelecimento conflituoso

5. Cf. Alan Gratz, *Refugee*, 2017, *passim*.

do Estado de Israel e na conversão de milhões de palestinos no primeiro e principal contingente de deslocados internacionais da era de "normalização democrática", sob vigência da ONU e de experiências limitadas porém reais de governos de "bem-estar social", está a nos desafiar, de modo brutal, nessas duas décadas do século XXI, acerca do esgotamento de categorias analíticas e de instituições civilizatórias, em face do mal-estar global e de regimes de exceção como regra, numa linha de ataque direto à natureza e à humanidade. A estratégia narrativa de *Refugee* dilui e reduz, para além de suas possíveis boas intenções humanitárias, a questão socioambiental mais nuclear de nossa contemporaneidade a um tema de apelo sentimental e, em todo o caso, romanesco, de personagens ficcionais infantis. Apesar das coincidências e linhas cruzadas nos mapas traçados ao final, bem como da nota histórica posfacial do autor (em que a ênfase nos fatos reais que inspiraram o romance parece sugerir uma insegurança dele próprio com o resultado), é evidente que Josef, Isabel e Mahmoud pertencem a mundos e tempos diversos, e sua reunião na rubrica generalizante de *Refugee*, não supera o patamar da sensação. É verdade que o autor apela aos leitores, nessa mesma nota,[6] para contribuírem com a UNICEF (United Nations International Children's Emergency Fund), entidade vinculada à ONU para a infância e educação, sediada em Paris, e a organização não-governamental *Save the Children Fund*, sediada em Londres, que atua internacionalmente desde 1919, ambas merecedoras do mais alto respeito e consideração. Mas, infelizmente, suas intervenções, por mais bem-vindas que sejam, sempre, não conseguem alcançar o tamanho da catástrofe humanitária mundial de que somos espectadores, mais ou menos passivos, mais ou menos comovidos, mais ou menos conscientes, no aqui-e-agora que nos toca viver.

A situação, nem é preciso demonstrar, está para lá de barra-pesada, e isso nos países até aqui considerados "centrais" do ponto de vista da economia capitalista, das instituições democráticas liberais e do estado do bem-estar social. Em matéria recente, o jornalista do semanário inglês *The Observer*, Mark Townsend, denuncia a pressão indevida e ilegal do governo

6. Cf. in Gratz, *op.cit.*, os mapas das jornadas de Josef, Isabel e Mahmoud e a longa Nota do Autor, p. 318–38.

britânico sobre instituições de caridade e direitos humanos de modo a acessar dados relativos a imigrantes sem-teto com intuito de deportá-los.[7] Em outro conjunto notável de estudos, coordenados pelos pesquisadores de geografia humana, Deirdre Conlon, docente da Universidade de Leeds, Reino Unido, e Nancy Hiemstra, professora da Stony Brook University, SUNY, EUA, os autores examinam o que definem como "economias íntimas" das políticas de detenção generalizada e crescente de imigrantes. O prolongamento controlado de sua condição de expatriados e "sem-Estado" tem sido feita com sistematicidade e cálculo por parte de países ricos e envoltos ainda na aura de liberais, bastiões dos direitos humanos e modelos de sociedades democráticas. Essa microeconomia da suspensão arbitrária e prolongada da concessão de cidadania a esses novos proletários sem-pátria, postos em situação degradante em campos de detenção, num limbo que oferece alternativas entre superexploração do precariado e da informalidade ou o mero terror da deportação, incluindo a separação de famílias, demonstra à larga o quanto os conceitos das humanidades encontram-se defasados. Sobretudo ao se elencar a lista de países em que tais violências passaram a ser rotineiras como políticas de Estado: EUA, Reino Unido, Austrália, Dinamarca e Finlândia, esses são os lugares em que a nova economia da detenção de imigrantes nos é apresentada.[8]

O documentário contundente que o artista internacional e multimídia Ai Weiwei lançou, em 2017, intitulado *Human Flow*, sobre o drama dos refugiados, possui o mérito de enfatizar a contradição maior da Comunidade Europeia, berço do conceito moderno de direitos humanos (que incluem o de asilo por motivos econômicos, políticos, ideológicos, religiosos, raciais e ambientais), ao colocar barreiras cada dia mais cerradas em relação à imigração desses milhões de novos sem-pátria. Seu filme, nada estetizante e muito mais documental, visita a Faixa de Gaza para registrar de perto a

7. Cf. Mark Townsend, "Braços fechados". *Carta Capital*, (1063), 17-07-2019, p. 48-9.

8. Cf. *Intimate Economies of Immigration Detention: Critical Perspectives* (Conlon & Hiemstra, 2017, passim). Ressalte-se a análise mais geral desenvolvida no cap. 2, "Detained beyond the sovereign: conceptualising non-state actor involvement in immigration detention", de autoria de Michael Flynn, diretor do *Global Detention Project*, centro interdisciplinar sediado em Genebra, Suíça.

tragédia aparentemente sem fim do povo palestino. E filma igualmente a fronteira México-EUA, cujos conflitos e tensões só se agravaram, e muito, nesses anos, depois de suas tomadas. Reconstitui, além disso, a cena em que se expôs, ao mundo, o menino naufragado no litoral turco, ao lado da praia de Bodrum, cujo corpo ficou estendido na praia, entre água e areia, no dia 2 de setembro de 2015. Tinha 3 anos de idade, chamava-se Aylan Kurdi e era refugiado da guerra na Síria. A fotografia de seu corpo sem vida correu o mundo pelas redes da internet, em aparente comoção global. Mas quem, hoje, se lembrará dele e por ele, de fato, ainda se comoverá?

Fazendo face à incompetência da União Europeia e à indiferença do mundo, Ai Weiwei, no início de 2016, em meio à fase final da filmagem de *Human Flow*, posa para uma fotografia em branco-e-preto, numa praia da ilha de Lesbos, Grécia (onde se localiza um dos maiores centros de recepção dos refugiados da guerra na Síria), na mesma posição, quase fetal, do cadáver de Aylan Kurdi. Gesto polêmico do artista dissidente chinês, controverso, a rememoração em imagem e ação estético-política do trágico evento poderá ter sido inócua, até oportunista, ou terá sido de alguma relevância em advertir para milhões de vidas precárias e mortes que aquele corpo único sem vida poderia simbolizar? Se aproximarmos essa performance fotográfica do filme todo, em que Ai Weiwei opta por cenas coletivas, nos acampamentos de refugiados espalhados pelo mundo e nos barcos à deriva, talvez tenhamos melhor visão e juízo. A identificação de todos nós com um drama social planetário, ignorado por governos e poderosos, poderia absolver a ambiguidade da autoexibição do artista, que nada tem de precário ou vulnerável. Se acrescentarmos a essa ponderação o fato de que Ai Weiwei, naqueles mesmos dias, decidiu cancelar sua mostra artística *Ruptures* na Fundação Faurschou, Copenhagen, em protesto contra nova lei da Dinamarca que impôs restrições financeiras ao asilo de refugiados, a questão torna-se bem mais complexa.[9] E, talvez, a representação "fantasmática" de uma fotografia que apenas mimetiza o horror de uma vida sucumbida, real e inaceitável do ponto de vista de qualquer moral ainda digna de humanidade, possa ser acolhida.

9. Cf. Monica Tan, "Ai Weiwei poses as drowned Syrian infant refugee in 'haunting' photo", *The Guardian*, 01-02-2016, versão on-line.

As narrativas fictícias e pouco verossímeis de Alan Gratz, de outra parte, servem para nos relembrar que, no plano épico-dramático, o sofrimento deve ser sempre, se possível, personalizado, de maneira a produzir efeito catártico. Embora sua banalização midiática, impressa, eletrônica ou digital, possa gerar efeito sempre contrário. Além do menino Aylan Kurdi, poderíamos mencionar, aqui, para não esquecermos do desastre inominável que se abate sobre imigrantes centro-americanos junto à fronteira mexicano-norte-americana, de dois outros náufragos, os refugiados salvadorenhos Óscar e Valeria Martínez, ele o pai de 25 anos, ela a filha de 1 ano e 11 meses, que morreram afogados e abraçados, no dia 23-06-2019, ao tentar atravessar o rio Grande, que separa o México do Texas, rio que também é denominado, com toda a razão, do lado latino-americano, de Bravo del Norte. Valeria havia se desgarrado de seus pais e caído na água, Óscar pula no rio em sua busca e, ao encontrá-la afogando-se, para não se separarem nas águas agitadas, prende o braço da filha ao seu ombro por baixo de sua camisa, e assim os dois falecem enlaçados.[10]

O refugiado internacional de ontem, se tiver destino melhor do que Aylan Kurdi, Óscar Martínez e Valeria Martínez, e tantos outros milhares de náufragos, será o deslocado interno de hoje, o refugiado urbano. Sua sina se ligará à de milhares de sem-teto pelo mundo afora. Sem-teto, sem-trabalho, sem-comida. Mas quem disse que a fome no Brasil não existe, é uma invenção ideológica? Ainda como tentativa de pensar nosso tema em sua dimensão mais pessoal, vale referir, por seu modo tocante, o relato da história de vida de uma moradora de rua do centro da cidade de São Paulo, Ellen Cristina Santos, de 24 anos. Órfã muito cedo, afrodescendente, adotada, foragida da família de adoção que a explorava, moradora de rua ainda adolescente, dependente de drogas, faminta crônica: eis aí

10. Entre tantos relatos que se multiplicaram a partir de fotografia dos dois corpos abraçados na margem do rio, tirada de cima para baixo em enquadramento *plongée*, cf. a matéria de Georgina Zerega, repórter mexicana de *El País*, transcrita na edição brasileira on-line, 26-06-2019: "Foto de um pai e sua filha afogados na fronteira mexicana ilustra drama migratório".

uma crônica exemplar, tanto em sua indiscutível singularidade, quanto, ao mesmo tempo, em sua nuclear brasilidade: onde fica mesmo o centro?[11]

Não esperem de mim respostas ou fórmulas confortáveis. Nem mesmo palavras de ordem aparentemente tranquilizadoras em seu apelo "universalizante". Termino com o elogio de dois filmes recentes dirigidos por cineastas brasileiras que me fizeram renovar esperanças na arte como resistência e, a julgar pelo cenário das produções culturais contemporâneas, na representação fílmica como aquela mais capacitada a nos transportar aos confins do mal-estar e da violência global sobre todos os "barrados no baile", que continuam a constituir, entre eles os refugiados de dentro e de fora, a esmagadora maioria dos 7,6 bilhões de seres humanos na Terra. Refiro-me a *Era o Hotel Cambridge* (2016), de Eliane Caffé, e a *Los silencios* (2018), de Beatriz Seigner. Por que esses filmes me tocaram tanto? Estilos próprios à parte, que diferenças significativas revelam no tratamento do tema que nos ocupa?

Era o Hotel Cambridge é um docudrama cujo projeto de roteiro, coordenado pela designer Carla Caffé, contou com participação efetiva de estudantes da Escola da Cidade, em São Paulo, e laboratórios realizados no antigo hotel desativado do centro de São Paulo, Cambridge, ocupado mais recentemente por movimentos de sem-teto e, também, por vários refugiados internacionais, da Colômbia e Palestina, entre outras nacionalidades.[12] Aqui, em filmagem que teve poucos atores profissionais e onde predominaram homens e mulheres refugiados e de movimentos de luta por moradia, temos um trabalho de tomadas fechadas no próprio espaço do prédio decadente que já serviu a um hotel glamoroso e, no meio de situações tensas que beirariam o caos, forja-se uma comunidade muito bem auto-organizada e solidária. Os laços que se vão firmando espontaneamente apontam para uma possível utopia:

11. Cf. Beatriz Jucá, "'Passei o dia inteiro sem comer', uma história de fome no centro de São Paulo", *El País*, 20-07-2019, edição on-line.
12. Além do filme de Eliane Caffé, essencial, cf. o livro coordenado por Carla Caffé, *Era o Hotel Cambridge: arquitetura, cinema e educação*, 2017, *passim*. É quase uma reportagem documental de todo o trabalho coletivo que antecedeu à elaboração do roteiro e tornou possível sua radicalidade cinematográfica.

aquela que pode vincular identidades culturais e sociais distintas em nome de uma luta maior, neste caso por um teto digno e pelo direito pleno à cidade.

Los silencios é uma ficção dramática, que se passa na tríplice fronteira amazônica entre Brasil, Colômbia e Peru, representada pelos municípios de Tabatinga, Leticia e Santa Rosa. Passa-se boa parte numa ilha fluvial realmente existente no Alto Solimões (em seguida, rio Amazonas) e que, na estação chuvosa, todos os anos, permanece em boa parte inundada e tem por isso muitas palafitas. Chama-se simplesmente ilha da Fantasia. Ali se instalam e se reúnem, pelo poder da história e da câmera de Beatriz Seigner, refugiados da guerra civil na Colômbia, ribeirinhos da tríplice fronteira e membros de comunidades indígenas, em especial do povo Ticuna. Rodado com apenas uma atriz colombiana e um ator brasileiro profissionais, a trama é toda encenada por habitantes locais. O não-lugar é também povoado de mortos-vivos. Ao final, o ritual funerário fluvial cantado em língua indígena sugere, além de toda a sua poesia visual e dramática, um encontro difícil, mas solidário, de comunidades étnicas e nacionais dispersas pelo poder do Estado e pelos exploradores da Amazônia, com vozes distintas e tempos distantes. Mesmo nos limites imponderáveis entre floresta, rio e cidade, entre três países tristes e atrozes, e na completa indefinição entre vida e morte, há um espaço de poesia a ser celebrado.

Foragidos de todo o mundo, uni-vos: entre um hotel abandonado e uma ilha submersa, quem sabe os cacos da resistência ganhem novos sentidos e possam imprimir novas histórias. A menos que o sentido mínimo de solidariedade tenha-se refugiado, em definitivo, de nossos olhos, ouvidos e corações.

Post Scriptum

Há ventos que convergem. Terminando de rever a versão inicial deste texto, entre os ventos gelados e cortantes que chegam do deserto da Mongólia até Pequim, e os golpes invisíveis do coronavírus de Wuhan, que teimaram em ceifar a festa do Ano Novo Lunar chinês, tivemos a bem-vinda chegada do romance de Julián Fuks, *A ocupação*, lançado em dezembro de 2019. Convergência significativa: no panorama algo confuso da literatura brasileira contemporânea, essa narrativa desponta com força ao encarar de frente o mal-estar mundial e nacional, a partir do espaço tenso do Hotel Cambridge, no centro arruinado de São Paulo, mesmo cenário do filme e livro de Eliane e Carla Caffé. Vozes e personagens ecoam na "docu-ficção" de Fuks com base em relatos e personagens reais, como o refugiado sírio Najati Tayara e as líderes da Frente de Luta por Moradia (FLM), Carmen Silva Ferreira e sua filha Preta Ferreira, presas arbitrariamente em 2018. Difícil dizer se nos encontramos ainda diante de obra que possa ser denominada "romance". Mas as fronteiras cruzadas pelo narrador, às vezes de modo ousado, trazendo também elementos de autoficção, conferem densidade trágica a uma visão do desastre, que é a do Brasil atual, na esteira de uma escalada de ruínas aparentemente sem ponto final.[13]

São Paulo–Denver–Pequim, março 2019–janeiro 2020

REFERÊNCIAS

AI Weiwei (Dir.). *Human Flow – Não existe lar se não há para onde ir.* Filme documentário. Alemanha: Ai Weiwei Production; Participant Media; AC Films, 2017, 140'.

ALI, Tariq. *The Extreme Centre*: a Second Warning. Londres/Nova York: Verso, 2018.

ARANTES, Paulo. *O novo tempo do mundo*: e outros estudos sobre a Era da Emergência. São Paulo: Boitempo, 2014.

BANDEIRA, Moniz. *A desordem mundial*: o espectro da total dominação – guerras por procuração, terror, caos e catástrofes humanitárias. Rio de Janeiro: Record, 2016.

13. Cf. Julián Fuks, *A ocupação*, 2019. O autor, de fato, frequentou o espaço da ocupação do Hotel Cambridge. Não faz nenhuma referência direta ao filme das irmãs Caffé, mas as afinidades estéticas e políticas aqui são evidentes.

BAUMAN, Zygmunt. *Collateral Damage*: Social Inequalities in a Global Age. Cambridge: Polity Press, 2011.

BUTLER, Judith. *Precarious Life*: the Powers of Mourning and Violence. Londres / Nova York: Verso, 2004.

CAFFÉ, Carla. *Era o Hotel Cambridge*: arquitetura, cinema e educação. São Paulo: SESC, 2017.

CAFFÉ, Eliane (Dir.). *Era o Hotel Cambridge*. Filme docudrama. Brasil: Aurora Filmes, 2016, 100'.

CONLON, Deirdre; HIEMSTRA, Nancy (Ed.). *Intimate Economies of Immigration Detention*: Critical Perspectives. Abingdon / Nova York: Routledge, 2017.

DAVIDSON, Neil. Uneven and Combined Development: Modernity, Modernism, Revolution. *RS21 – Revolutionary socialism in the 21st century*. [Website]. 03/2017.

DAVIS, Mike. *Planet of Slums*. Londres / Nova York: Verso, 2006.

DOWBOR, Ladislau. *A era do capital improdutivo*. São Paulo: Outras Palavras; Autonomia Literária, 2017.

FUKS, Julián. *A ocupação*. São Paulo: Companhia das Letras, 2019.

GRATZ, Alan. *Refugee*. Nova York: Scholastic Press, 2017.

HARDMAN, Francisco Foot. Ilusões geográficas: sobre a volubilidade da noção de periferia no espaço-tempo global. *Letterature D'America*. Roma, XXXVI, (161–162), 2016, p. 5-18.

_______. "Larissa e o sonho das passagens: história como deslocamento". In: HARDMAN, F. F. *A vingança da Hileia*: Euclides da Cunha, a Amazônia e a literatura moderna. São Paulo: Unesp, 2009, p. 319–341.

HARVEY, David. *Rebel Cities*: from the Right to the City to the Urban Revolution. Londres / Nova York: Verso, 2012.

_______. *A loucura da razão econômica*: Marx e o capital no século XXI. São Paulo: Boitempo, 2018.

KLEIN, Naomi. *The Shock Doctrine*: The Rise of Disaster Capitalism. Londres: Penguin Press, 2008.

LEITE, José Correa; UEMURA, Janaína; SIQUEIRA, Filomena (Orgs.). *O eclipse do progressismo*: a esquerda latino-americana em debate. São Paulo: Elefante, 2018.

LETIZIA, Vito. *A grande crise rastejante*. São Paulo: Caros Amigos, 2012.

POVINELLI, Elizabeth A. *Economies of Abandonment*: social belonging and endurance in late liberalism. Durham: Duke Univ. Press, 2011.

SASSEN, Saskia. *Expulsions*: Brutality and Complexity in the Global Economy. Cambridge (Mass.): Harvard Univ. Press, 2014.

SEIGNER, Beatriz (Dir.). *Los Silencios*. Filme drama. Brasil; Colômbia; França: Piramyde International; Miríade; Enquadramento; Diafragma; Ciné-Sud Promotions; Descoloniza Filmes, 2018, 88'.

DESLOCAMENTOS MARGINAIS NA CHINA CONTEMPORÂNEA NOS FILMES DE JIA ZHANGKE

CAMILO SOARES

Com tanto perigo depois do outro
Por que pessoas, que moram a uma distância segura, vêm aqui?
(Libai, *Estradas penosas de Shu, século* VIII)

Ao chamar espaço de processo, Henri Lefebvre (1974) não só o considera uma produção do ser humano, mas, sobretudo, o tem como um fenômeno produtivo, reconhecendo que sua dinâmica *gera mudanças, molda experiências e demanda narrativas*. Ao reconhecer tal funcionamento da representação espacial, certos cineastas a identificam inexoravelmente àqueles que ali constroem cotidianamente sua narrativa. Jia Zhangke é um deles: ao representar os espaços da China contemporânea, a atenção de sua câmera focaliza especialmente nos *mingong* (民工), como são conhecidos os trabalhadores chineses migrantes em seu próprio país. Partindo do ponto de vista desses proletários, oriundos comumente de uma vida rural para buscar trabalho nos centros urbanos, Jia pinta um afresco da China atual de modo que os marginalizados do desenvolvimento econômico voraz saiam finalmente da invisibilidade, ganhando protagonismo na narrativa do momento atual, assim como delineando os espaços onde são atores.

Digo atores, pois, além do caráter de representação que atende à composição subjetiva do mundo e sua história por meio da arte, é um termo do urbanismo para indicar grupos de pessoas que vivem, transitam, usam e transformam determinados espaços no dia a dia. Nesse cinema, tais atores não ganham apenas voz, mas, igualmente, subjetividade diante de lugares inóspitos e desumanos, decorrentes da rápida mudança econômica de um país. Vale lembrar que o próprio diretor advém de uma pequena cidade rural e vivenciou esse deslocamento, como lembra o filme de Walter Salles e de Jean-Michel Frodon sobre ele: *Jia Zhangke – Um homem de Fenyang*, de 2014.

No afresco sobre a China atual que ele pinta em sua obra, Jia observa os descaminhos dessa população deslocada, com compaixão, mas sem romantismo. Seus personagens são, sobretudo, jovens em busca de acesso à modernidade que lhes é negada. Como está claro em seus filmes, seja nos dormitórios das fábricas, em *Um Toque de Pecado* (2013), nos cortiços d'*Em busca da Vida* (2006) ou no casebre onde o jovem casal de *O Mundo* (2005) morrerá decorrente de um vazamento de gás, a primeira pele desse processo é a moradia precária. Jia revela, assim, um problema comum enfrentado por essas pessoas, refletido na qualidade dos espaços a elas destinados. Essa crise de moradia, como comenta Doulet (2013, p. 69–70), é uma adversidade comum para essa população fornecedora de mão de obra barata:

> Quando eles não dormem no local de trabalho, os trabalhadores migrantes (*mingong*) tendem a se concentrar em casas precárias para aluguel, em bairros pobres que às vezes se assemelham a favelas, na periferia, mas também no centro. Estima-se que dez milhões de pessoas vivem nesse tipo de habitat.

As violentas transformações das últimas décadas no gigante asiático abriram um profundo fosso social entre cidade e campo, causando uma enorme migração num país que possui uma espécie de passaporte interno (o *hukou* 户口). Visando exercer controle do fluxo populacional do país, o documento na prática tira direitos básicos dos trabalhadores migrantes, transformando-os em cidadãos de segunda classe em seu próprio país, desprovidos, por exemplo, de acesso à saúde e à educação pública para os filhos. Mesmo que a relação entre cidade e zona rural esteja mudando, com reformas que atenuam tais disparidades legais, as dificuldades enfrentadas pela massa desses operários-camponeses nômades permanecem relevantes. Se recentemente o governo relaxou essa regra, as dificuldades ainda são muitas. As mensalidades escolares, por exemplo, permanecem, muitas vezes, altas demais para os pais. Ademais, sobre a segunda geração de *mingong*, as dificuldades permanecem severas: "Os salários recebidos eram tremendamente baixos e os direitos trabalhistas constituíam uma realidade distante e, muitas vezes, desconhecida" (Chan e Buckinham, 2008, citados por Paula Nabuco, 2012).

Jia deixa claro que os braços do desenvolvimento chinês são essa população sacrificada, apagada da imagem oficial da nação, submetida a uma exploração violenta, uma violência física e moral. Um grupo não apenas rejeitado econômica e socialmente, mas, igualmente, calado por uma máquina institucional gigantesca na construção subjetiva de suas narrativas e de seus espaços, como escreveu o romancista Wang Xiaobo ao perceber que fazia parte do maior desses "grupos fracos", que ele chama de uma *maioria silenciosa*. Ele segue afirmando que as razões pelas quais seus membros permanecem em silêncio são muitas e variadas:

> [...] alguns não têm a capacidade, se não a ocasião, de se expressar; outros têm sentimentos particulares que preferem silenciar; outros ainda, por muitas razões, sentem um sentimento de hostilidade em relação ao mundo da fala. Eu pertenço a esta última categoria. Mas, como pessoa desse tipo, ainda tenho o dever de falar um pouco sobre o que vejo e ouço. (Wang, 2006, p. 11)

Jia Zhangke parece querer dizer o mesmo com seu cinema, representando esses espaços não oficiais, espaços subjetivos, espaços de concreto, porém, espaços de fala e espaços vivenciados por essa população que ninguém escuta. Ao traçar tal remapeamento da China atual a partir desses marginais do sistema, Jia começa com um retorno à origem, filmando na província de Shanxi. Na *Trilogia da Terra Natal*, narra, em *Xiao Wu* (1997), *Plataforma* (2000) e *Prazeres Desconhecidos* (2002), a inadaptação e a falta de perspectiva de jovens dentro de um mundo rural em radical e traumática transformação. Assim retrata a geração que viveu a abertura econômica, mas viu seus sonhos de liberdade desmoronarem na Praça de Tiananmen em 1989.

Para representar sua própria região, decidiu que não se falaria nesses filmes no chinês padrão, ou pǔtōnghuà (普通话), como é comum no cinema *mainstream* chinês, mas no dialeto local. A *maioria silenciosa* não só teria voz nesses filmes, como também falaria na sua própria língua, para expressar à sua maneira as narrativas de seus espaços em transformação. Seria essa opção uma resistência formal e simbólica concreta diante de um sistema de calar maiorias, na medida em que usa a forma comum dessa população para expressar suas próprias representações. Sobre tal escolha linguística de Jia, Esther Cheung o liga à referência de *cinema de sotaque* de Hamid Naficy, que designa filmes geralmente bilíngues ou multilíngues de diretores oriundos de minorias étnicas, advindas, por sua vez, de movimentos de exílio, de diáspora ou de migrações pós-coloniais (como na produção de Tony Gatlif, Fatih Akin e Abdellatif Kechiche). Para Cheung (2010, p. 14), os filmes de Jia revelam essa pluralidade étnica e hierarquias geográficas e sociais dentro da China na qual o indivíduo desenvolve novas subjetividades e busca novas solidariedades:

> Os filmes com sotaque de Jia também fazem parte de uma 'diáspora', se esse termo se referir ao fluxo de contextos cinematográficos e experiências de migração interna experimentadas por trabalhadores deslocados de uma região chinesa para outra.

Junto à tal polifonia de sotaques e ao pessimismo da geração pós-Tiananmen, a enorme migração da zona rural até os centros urbanos industrializados gerou, além de uma disparidade social, um fenômeno de *polilocalidade*. Tal fenômeno reinventa os centros urbanos atuais. Como indica Yingjin Zhang (2010, p. 90–91), mesmo a capital Pequim conheceu esse processo, quando passou a não fornecer:

> [...] um conjunto de imaginários fixos da grandeza imperialista do socialismo, da vida de lazer pacífica e de residentes autocomplacentes; em vez disso, tornou-se uma cidade presa no turbilhão da globalização, uma cidade entrecruzada por vários espaços, temporalidades, emoções e ideologias, uma cidade de paisagens sempre mutáveis, de paisagens mentais.

Tal processo, como lembra Zhang, é evidente pela virtualidade espacial no filme O *Mundo* (2005), passado num parque temático na capital chinesa, no qual é possível visitar miniaturas de marcos turísticos mundiais copiados em grande escala, firmando símbolos mundiais em detrimento da paisagem local. A pluralidade não vem, assim, apenas desses símbolos globalizados, mas da incorporação da mão de obra de trabalhadores migrantes, que, apesar de ser o combustível desse sistema, são impossibilitados de usufruir de suas promessas. Eles convivem com o mundo globalizado, sem de fato a ele pertencerem.

Um exemplo desse contraste é a cena em que dois trabalhadores migrantes do parque (o casal de namorados Tao e Taisheng) conversam vestidos com uniformes de equipe de bordo e se dão conta de que, para eles, conhecer tais lugares representados ali, ou simplesmente obter um passaporte, era uma pura utopia. Mais tarde, o operário migrante apelidado "A Pequena", primo de Taisheng, encontra, no meio de um grande canteiro de obras onde trabalha, a namorada de seu primo e lhe diz que não conhece ninguém que já tenha viajado de avião. Ela tampouco. Apesar do *slogan* do parque ser um convite para conhecer o mundo em 24 horas, a realidade é bem distinta: os próprios trabalhadores desse *não lugar* nem sequer podem sonhar em conhecer os verdadeiros pontos turísticos, estando confinados nas ilusões de tais monumentos *fakes*. Por sinal, "A Pequena" será uma vítima fatal dos comuns acidentes de trabalho nos canteiros de obras chineses.

O filme também expressa o problema de moradias insalubres que são, como já dito, um reflexo claro de amarras que marcam um abismo social. Como os trabalhadores do The World Park, apesar de trabalharem diretamente com a ilusão *hi-tech* do desenvolvimento, essa que Benjamin chama de *ideologia do progresso*, tais homens e mulheres dividem dormitórios em subsolos e outras habitações precárias. Como diz Jean-François Doulet (2013, p. 69), tais moradias se tornam norma para trabalhadores migrantes:

> Por um lado, a classe média instalada [...] está evoluindo com relativa facilidade diante da oferta de um mercado imobiliário amplamente liberalizado; por outro lado, as populações migrantes são frequentemente reduzidas a procurar habitação improvisada.

Entretanto, Jia Zhangke não apenas lhes dará rosto e voz, mas também representará seus desejos e subjetividades. Ao fazê-los voar sobre a cidade que os oprime em animações rústicas de seus celulares, quase como a extensão de suas vontades, redefine tais espaços por meio de seus anseios: um voo em busca de significação para suas vidas diante da impotência de alcançar seus sonhos; um voo que desenha, contudo, a multiplicidade de paisagens mutáveis e mentais de uma cidade. Para Yinjing Zhang, tal polilocalidade nesse filme de Jia:

> [...] é representada de forma mais dramática pelas localidades móveis incorporadas por milhões de trabalhadores migrantes e mais sutilmente indicadas, simultaneamente, pelas paisagens locais que desaparecem rapidamente e pela crescente visibilidade de símbolos globais e agentes transnacionais. (Zhang, 2010, p. 91)

Uma realidade de empregos precários para parte da população, aliada a um sistema de corrupção e de privilégios, leva fatalmente a constantes deslocamentos a espaços inóspitos. A estrada que era culturalmente considerada como um lugar meditativo para quem buscasse iluminação, por exemplo, torna-se uma paisagem de violência física e mental. No filme *Um toque de Pecado* (2013), Jia parte de quatro *fait-divers* sangrentos que leu nos jornais para ilustrar tal brutalidade contra os mais desprovidos em diferentes regiões da China. Um velho trabalhador resolve fazer justiça contra administradores e industriais corruptos de seu vilarejo e provoca um banho de sangue; um assassino volta para casa (uma pequena zona rural rodeada pela grande cidade) no aniversário da mãe sem cessar seu ofício; uma mulher mata um agressor a facadas em seu lugar de trabalho; um jovem se suicida em uma fábrica de eletrônicos onde mora e trabalha; personagens que, sempre em deslocamento na busca de uma melhor vida, deparam-se com uma realidade cada vez mais opressora.

Para representá-los, Jia faz nesse filme um sutil tratamento de personagens baseado em contos clássicos de heróis e brigantes, como nos filmes de artes marciais de King Hu (como *A touch of Zen*, de 1971, que, no Brasil, virou *A Tocha de Zen*) e, sobretudo, no romance histórico chinês *Margem da Água*, do século XIV, atribuído a Shi Nai'na. Nessas obras, os personagens são pobres que se rebelam contra governadores corruptos, mostrando que, para Jia, seu filme segue essa tradição subversiva, sobre marginais que resistem a uma violência maior, legitimada por um sistema injusto.

O personagem do jovem Xiao Hui (Lanshan Luo) é o retrato da nova geração de migrantes: segue vivendo de cidade em cidade, trocando de subempregos sob a pressão dos pais para enviar-lhes dinheiro, além de ter de lidar com o peso de seus próprios anseios. Ainda esbarra comumente em direitos trabalhistas à revelia dos patrões. Certa vez, resolve fugir depois de ferir acidentalmente um colega e ser penalizado a trabalhar pelos dois enquanto o jovem lesionado se recupera. Acaba sendo, em seguida, empregado numa espécie de bordel de luxo, onde conhece uma jovem de quem se aproxima e que lhe falaria que quem trabalha nesse "negócio" não tem direito ao amor. Tal conversa íntima foi trocada quando os dois vão juntos a um templo budista em uma espécie de ferro-velho. Nessas sobreposições de modernidade e ruínas, a espiritualidade e os sentimentos parecem vagar em *não lugares* esquecidos. Xiao Hui acaba largando o emprego nessa "hospedaria de luxo" para executivos, indo trabalhar em uma montadora de eletrônicos, onde também mora, dormindo em meio a barulhos incessantes de testes de aparelhos. O jovem rapaz acabará se jogando do alto do dormitório, despencando de um mundo onde lhe é negado alçar voos pessoais, descansar ou mesmo amar.

Já em *Em busca da vida* (2006), grande vencedor do Leão de Ouro no Festival de Veneza de 2006, o personagem Han Sanming busca a filha e a ex-esposa na cidade de Fengjie, já em avançado processo de destruição para dar lugar à Represa das Três Gargantas, a maior obra de engenharia do mundo, construída nas margens do rio Yangtzé, em uma região de grande valor histórico e cultural, inspiradora de grandes poetas e pintores, com 1.300 sítios arqueológicos de mais de 2.000 anos, todos engolidos pelas águas da represa, assim como 15 cidades e outras 116 aldeias. Nesse processo, 1,8 milhão de pessoas foram deslocadas e 600 km^2 de terras agrícolas e florestais foram inundadas (Edelmann, 2006). Na espera de encontrar a filha, Han Sanming acaba trabalhando também na demolição desse local para sobreviver. Encontra, entre seus colegas de trabalho e moradores do mesmo cortiço, a "boa gente da região das Três Gargantas" (que é o significado do título original do filme, 三峡好人, Sānxiá hǎorén), conhecendo, assim, o trágico destino desse povo de destruir com as mãos a terra que lhes porta orgulho e lembranças.

Numa passagem do filme, tais colegas locais lhe mostram com satisfação o desenho do desfiladeiro das Três Gargantas (mais especificamente, a vista da ribanceira de Kui Men) estampada na nota de 10 yuans, o que levará Han Sanming a ir a tal lugar para simplesmente contemplar a paisagem ("a montanha e o rio" é um tema canônico da pintura chinesa). Essa pausa é muito interessante na sutil escrita de Jia, pois é a imagem sobre o dinheiro que eles ganham destruindo a região que se encontra o afeto reminiscente daquelas pessoas com o lugar. Tal representação ainda estreita os laços do forasteiro Han Sanming com aquelas pessoas e com o aquele lugar. O espaço se *descoisifica*, tornando-se, enfim, paisagem aos olhos do homem. Uma paisagem que sustenta um peso subjetivo de histórias e vivências por meio da contemplação estética. Um lugar com rosto. Assim como as cataratas de Hukou, no Rio Amarelo, que Han mostra aos companheiros sobre uma nota de 50 yuans. Fica na região de Shanxia, sua terra natal (e a do diretor). É para lá que ele e os novos amigos seguirão no final do filme, em busca do perigoso e mortal emprego nas minas de carvão do local, em busca da vida no norte da China.

A partir da experiência estética desencadeada pela representação de paisagens nas notas, Jia cria a possibilidade do que Rancière (2008) chama de *dissensus*. Esse é um conflito ligado, sobretudo, à percepção do mundo, *um conflito de vários regimes de sensorialidade* que torna possíveis os olhares e os discursos não hegemônicos e oficiais. Sem levantar bandeiras e ideais panfletários, Jia narra uma tragédia ecológica e humana a partir dos indivíduos que ali vivem ou viveram, ou os que passam na busca de sobrevivência e acabam vivenciando a destruição de referências históricas. Tais desaparecimentos não apenas são materiais, mas afetivos e culturais, contra um perigoso processo que esquecimento que Hannah Arendt (1954) identifica como uma terrível estratégia do capitalismo. Esquecer a história significa, para ela, permitir a imposição de qualquer verdade, sendo assim um dos princípios de regimes totalitários.

Arendt lembra que esquecer a história é esquecer uma categoria da existência humana mais antiga que a palavra escrita, mais antiga que Heródoto, ainda mais antiga que Homero. Para ela, seu início, não cientificamente, mas poeticamente falando, vem de uma consciência trazida pela representação, quando Ulisses, na corte do rei dos Feácios ouve a história de seus próprios fatos e sofrimento, a história de sua vida, tornada, assim, algo exterior a ele, um objeto para todos apreciarem:

> A cena em que Ulisses ouve a história de sua própria vida é paradigmática tanto para a história quanto para a poesia; a 'reconciliação com a realidade', a catarse que, segundo Aristóteles, era a essência da tragédia e, segundo Hegel, a meta última da história, que ocorreu através das lágrimas da recordação. O motivo humano mais profundo da história e da poesia aparece aqui com uma pureza incomparável: uma vez que o ouvinte, o ator e aquele que sofre são uma única pessoa, todas as razões da ordem da pura curiosidade e o apetite por novas informações que, é claro, sempre tiveram um grande papel na investigação histórica e no prazer estético, estão naturalmente ausentes do próprio Ulisses, que ficaria entediado em vez de comovido se a história fosse apenas nova e se a poesia fosse apenas divertimento. (Arendt, 1972 [1954], p. 62–63)

Já no documentário *24 City* (2008), sobre o desmantelamento de uma vila industrial para dar lugar a prédios de luxo, Jia revela-se mais uma vez consciente da importância dessa construção subjetiva da história para melhor expressar e apreender a realidade. Conta que, para a grande maioria dos chineses, essas histórias vividas são parte da representação coletiva. Dessa maneira, o cineasta busca sempre costurar em seus filmes, com uma tênue linha, o individual e o social, o registro do real e a representação, a partir da memória viva de famílias operárias que ali viveram durante muitos anos. Para reforçar essa subjetividade histórica, Jia mescla entrevistas verdadeiras a performances de atores profissionais que encarnam pessoas do lugar. Para ele, o que lembra um dito famoso de Godard, a ficção deve estar o mais perto possível do real e o documentário o mais aberto à subjetividade, para expandir o espaço expressivo do filme:

> Espero que esses depoimentos, que não são fora do comum, dêem acesso a um espaço imaginário maior. Neste espaço aberto à imaginação, o espectador pode adicionar suas próprias experiências, sua experiência pessoal. Não é uma questão de casos particulares, mas de uma memória coletiva. (Jia, 2012, p. 231–232)

Tal processo de destruição de patrimônios arquitetônicos, culturais e históricos faz, infelizmente, parte de uma atualidade universal, mas a rapidez com que acontece na China é incomparável. Essa memória revivida nos filmes de Jia, no entanto, é também a chama que aquece a consciência desse temerário movimento da perda de subjetividade de um espaço. A arte chinesa está cheia de exemplos dessa retomada de consciência sobre a importância da memória a partir da experiência trazida pela paisagem. Entre tantos exemplos, a literatura chinesa contemporânea emenda novamente lembranças pessoais com a memória coletiva num trecho do conto *Uma vara de pesca para o meu avô*, do escritor exilado Gao Xingjian (Prêmio Nobel de Literatura de 2000), que também expõe seu desalento sobre o apagamento histórico na China contemporânea:

> [...] a maldade é mais forte do que a bondade, os santos, estudiosos e filósofos de todos os tempos e de todos os países o disseram, mas tu ainda procuras a bondade do coração humano, uma vez saciado, os homens ainda não podem atropelar tuas memórias de infância, porque eles também podem ter tido uma infância que valha a pena lembrar é uma verdade tão óbvia quanto dois mais dois não é igual a três, um mais um pode causar uma mudança quantitativa ou mesmo qualitativa, tornar-se algo diferente e até estranho, mas isso nunca fará três. Se tu quiseres te livrar desses tormentos gerados por tua idéia fixa, tu tens que deixar a estrada de asfalto e esses novos edifícios, velhos, meio novos, meio velhos, ou quase velhos, em breve velhos, e esses edifícios cobertos de árvores dos quais apenas restam os ramos despojados de suas folhas, edifícios e edifícios e edifícios e edifícios, edifícios, edifícios, edifícios e edifícios e edifícios... (Gao, 2005, p. 70)

Jia é igualmente sensível a essa dispersão imaterial da lembrança sobre a materialidade imponente do concreto das construções modernas. No documentário, *Memórias de Xangai* (2010), faz caminhar uma atriz (*Zhao*

Tao) de branco, como um espírito que ronda as ruínas da cidade, uma memória que entranha a essência de um lugar nos poros de suas paredes descascadas. No fundo, avistam-se as novas torres das cidades, sobrepondo temporalidades e espaços. O rio e a montanha voltam aqui, mas estas últimas agora são substituídas por arranha-céus, mas a figura solitária de branco reforça a estranheza desses novos espaços. Ela os contempla, mais uma vez, quem sabe a última, como paisagem. Uma paisagem que o filme ajuda a revelar com a carga subjetiva de depoimentos de pessoas que moram ou vivenciaram a cidade, além de filmes e cenas reconstruídas.

No filme *As montanhas se separam* (2015), a estrutura em três épocas distintas (1999, 2014, 2025) parece igualmente ressaltar a perda de valores culturais e éticos ligados à memória, nessa diáspora chinesa em busca de objetivos puramente materiais. O personagem Liangzi (Jing Dong Liang) encarna a massa que migra de lugar em lugar, sem verdadeira perspectiva. Resolve deixar Fenyang, sua cidade natal, quando é despedido pelo novo dono da mina de carvão onde trabalha; seu novo patrão, que era até então seu amigo, tenta o chantagear, fazendo-o escolher entre o emprego e se afastar de uma moça que os dois se interessam. Acaba perdendo o emprego e o amor da amiga, que se casa com o colega novo rico. Liangzi abandona o lar em 1999, seguindo sem rumo atrás de emprego em outros rincões. Voltará em 2014, doente dos pulmões, sem dinheiro para se tratar.

Quando Liangzi volta a Fenyang, a cidade mudou também, seus monumentos históricos, como a Porta do Dragão, transformaram-se em *não lugares* perdidos da modernidade, como se estivessem igualmente enfermos e descartados. Para Jia, vidas pessoais, história e paisagem estão intrinsecamente ligadas: a poluição visível no rio Amarelo ou a descaracterização de lugares históricos são expressões de uma crise de perda de valores éticos e morais. O próprio título original do filme *Shanheguren* (山河故人) significa algo como "amigos antigos como a montanha e o rio", para expressar que tais laços fortes e duradouros entre pessoas, como amizades leais, estão desaparecendo como a natureza, os sítios históricos e a cultura local.

Consciente da importância dessas narrações para expressar a história não oficial do processo brutal e traumático de desenvolvimento atual chinês,

Jia pretende, a partir da vivência desses migrantes em busca de algum alento, que seus filmes sejam também caminhos para fora da estrada de asfalto, para fora da miragem do progresso, de um discurso hegemônico da história. Nessa travessia, quem sabe desencadeie no espectador a mesma catarse poética e histórica vivida por Ulisses na corte dos Feácios, quando ele pôde finalmente entender o próprio caminho e chorar. Um choro libertador, contudo, que o desperta das imposições do cotidiano para uma consciência de si no tempo e no espaço. Tal cinema não fará, evidentemente, frente às escavadeiras do dito *progresso*, mas representa ao menos a possibilidade de uma consciência libertadora para esses trabalhadores nômades (ou pelo menos para o espectador) contra discursos hegemônicos e autoritários, sustentados por memórias apagadas. Como o próprio cineasta já disse: "O cinema é uma maneira de guardar a memória. (...) Ajuda-nos a acompanhar o que está acontecendo e é uma das maneiras de resistir ao esquecimento" (Jia, 2005, p. 117).

REFERÊNCIAS

ARENDT, H. *La crise de la culture*. Paris: Gallimard, 1972 (1954).

CHEUNG, E. M. K. "Le réalisme face à un dilemme: L'attrait de l'accent Jia Zhang ke". *Perspectives Chinoises*. Hong Kong, v. 2010/1, n. 110, CEFC, 2010

DOULET, J.-F. *La Ville 'Made in China'*. Paris: Éditions B2, 2013.

EDELMANN, F. La Chine achève le barrage des Trois-Gorges. *Le monde*, 22 mai. 2006. Disponível em: http://www.lemonde.fr/asie-pacifique/article/2006/05/22/la-chine-acheve-le-barrage-des-trois-gorges_774495_3216.html.

GAO, Xingjian. *Une canne à pêche pour mon grand-père et autres textes*. Tradução ao francês de Noël e Liliane Dutrait e tradução ao português nossa. Paris: Ed. de Aube, 2005.

JIA, Zhang-ke. *Dits et écris d'un cinéaste chinois*. Bordeaux: Capprici, 2012

LEVEBVRE, H. *La production de l'espace*. Paris: Éditions Anthropos, 1974

NABUCO, Paula. Hukou e migração na China: alguns apontamentos sobre divisão do trabalho. *Rev. econ. contemp.*, Rio de Janeiro, v. 16, n. 2, p. 237–258, Aug. 2012. Disponível em: http://www.scielo.br/scielo.php?script=sci_arttext&pid=S1415-98482012000200004&lng=en&nrm=iso. ; http://dx.doi.org/10.1590/S1415-98482012000200004.

RANCIÈRE, J. *Le spectateur émancipé*. Paris: La fabrique ed., 2008.

WANG, Xiaobo. *Siwei de lequ, Siwei de lequ (Le Plaisir de penser)*. Trad. Sebastian Veg ao francês e trad. ao português nossa. Kunming: Yunnan Renmin, 2006.

ZHANG, Yingjin. *Cinema, Space, and Polylocality in a Globalizing China*. Honolulu: University of Hawaii Press, 2010.

JUSTIÇA, INJUSTIÇA, DESOBEDIÊNCIA: *O PROCESSO MAURIZIUS*, DE JAKOB WASSERMANN

MÁRIO LUIZ FRUNGILLO

O processo Maurizius, extenso romance de Jakob Wassermann publicado em 1928, tem uma trama das mais intrincadas, e aborda diversos temas interessantes. Sua ação se situa no ano de 1926, mas tem suas origens num tempo mais longínquo, o ano de 1908, quando foi proferida a sentença de morte, depois transformada em prisão perpétua, contra Leonhart Maurizius no processo que dá nome à obra. Desse modo, a história contada se desenrola em dois períodos marcados por uma grande cesura: inicia-se antes da Primeira Guerra Mundial na Alemanha imperial, sob Guilherme II, e termina nos conturbados anos da República de Weimar, que terminaria sete anos depois, com a ascensão dos nazistas ao poder. Assim, de certa forma, a luta de Etzel Andergast, um dos protagonistas (é difícil apontar um protagonista único no livro, pois isso depende do aspecto que se quer ressaltar nele), para provar que a condenação de Maurizius foi fruto de um erro judiciário, desvela um dos fatores que contribuíram para a derrocada da República: a sobrevivência ativa, no novo regime, de instituições oriundas do Império ocupadas por pessoas ainda fiéis aos velhos tempos.

A trama, como já foi dito acima, é bastante intrincada: Etzel Andergast é filho do barão Wolf von Andergast, procurador-geral, que, à época do processo, era promotor público e teve um papel determinante na condenação de Leonhart Maurizius, acusado de matar a própria esposa. Um dos dramas da vida de Etzel é não conhecer a própria mãe, pois os pais se divorciaram quando ele era ainda muito pequeno. A causa da separação foi um relacionamento extraconjugal da mãe, e o barão aproveitou a situação para impor condições extremamente severas ao acordo que selou a consumação do divórcio, entre elas a proibição de que a ex-esposa pudesse jamais voltar a se encontrar com o filho de ambos. O menino, que conta agora 16 anos de idade, foi criado na casa paterna sob disciplina e vigilância estritas. Dois fatores vêm perturbar essa situação de estabilidade forçada e pôr a roda da trama para girar: a chegada de uma carta da mãe dirigida ao pai que cai sob os olhos do rapaz e a invasão do cotidiano da casa por Peter Paul Maurizius, pai do condenado que há 18 anos vem acumulando pedidos de revisão do processo e de indulto para o filho. Depois de uma visita ao velho e de ler toda a documentação a respeito do processo que este guarda desde aquela época, Etzel primeiro interroga o pai a esse respeito. Não tendo obtido resposta satisfatória, decide partir sozinho para Berlim a fim de procurar Gregor Waremme, a testemunha chave do processo.

A partir daí, iniciam-se em paralelo duas investigações que deverão levar finalmente à elucidação do caso. Abalado pela fuga do filho, o juiz decide reler o processo, que ele só não considerava perfeito porque o réu insistira até o fim em afirmar sua inocência e se recusara a confessar o crime. Contudo, a releitura dos papéis lhe parece agora revelar outras possíveis falhas, o que o leva a decidir visitar o condenado na prisão em Kressa para ouvi-lo novamente a respeito do caso. Etzel, por sua vez, tem êxito em se aproximar de Waremme, que se revela personagem das mais complexas e inicia um jogo com o rapaz, por meio do qual procura negar-lhe as revelações que este busca arrancar-lhe, tratando-o com superioridade e prepotência desdenhosas.

No desenrolar dessas duas investigações, o leitor vai, então, tomando conhecimento dos fatos que levaram ao processo que resultou na condenação do réu. Leonhart Maurizius, um brilhante historiador da arte de 26 anos, depois de uma vida inconsequente e de muitos amores, conhece Elli, uma abastada viúva 12 anos mais velha que ele, e se casa com ela. Embora muitos suspeitem de um casamento por interesse, a vida de Maurizius ganha estabilidade, e tudo corre bem, até que entra em cena a irmã de Elli, Anna Jahn, vinte anos mais nova que ela. De início, ela e Maurizius nutrem certa antipatia mútua, que, com o tempo, se desfaz e é substituída por uma relação que se torna cada vez mais íntima, em especial depois que Maurizius revela a Anna ter uma filha de uma relação anterior ao casamento, cuja mãe está à beira da morte. Pede-lhe então que encontre um lugar para a criança, que, por sua vez, é levada para a Inglaterra. A esse triângulo vem se juntar mais tarde Gregor Waremme, também ele um brilhante intelectual sem formação regular e sem carreira ou profissão definida, que vive de escrever, dar palestras, mas também de ganhar dinheiro no jogo. Como se virá a saber depois, ele já era conhecido de Anna. Desde sua entrada em cena, ele exerce uma ascendência tanto sobre ela quanto sobre Maurizius, e desperta uma antipatia invencível em Elli. Com o tempo, o envolvimento de Maurizius e Anna se torna mais intenso, gerando uma série de conflitos: de Maurizius com Elli, dominada pelo ciúme; de Elli com a irmã mais nova e mais bela, em quem vê uma rival perigosa; por fim, de Waremme com Maurizius, entre os quais surge tanto uma rivalidade intelectual quanto uma disputa em torno de Anna. O agravamento de todos esses conflitos culmina no assassinato de Elli, pelo qual Maurizius é acusado e condenado. O triângulo Maurizius-Anna-Waremme tem algo da atmosfera do decadentismo esteticista do final do século XIX. Waremme leva vida aventurosa, sem uma ocupação regular; também Maurizius vive em certa medida à margem da ordem burguesa na qual se poderia esperar que ele tivesse ingressado pelo casamento. Depende em parte da renda da esposa para manter uma vida dispendiosa. Anna por sua vez, é personagem estranha, em parte muito reservada e religiosa (frequenta a missa todos os domingos), em parte irradiando uma irresistível atração erótica, e também não de todo integrada à ordem burguesa. Dificilmente explicável são suas relações com Waremme, ao qual se mantém ligada mesmo tendo sido, como ficamos sabendo mais tarde, violentada por ele num período anterior à entrada de ambos na cena do romance.

O resultado de ambas as investigações confirma a inocência de Maurizius. Elli foi morta pela irmã Anna, mas, mesmo sob o risco de ser condenado, Maurizius não a acusa durante o processo. Não o revela nem quando recebe a visita do juiz na prisão, diz apenas que não quis declarar nada, pois, se o fizesse, cometeria um assassinato (referindo-se com isso, provavelmente, à inevitável condenação de Anna em seu lugar). Waremme, por sua vez, comete perjúrio em seu depoimento no tribunal, acusando Maurizius e levando-o a ser sentenciado.

Diante disso, o barão Andergast decide pedir o indulto de Maurizius, sob a condição de que ele renuncie à revisão do processo. Ele aceita e é posto em liberdade. Mas as consequências dessa reparação são funestas. Depois de algumas tentativas frustradas de se reintegrar à sociedade, Maurizius se suicida, saltando de um trem em movimento para o abismo.

A sinopse acima não revela nem a complexidade das personagens, nem dos temas envolvidos na narrativa, e poderia levar a pensar que *O processo Maurizius* não passa de um romance policial. Mas o interesse da obra não está tanto na elucidação do crime, e sim naquilo que o envolve. O verdadeiro tema do romance não é o crime em si, mas a condição da justiça num momento histórico de valores em dissolução.

Um dos achados felizes de Wassermann é não fazer de Maurizius uma vítima simpática. Embora inocente, sua vida de dândi inconsequente, seu casamento dúbio, seu envolvimento com a cunhada e a consequente deterioração das relações conjugais com Elli, nada disso pode fazer com que o leitor simpatize com ele. Contudo, por maiores que possam ser os seus erros, e por mais que se possa considerar que sua atitude tenha um papel fundamental nos conflitos que desembocam no assassinato de sua esposa, ele não apenas não cometeu o crime como também não pode ser considerado seu autor intelectual, e nem mesmo o desejou. Sendo assim, não é passível de responsabilização objetiva, e sua condenação configura um erro judiciário, portanto, uma injustiça.

Mas isso ainda não é tudo. Erros judiciários podem acontecer mesmo contra o empenho das pessoas responsáveis por fazer justiça, e, neste caso, ainda houve um falso testemunho que acabou por selar o destino da sentença. Contudo, como ficará claro no desenrolar das investigações que o revisitam, o processo talvez pudesse ter tido outro desfecho se o promotor não fosse o barão Andergast. No momento em que o romance se inicia, ele já angariou uma reputação que leva as pessoas a chamá-lo de "Andergast, o sanguinário", por causa de sua atuação implacável e das várias condenações que ocasionou. A mesma dureza ele revela na vida privada, ao impedir que a ex-esposa veja o filho de ambos. Contudo, só pouco a pouco a relação entre seu temperamento duro e severo e o erro judiciário em que se envolveu vão ficando claros. De início, numa conversa entre Etzel e a avó, mãe de seu pai, ficamos sabendo que o julgamento de Maurizius foi um daqueles casos rumorosos, com ampla cobertura pela imprensa, assunto de discussões acaloradas por parte do público e que, graças a essa publicidade e à atuação de Andergast, impulsionou significativamente sua carreira, sendo mesmo o início do sucesso profissional que o levaria ao cargo de procurador-geral. Posteriormente, num encontro entre Andergast e Sophia, sua ex-esposa, ficamos sabendo do afinco com que ele conduzira a acusação, e de como falava com entusiasmo do caso. Mas também se revela no tenso diálogo entre os dois que a atuação do promotor no processo já na época despertava dúvidas. O pai de Sophia, também magistrado, apontara com toda a clareza as falhas do processo, e advertira a filha contra seu casamento com semelhante pessoa. Começa-se a delinear aí que a conveniente cegueira do promotor para aquelas falhas, que ele só reconhecerá na releitura dos autos depois da fuga de Etzel, poderia ser também ocasionada pelas possibilidades profissionais que o processo lhe abria. Que ele não se arrepende desses métodos, mostra-o sua atitude em relação a Camill Raff, o professor de Etzel que numa conversa lhe revela aspectos desconhecidos da personalidade do rapaz às quais ele jamais atentara, em especial seu elevado senso de justiça, demonstrado praticamente em alguns episódios escolares, e que está na origem de sua repentina rebeldia. Considerando o professor responsável por despertar no jovem aquelas ideias, usa de sua influência para provocar sua transferência para uma local de trabalho muito pior, arruinando-lhe a vida. Também na conversa com a ex-esposa Sophia, saberemos que, durante o processo de divórcio, ele usara de seu poder para coagir o amante dela a cometer perjúrio, a fim de criar as circunstâncias apropriadas para impor a ela a duríssima condição de jamais voltar a ver o filho. Para agravar ainda mais sua atitude, o sentimento de culpa pelo perjúrio leva o amante ao suicídio.

Isso, porém, ainda não caracteriza inteiramente o juiz. Até aqui, estaríamos diante de um vilão vulgar, personagem encontrada em qualquer folhetim. Mas, no romance de Wassermann, essa conduta de fato criminosa do juiz se alia à sua visão de mundo, é mesmo indissociável dela. Esta vem expressa na descrição da atuação do barão no processo feita a Etzel pelo professor Förster-Löring, cuja casa o rapaz frequenta com aprovação paterna:

> O caso me pareceu desde o começo como sintomático. Sim, era fora do comum sob muitos aspectos. [...] Pode-se mesmo dizer que ele [o barão Andergast] foi o verdadeiro 'spiritus rector'. Teve que empregar sua energia, sua coragem, sua superioridade para vencer as dificuldades que se ergueram. Eu muito o admirei nessa batalha porque, para nós, alemães, era bem um 'hic Rhodus, hic salta'. A Alemanha estava, então, sob o ponto de vista moral, em presença de um dilema; era um desses momentos históricos onde se torna necessário escolher entre o levantar-se e o abaixar-se. De uma parte, frivolidade, sede de prazer, superficialidade, irresponsabilidade; de outra parte, consciência, disciplina, dever. O bem ainda uma vez saiu vencedor. Lembro-me do exórdio pronunciado por seu pai. Foi alguma coisa de extraordinário, que deveria ser afixado em todos os muros e paredes. Ainda hoje a agitação não está completamente acalmada, do mesmo modo como existem alguns iluminados que tomam o pobre Gaspar Hauser por um mártir. Mas, que é que isso prova? Nós, os velhos, que vivemos aquele tempo e conservamos os olhos abertos, não duvidamos nunca da culpabilidade daquele infeliz. Sim, por certo que era um infeliz, menos criminoso do que fraco, sem espinha dorsal e corrompido até o fundo do ser. (Wasserman, 1963, p. 74–75)

Vemos, aqui, o quanto a construção das personagens do romance é intrincada. O barão tem atitudes que atentam contra o desempenho correto de suas funções, algo que se torna ainda mais grave dado o caráter público e punitivo dessas funções. Além disso, aufere vantagens materiais concretas desses desvios de função, que abrem caminho para a sua ascensão profissional. Assim, nas dúvidas que tomam a consciência do juiz após o embate com o filho, revelam-se as perigosas relações entre a tarefa (e o poder) de julgar e a posição de relevância social em que essa atribuição coloca o julgador, o conflito entre o dever de julgar com imparcialidade e os ganhos materiais que uma carreira bem-sucedida proporciona a um alto funcionário da corte. Mas isso é apenas um reconhecimento posterior, causado pela primeira fissura no seu edifício moral que decorre da rebelião e fuga do filho. Contudo, como fica claro no trecho citado acima, o promotor estava também convicto de que agia no sentido de combater a decadência de seu universo de valores, personificada em Maurizius e em seu modo de viver. Em decorrência disso, mesmo seus desvios no desempenho do cargo permanecem, para ele, num estágio de semiconsciência, e sua gravidade é atenuada pela missão de que ele se considera imbuído. Atribuindo ao réu uma culpabilidade que vai além de seu envolvimento num crime concreto, a própria extensão desse envolvimento se torna uma questão menor diante da aparente justificativa de sua condenação.

Ao encontro desse quadro profundamente distorcido da justiça vem o perjúrio de Waremme. Esta é talvez a personagem mais complexa do livro. Ao longo da investigação de Etzel, descobrimos que Gregor Waremme é, na verdade, Georg Warschauer, um judeu do leste que procura desesperadamente sua assimilação à Alemanha, a ponto de adotar um pseudônimo e se tornar um defensor do nacionalismo alemão, que ele procura promover com seus escritos e organizando eventos. Contudo, percebe que estará sempre entre dois mundos: o seu de origem, que procura negar, e o de adoção, no qual jamais se poderá integrar. Essa impossibilidade de encontrar um lugar firme no mundo leva ao fracasso todas as suas tentativas de se realizar na carreira intelectual a que aspira. Depois de passar algum tempo nos Estados Unidos, retorna para a Europa convencido de que ali é o seu lugar. Mas, nas discussões com Etzel a respeito do julgamento, ao admitir que cometeu perjúrio (do qual não pode mais ser imputado, pois já prescreveu), defende-se negando toda e qualquer possibilidade de justiça. Seu niilismo lhe serve de justificação para causar a condenação de Maurizius e poupar Anna. Que sob essa justificativa intelectual também se esconda uma vingança contra o rival é tão natural quanto a simbiose entre ambição profissional e combate à decadência na acusação do barão Andergast.

Contrapondo-se a ambos, temos a reivindicação de justiça de Etzel. Ele foge da casa do pai para tentar localizar Waremme, que, segundo suas esperanças, afinal realizadas, lhe poderia revelar a verdade dos fatos. Etzel, como já foi dito, vive na casa paterna sob um regime opressivo. Ao interpelar o pai sobre o caso Maurizius, recebe uma resposta também opressiva, na medida em que o pai não apenas não lhe reconhece a capacidade de avaliar corretamente a situação como também não aceitaria ter suas atitudes postas em questão pelo filho. Assim, a atitude transgressora de Etzel, embora se dê no âmbito familiar, tem algo de desobediência civil, pois, ao ir buscar por seus próprios meios o esclarecimento do caso, ele não apenas está se opondo à opressão paterna, mas também a uma instituição do Estado que este encarna e que, em seu modo de ver, não está cumprindo de fato sua função, pelo contrário, está produzindo o exato oposto do que deveria. É um erro do sistema judiciário que ele se propõe corrigir, e não apenas a atitude do pai. Nesse sentido, a atitude de Etzel antecipa de certo modo o que Frédéric Gros (2018, p. 31) chama de "inversão das monstruosidades", que ele deriva de uma anotação do diário de Hannah Arendt em que ela registra uma frase de Peter Ustinov: "Durante séculos os homens foram punidos por desobedecer. Em Nuremberg, pela primeira vez, homens foram punidos por terem obedecido. As repercussões desse precedente estão começando a se fazer sentir". Retornando a Kant, e baseando-se também em considerações de Michel Foucault, Gros nota que a desobediência tradicionalmente era vista como uma queda na selvageria, uma regressão à nossa natureza primitiva. A obediência teria um papel fundamental na humanização: "A partir do momento em que se trata de contrapor o homem civilizado à selvageria (suposta), a obediência é pensada como o que nos humaniza – e a desobediência é monstruosa" (p. 31). As atrocidades que marcaram o século XX, contudo, conforme se pode deduzir da observação de Ustinov, provocam uma inversão:

> A experiência do século XX, a dos regimes totalitários e dos grandes genocídios, inquietou, perturbou, ou antes fragmentou, rompeu essa evidência cultural maciça que vincula, de maneira cerrada, capacidade de obedecer e afirmação de humanidade. Pode-se tomar, mas só de longe, o exemplo de Eichmann, coordenador frio, impecável, da máquina de morte que levou à destruição de seis milhões de judeus da Europa e que, na barra do tribunal de Jerusalém, não compreende nem mesmo que se conjecture sua condenação: 'Não posso

> ser responsabilizado, pois não vejo por que eu seria punido por ter assinado segundo ordens recebidas'. Considere-se ainda o sinistro Duch dirigindo, com zelo, aplicação, abnegação mesmo, o centro S-21, onde milhares de cambojanos foram torturados para produzir confissões delirantes e, depois, eliminados – seu nome significa em cambojano 'o aluno dócil'. (p. 31)

Claro que não é o caso de equiparar Andergast a Eichmann ou a Duch. Mas há algo antecipatório daquela "banalidade do mal" em sua atitude, e as vítimas inocentes, se não se contam aos milhões, ainda assim existem e são recorrentes o bastante para justificar a condenação de seus métodos.

Também por isso, a solução que Etzel espera para o caso Maurizius difere diametralmente da do pai. Este, embora termine por reconhecer o erro, não quer tirar desse reconhecimento todas as consequências e pedir a revisão do processo. Limita-se a resolver tudo rapidamente por meio de um indulto. Etzel quer a revisão do processo por considerar que o indulto tem apenas o efeito de libertar o prisioneiro, mas não de livrá-lo da culpa. No ríspido diálogo que travam após o retorno de Etzel, a diferença fundamental entre as duas soluções fica clara. Após alegar as grandes dificuldades que estariam envolvidas na revisão do processo, o barão acrescenta:

> Além disso... há outros interesses a proteger, graves interesses. A situação de diversas pessoas seria ameaçada, o tesouro do Estado deveria suportar enormes despesas, a autoridade do tribunal que julgou o processo seria atingida, a própria justiça ficaria sujeita, na sua engrenagem, a uma crítica dissolvente, a mesma que já está solapando as bases da sociedade... Renuncie à ideia de que a verdadeira justiça e a dos tribunais são e devem ser uma só e mesma coisa. É impossível, isso ultrapassa as possibilidades humanas e terrestres. Existe entre elas a mesma relação existente entre os símbolos da fé e as práticas da religião. Um símbolo não pode fazer você viver. Mas, quando se observou as práticas estritas e conscienciosas, saber o símbolo eterno acima de si, isso... como direi? ... isso nos absolve. Essa absolvição é naturalmente necessária. É igualmente necessário que nos contentemos com ela. (Wasserman, 1963, p. 414)

A resposta de Etzel marca claramente a distância entre pai e filho:

> Não, ele não aceita. O homem possui um direito primordial, nascido no coração ao mesmo tempo que ele. Cada um tem direito à sua parte de justiça como à parte do ar que se respira. Se a roubam, sua alma fatalmente fica asfixiada. – 'Não admito a outra interpretação, não quero admiti-la, não acredito nela. É a astúcia de uma casta. Uma conjuração. O medo dos sumo-sacerdotes de perder suas rendas. As práticas da religião? O que é que tem a ver a religião com que se deixe o inocente morrer só porque é uma prática e porque o símbolo está colocado acima de tudo como o capacete sobre a catadura de um polícia?' [...] É preferível ver o mundo explodir em pedaços do que caído em tamanho aviltamento. (p. 415)

Não se trata apenas de idealismo. A diferença entre uma e outra visão tem consequências práticas. O quanto Etzel está correto, demonstra-o o desfecho da tentativa de Maurizius de se reencontrar no mundo. Ele está, finalmente, livre, mas aos olhos do mundo continua culpado, pois o ato do barão limitou-se a restituir-lhe a liberdade, mas não basta para reabilitá-lo. Sua condição passou apenas de condenado cumprindo pena de prisão para condenado indultado. O peso dessa diferença se revela a ele quando tenta se reaproximar da filha. Os que ficaram responsáveis por cuidar dela consideram-se autorizados a negar-lhe esse direito, por continuar a ver nele o assassino da própria esposa. Assim, recusam-se a informar-lhe o lugar em que a moça se encontra, impossibilitando-lhe realizar seu projeto. Fica claro que, mesmo livre, não há um lugar social para ele. Essa impossibilidade se manifesta, por fim, também sob a forma da impotência sexual. Esta é a razão de seu suicídio, e não o fato de encontrar, depois de 18 anos de prisão, o mundo a tal ponto transformado pela Primeira Guerra Mundial e pela queda do Império que tem dificuldade de reconhecê-lo.

É essa continuidade de uma justiça incapaz de responder às demandas de sua época e de corrigir os seu erros que Etzel recusa em seu embate final com o pai, e é talvez uma esperança do autor de que as aspirações que a personagem encarna ainda venham a se realizar, o que se manifesta no desfecho, quando o barão vê ruir definitivamente seu mundo e as instituições que ele procura manter escondendo suas falhas, e mergulha na noite da loucura.

Mas não apenas isso é consequência da rebeldia de Etzel. Fica também claro que o fato de Waremme se manter preso ao seu niilismo *fin-de-siècle* não é uma resposta às condições do mundo em que vive, pois também essa atitude se mostra esvaziada de sentido. Maurizius o sentirá claramente em seu reencontro com Anna. Ele a vê completamente integrada à ordem burguesa que recusava no período em que se conheceram. No breve diálogo que ambos mantêm, ela revela o temor de perder aquela segurança adquirida depois de ter-se casado com um homem rico. E a conclusão que ele tira desse reencontro é das mais dolorosas, por destruir completamente a aura com a qual ele a revestira e que o fizera negar-se, mesmo ao preço da própria liberdade, a revelar ter sido ela a verdadeira assassina de Elli:

> Santo Deus! mas como ela é estúpida, simplesmente estúpida, de estupidez inconcebível! Sua beleza, sua alma (ou aquilo que se tomava por sua alma), sua graça, seu encanto, aquele misterioso demonismo, aquele temperamento apaixonado, aquela propensão para o sofrimento, tudo aquilo nada mais era do que uma leve camada de verniz que os anos apagaram, pondo a nu o árido fundo primitivo. A natureza revelou seu próprio embuste. Anna não tinha coração, nenhuma compreensão do destino, nenhuma inspiração superior, nada, senão enganos e artifícios... estúpida, eis o que ela é, estúpida como todos aqueles que pararam no meio do caminho, como todos aqueles que são animados por uma vida fictícia e que estão mortos, estúpida como todos aqueles que não percebem que seu espírito e seu coração já morreram, estúpida como um fantasma... E foi por aquilo, por aquilo, oh! Deus misericordioso! por aquilo o seu sacrifício e o seu martírio, o suplício que o arruinou e aqueles dezenove anos vividos num túmulo... (p. 399)

Deve-se notar que tanto Maurizius quanto Andergast pertencem à mesma geração e representam, apesar do título de nobreza do barão, à esfera da burguesia culta (*Bilgungsbürgertum*) do final do século XIX (Schneider-Handschin, 1990, p. 17). Contudo, conforme já dito acima, eles são, quanto ao modo de vida e à visão de mundo, antípodas. De certa forma, a guerra e a República levaram de roldão tanto o mundo do barão Andergast quanto a tímida resistência esteticista que por um tempo animou e terminou por levar à ruína a vida de Maurizius e o seu entorno. Nesse sentido, a busca de Etzel é a de uma nova ética, que ele não vê realizar-se na República, já a essa altura condenada ao seu fim inglório (o que é sugerido pelas poucas, mas cruciais referências à situação política e social do momento).

O romance de Wassermann, que foi um grande sucesso literário em sua época, caiu depois em um relativo esquecimento, e mesmo a arte de seu autor perdeu muito do prestígio que chegou a conhecer. Mas as questões que a obra levanta ainda não perderam sua validade (ou talvez seja o caso de afirmar que voltaram a tê-la), e uma releitura sem dúvida não representa nenhuma perda de tempo.

REFERÊNCIAS

ARENDT, Hannah. *Eichmann em Jerusalém. Um relato sobre a banalidade do mal.* Tradução de José Rubens Siqueira. São Paulo: Companhia das Letras, 1999.

GROS, Fréderic. *Desobedecer.* Tradução de Célia Euvaldo. São Paulo: Ubu, 2018.

SCHNEIDER-HANDSCHIN, Esther. *Das Bild des Bürgertums in Jakob Wassermanns "Andergast-Trilogie".* Berna, Frankfurt, Nova Iorque, Paris: Peter Lang, 1990.

THOREAU, Henry David. *A desobediência civil e outros ensaios.* Tradução de José Paulo Paes. São Paulo: Cultrix, s. d.

WASSERMANN, Jakob. *Der Fall Maurizius.* Munique: DTV, 1988.

_______. *O processo Maurizius.* Tradução de Octavio de Faria e Adonias Filho. Rio de Janeiro: Civilização Brasileira, 1963.

PERCEPÇÕES E PRODUÇÕES CULTURAIS EM TRÂNSITO

ÊXODO E TRADUÇÃO:
A LITERATURA RUSSA NO BRASIL E NA ARGENTINA

BRUNO B. GOMIDE

A difusão mundial da literatura russófona seria impensável sem a circulação de indivíduos que, como emigrantes, exilados ou refugiados, não houvessem trabalhado para traduzi-la, no mais das vezes em condições longe das apropriadas. A história da literatura russa é também a história das desventuras de cidades como Odessa ou Riga.

As observações a seguir têm o caráter de subsídios para uma pesquisa de fôlego sobre o tradutor, crítico e professor Boris Schnaiderman, o principal mediador da literatura russa no Brasil e, possivelmente, na América Latina. Tentar uma abordagem crítica de sua trajetória implica em colocá-lo no complexo contexto da emigração, um fenômeno multifacetado, do qual Boris Schnaiderman foi uma parte.[1]

Proponho, portanto, um olhar sobre o papel da emigração eslava, báltica e judaica em processos de transferência cultural, recepção e circulação da literatura russa na América Latina. Priorizarei os casos do Brasil e da Argentina entre os anos vinte e sessenta, período que abarca a primeira e segunda ondas de emigração ocorridas após a Revolução Russa de outubro/novembro de 1917. A década de sessenta marca as primeiras tentativas de estabelecimento de cursos universitários de literatura russa na região (1961 é o ano de fundação do curso de russo da Universidade de São Paulo), iniciativas nas quais houve, muitas vezes, participação de imigrantes que tinham o russo como língua de expressão.

1. Embora esta pesquisa sirva de base para uma contextualização mais sólida da contribuição de Boris Schnaiderman, espera-se também que ela funcione com relativa autonomia e desdobre-se em trabalhos futuros que comparem a circulação dos textos russos na América Latina.

Essas coletividades em trânsito, integradas por russos, poloneses, ucranianos, letões, lituanos, estonianos ou judeus foram, em geral, caracterizadas como "russas" em seus portos de chegada, em função de estereótipos culturais e das identificações registradas nos passaportes do império esfacelado. Tal multiplicidade geográfica não raro encontrou-se às voltas com os textos de Púchkin, Tolstói e Dostoiévski, e elaborou políticas culturais e editoriais relacionadas à literatura russa.

Observo, de passagem, que nem o Brasil e nem a Argentina tiveram a presença, como viajantes, de escritores ou de intelectuais russos consagrados. Nesse sentido, verifica-se uma diferença significativa em relação ao México, país que recebeu a visita do poeta simbolista Konstantín Balmont na primeira década do século XX e dos ícones da vanguarda Vladímir Maiakóvski e Serguei Eisenstein nos anos vinte e trinta (para não falar, claro, de Trótski, que terminou seus dias naquele país). Mas essas aproximações momentosas foram temporárias, e pertencem a um campo de investigações externo aos estudos de emigração literária.

Sem visitantes de renome, Brasil e Argentina receberam, em compensação, os maiores contingentes de imigrantes daquelas regiões, primeiramente czaristas, depois sovietizadas.[2]

Inicialmente, um breve comentário historiográfico sobre a cronologia e as tipologias da emigração russa. Assim como em outros processos de transferência e deslocamento populacional, há um alentado debate sobre a aplicação de termos e conceitos tais como "emigração", "exílio", "diáspora", "êxodo" e "refúgio" para o caso russo pós-1917. Dado o caráter preliminar deste artigo, utilizarei aqui o termo mais genérico de "emigração" por considerar que ele abrange um espectro mais amplo de experiências que inclui desde a perseguição política direta e as ameaças de aniquilação total de grupos e indivíduos até as viagens motivadas por apreensões mais difusas ou por pressões econômicas. Um esboço da história da emigração russa ficaria, entretanto, incompleto se não aludisse à forte carga semântica messiânica

2. Para as comparações entre Brasil e Argentina, baseio-me principalmente nos estudos recentes desenvolvidos por pesquisadores da USP e da Universidade de Quilmes. Cf. Miceli (2018); Alejandro Blanco e Luis Carlos Jackson (2014).

contida na noção de "exílio", utilizada amplamente por parcela substantiva da emigração russa pós-1917, que muitas vezes identificou o seu percurso como uma espécie de missão destinada a salvaguardar a verdadeira cultura russa de sua destruição. Com a utilização do termo relativamente neutro de "emigração", não pretendo, evidentemente, normalizar a violência brutal de que foram objeto centenas de milhares, ou possivelmente milhões de pessoas, para as quais o estatuto de "refugiado" teve de ser criado pela jurisprudência internacional (Gousseff, 2008). Os "russos de 1919" eram os "sírios de 2019".

Costuma-se prestar justificada atenção ao processo migratório ocorrido após as revoluções russas. Porém, a emigração ocorrida no período czarista não foi menos relevante, nem em quantidade (talvez os números pré-1917 tenham sido ainda maiores do que os posteriores às revoluções), nem no que toca às modificações qualitativas trazidas pelos emigrados às suas culturas de chegada. Antes de 1917, amplos setores da população do Império Russo emigraram por motivos variados. Houve a saída de dissidentes religiosos, tais como os "dukhobores", cuja emigração teve o aporte espiritual e financeiro de Tolstói, as idas e vindas de revolucionários, reformistas sociais e intelectuais perseguidos, ou a partida maciça de judeus vítimas dos pogroms que grassaram nos territórios do Império Russo, com força especial na passagem do século XIX para o XX.

Do ponto de vista cronológico, a divisão "clássica" estabelece três grandes ondas migratórias. A primeira aconteceu após outubro de 1917, sobretudo durante a terrível Guerra Civil (1918–1921) que devastou o território do antigo Império Russo e causou a morte de milhões de pessoas – para muitos historiadores, o evento fundamental do século XX russo. Os destinos principais dessa primeira leva foram Berlim, Paris e Praga, mas tratou-se de um fenômeno mundial, abrangendo diversos países eslavos fronteiriços ao ex-Império Russo e outras localidades mais distantes (Palestina, Austrália, as Américas). A segunda onda migratória aconteceu no bojo da Segunda Guerra e nos anos subsequentes ao fim do conflito. Ela envolveu principalmente militares e moradores das regiões atingidas pela guerra (um exemplo, no mundo tradutório, é o de Svetlana Geier, tradutora de Dostoiévski para o alemão).[3] A terceira "onda" foi composta majoritariamente por judeus e intelectuais dissidentes nos anos setenta – Ióssif Bródski e Aleksándr Soljenítsyn, ambos ganhadores do prêmio Nobel, são dois representantes famosos dela. Há quem fale em uma quarta ou mesmo uma quinta onda de emigração, referente ao turbulento período posterior à queda do regime soviético, quando a instabilidade econômica e social levou muitos indivíduos a tentar a sorte em outras paragens.[4]

A partir de uma determinada conjuntura política e cultural formada em fins do século XIX, e com epicentro em Paris, a literatura tornou-se o principal produto de exportação cultural do Império Russo. O romance russo foi "inventado" para consumo internacional nesse período, quando surgiram traduções em grande escala e livros de crítica que formaram os primeiros paradigmas interpretativos.[5]

Na maior parte da Europa ocidental, foi decisiva a atuação de emigrantes do Império Russo na movimentação crítica e editorial inicial. Eles atuaram como críticos literários e, principalmente, como tradutores, sozinhos ou em parceria com escritores locais. No contexto latino-americano, a presença da emigração eslava, báltica e judaica, embora significativa, especialmente no sul do continente, desde fins do século XIX, tornou-se relevante para a difusão da literatura russófona apenas após os processos revolucionários de 1917, quando grandes levas de emigrados políticos e econômicos chegaram aos seus novos portos e encontram as *intelligentsias* locais ávidas por relacionarem os eventos revolucionários aos textos literários russos com os quais estavam familiarizadas.

3. Geier (1923–2010) trabalhou como intérprete em Kíev durante a ocupação alemã. Quando a Werhmacht saiu da Ucrânia, em 1943, Geier a acompanhou e instalou-se na Alemanha, onde estudou e se tornou tradutora. A seu respeito, cf. o excelente documentário *A mulher dos cinco elefantes* (2009), de Vadim Jendreyko.

4. Alguns textos fundamentais para a emigração dos intelectuais russos são: *De l'émigré au déraciné. La "jeune génération" des écrivains russes entre identité et esthétique (Paris, 1920–1940)* (Morard, 2010); *Berlin Ostbahnhof Europas. Russen und Deutsche in ihrem Jahrhundert* (Schlögel, 1998); *Soixante-dix ans d'émigration russe, 1919–1989* (Struve, 1996); *Russia abroad: a cultural history of the Russian emigration* (Raeff, 1990).

5. Um panorama da recepção da literatura russa no Brasil está em Bruno Gomide (2011).

Falar de literatura russa significava, a partir de então, falar de revolução russa. Das tradições literárias consagradas, a russa foi a mais visada por políticas repressivas desenvolvidas em diversos momentos da história política do Brasil e da Argentina. Um estudioso de literatura espanhola, francesa ou alemã não tinha o mesmo tipo de preocupação que alguém dedicado à divulgação de Tolstói ou de Górki no Estado Novo brasileiro (1937–1945). Porém, essa não era a única especificidade da recepção dos textos russos. Também no campo da crítica literária havia uma diferença crucial. A literatura russa ocupava uma posição de opacidade linguística. Balzac, Cervantes, Dante, Goethe ou Shakespeare podiam ser lidos e discutidos em francês, espanhol, italiano, alemão e inglês. Dostoiévski e Tolstói não tinham esse trunfo. Não havia leitura sem tradução.

Existia um abismo entre o estatuto simbólico dos escritores russos e o seu tratamento crítico, em razão do obstáculo linguístico. Claro está que tal déficit não era exclusivo dos intelectuais latino-americanos. Poucos críticos no mundo conseguiam ler diretamente os textos russos, com algumas raras exceções. O americano Edmund Wilson e o italiano Tomaso Landolfi integram esse grupo seleto.

Para tentar minimizar essa lacuna, formou-se na Europa, América do Norte e Ásia uma russística universitária que dialogava com a crítica feita em jornal. Os cursos de russo daquelas regiões ganharam fôlego significativo depois da Segunda Guerra. Os emigrados foram muito importantes nesse universo acadêmico. Pensemos em nomes como os de Nabókov, Ívask, Struve, Jakobson e outros, sem os quais o imaginário construído em torno da literatura russa não seria o mesmo.

Na América Latina, durante toda a primeira metade do século XX, não houve eslavística universitária. Predominavam os textos escritos em periódicos por escritores locais e as traduções indiretas. A atuação da emigração foi decisiva para os processos transnacionais de transferências culturais dos textos russos – tanto os literários quanto os de interpretação histórico-social – para a América Latina.

Há poucos estudos de recepção e circulação dos textos russos na América Latina, apesar da sua imensa importância literária, cultural e política. Falta pesquisa de arquivo, a produção de listagens bibliográficas e a identificação de mediadores relevantes. Quanto aos estudos migratórios, os aspectos literários e tradutórios em geral ficam em segundo plano em relação aos estudos demográficos ou aos estudos históricos sobre a participação dos emigrantes na vida política e social de grupos anarquistas, socialistas, comunistas, ou de "russos brancos".[6]

No caso da crítica literária e do cenário editorial do Brasil e da Argentina, há uma conexão direta entre a atuação cultural dos emigrantes e o aparecimento de novos temas relacionados à literatura e à cultura russas.

Entre esses temas, podemos citar o estudo do fenômeno religioso na Rússia, tanto do cristianismo ortodoxo quanto de outras religiões, ritos e crenças praticadas no território do Império Russo; a discussão da própria emigração russa como um fenômeno decisivo para a cultura mundial; problemas e autores tais como a literatura russa anterior a Pedro I e a literatura russa do século XVIII; o lugar central ocupado por Púchkin; os aspectos estéticos da ficção russa; textos, peças, contos e romances relativamente pouco conhecidos fora da tradição intelectual russa; ou, por fim, os escritores pós-1917 (por exemplo, Pilniak, Bábel e Zamiátin).

A prática da *tradução direta* de textos russos foi possivelmente a principal contribuição dos intelectuais emigrados para os seus países de chegada. Na América Latina, os leitores estavam sob a hegemonia das traduções francesas ou das traduções indiretas feitas para o português ou o espanhol a partir daquelas edições parisienses. A América Latina foi a parte do mundo mais defasada na produção de traduções diretas em escala significativa.

No Brasil e na Argentina existiam, desde os primeiros contatos com os textos russos, níveis variados de insatisfação em relação às traduções disponíveis. Editoras, professores e tradutores tentam encaminhar propostas da melhor maneira possível, frente às inúmeras limitações existentes, que iam da falta de bibliotecas à perseguição policial.

Para que se tenha ideia da precariedade que assolava os indivíduos que, por necessidade ou desejo, debruçavam-se sobre a faina tradutória, veja-se o percalço de Boris Schnaiderman. Para realizar as suas primeiras

6. Sobre a imigração russa no Brasil, cf. Svetlana Ruseishvili (2016).

traduções, feitas nos anos de 1940 sob pseudônimo, ele era obrigado a ir até a Biblioteca Nacional para consultar o único dicionário russo-francês disponível na capital federal do país e assim dirimir as dúvidas eventuais.

Nem sempre conseguindo solucionar os problemas existentes, os intelectuais locais aperfeiçoaram a arte de denunciar as limitações existentes. Fizeram-no de várias maneiras. Em primeiro lugar, apontando a necessidade de ampliar o conhecimento do idioma russo e de trabalhar com os textos originais. O crítico paraibano José Carlos Júnior já apontava o problema da língua em 1887, portanto, em simultâneo à primeira recepção dos textos russos. Meio século mais tarde, mas ainda diante do mesmo problema, um jornalista afirmou em jornal paulistano que era impossível escrever sobre um autor – Dostoiévski – cuja linguagem não era conhecida pelos críticos.[7] Outra forma de procurar debelar as limitações era criticar o peso da intermediação francesa: Ronald de Carvalho e Mario de Andrade fustigaram o Dostoiévski incompleto e afrancesado disponível no Brasil.[8] Um passo correlato era abalar o império das traduções indiretas, sendo as traduções portuguesas, "pobres brochurinhas que nos vendia Lisboa", alvo de ataque especial, bem como os editores inescrupulosos e as "horríveis traduções" que eram divulgadas.[9]

Esse descontentamento patenteava-se nos periódicos do Brasil e da Argentina durante o entreguerras. No Brasil, ele se manifestou com mais força nos anos trinta e, especialmente, no Estado Novo, quando tentou-se remediar a situação com projetos ambiciosos. O principal deles foi a coleção de obras completas de Dostoiévski lançada pela José Olympio em 1944, nada menos do que a maior iniciativa do tipo feita pela principal editora do período. O resultado agradou a todos e foi saudado com fanfarra. Mas havia um ponto fraco no projeto: as traduções, todas elas feitas indiretamente. O próprio José Olympio tinha consciência do problema, mas afirmou não haver remédio imediato para ele, por falta de tradutores adequados. Boris

7. "Dostoiewski e o regresso eterno", *Correio da manhã*, 6 nov. 1932.
8. Ronald de Carvalho, "O claro riso dos modernos", *O Jornal*, 5 fev. 1924.
9. "Literatura & Cia – Gorki", *Diretrizes. Política, economia, cultura*, 12 mar. 1942; "Notícias literárias", *Diretrizes. Política, economia, cultura*, 7 out. 1943.

Schnaiderman já havia começado a sua atividade de tradutor, trabalhando para a Vecchi, rival "russa" da José Olympio, em traduções de Púchkin, Kuprín e Dostoiévski, mas era, naquele momento, um personagem anônimo da vida intelectual carioca. Mais tarde, José Olympio o incorporou à última floração da coleção, substituindo, agora em tradução direta, algumas das primeiras traduções.[10]

Na Argentina, a preocupação em providenciar novas traduções, feitas a partir do russo, aparece de forma concentrada nos periódicos culturais, locais-chave da vida literária daquele país. Muito se pode discutir sobre os méritos específicos das traduções ali inseridas, mas é inegável o diálogo desses textos russos com a nova e brilhante ficção literária (Arlt e outros) que ia se desenhando no tabuleiro de Buenos Aires, bem como a ampla repercussão que eles tiveram no resto do mundo hispânico.

Os emigrantes tentaram atuar em todas as frentes críticas, editorais e, sobretudo, tradutórias. Na Argentina, foram mais precoces que no Brasil as tentativas de tradução direta de poesia e prosa russa. Os pioneiros foram os tradutores ligados à revista *Claridad* e ao chamado Grupo de Boedo. Muitos eram emigrantes judeus do período czarista, uma mão de obra qualificada que, logo depois da eclosão de 1917, já estava disponível para traduzir textos russos. Os dois mais expressivos foram Benjamin Abramson (1888–1953?), emigrado em 1910, e César Tiempo (pseudônimo de Israel Zeitlin, 1906–1980), cuja família foi para Buenos Aires logo depois de ele nascer.

O caso argentino vem gerando algumas boas pesquisas. Há uma nova bibliografia, feita por pesquisadores jovens, sobre a relação desses imigrantes com a tradução de literatura russa e sobre a marca dessas traduções na formação da literatura argentina.[11]

10. Sobre a literatura russa na Era Vargas, cf. Bruno Gomide, *Dostoiévski na Rua do Ouvidor: a literatura russa e o Estado Novo*. São Paulo: Edusp, 2018.

11. Ezequiel Adamovsky e Maria Koublitskaia, "Publicaciones de la colectividad rusa en Argentina: un inventario crítico". *Estudios migratorios latinoamericanos*, n. 72, 2012; Martin Baña, Krátkii obzor izutchéniia istórii Rossíi v Arguentine. *Latínskaia Amérika*, n. 6, 2011; Adel Faitaninho, "Alejo Abutcov, Benjamin Abramson, and César Tiempo: Guiding, Translating, and Writing Russian Literature in Argentina". Austin, *Modern Language Association*, 2016; Alejandro González, "Dostoiévski v Arguentine, ili o dialogue, nedorazuméniakh i perspektivakh". *Baltíiskii filologuítcheskii kurier*, n. 7, 2006; Hélène Harry, *La Russie en Argentine. Réception, diffusion et appropriation des idées russes dans l'Argentine des*

Na Argentina dos anos quarenta, foram publicados os primeiros volumes latino-americanos contendo tradução direta de poesia russa. A primazia é um bom indício do maior grau de ousadia e robustez do mercado literário argentino daquela época, uma vez que a iniciativa de tradução de poesia russa é, historicamente, uma marca de emancipação de um dado sistema literário. O livro de Olga de Wolkonsky (um quintessencial sobrenome de família nobre russa), *Historia y evolución de la poesía rusa* (1943), foi um esforço pioneiro de apresentação de poetas dos séculos XIX e XX, um compêndio de traduções bem-intencionadas, mas desprovidas de maiores qualidades estéticas.

Também da Argentina veio o ur-texto poético russo latino-americano, de autoria de Lila Guerrero (1943), escritora que foi a primeira a traduzir Maiakóvski na América Latina. Guerrero nasceu em Buenos Aires em uma família russa e passou boa parte do entreguerras em Moscou. Suas traduções são muito conhecidas e até hoje são reeditadas. Elas geraram uma discussão sobre o poeta em todo o mundo de língua espanhola e portuguesa.

Quando essas traduções foram publicadas, travou-se pela primeira vez um diálogo "horizontal", um debate mais direto entre brasileiros e argentinos sobre a literatura russa. Foi um momento em que os brasileiros comentaram a produção vizinha, não necessariamente mediada pela produção crítica que vinha da Europa, principalmente da França.

Em 1944, Antonio Candido fez uma resenha rigorosa do livro de traduções de Lila Guerrero. Considerou-o raso, stalinista e propagandístico, com um destaque exagerado à Maiakóvski, se comparado a outros poetas russos. Segundo Candido, o livro eliminava especificidades da vida literária russa, como aquela, "elementar para quem conhece um pouco que seja de literatura russa, entre os ego-futuristas da então Petrogrado e os cubo-futuristas de Moscou".[12] Candido, pouco depois, fez uma brincadeira de inspiração

années 1920. Dissertação de mestrado, Universidade de Rennes, 2006; Dina Odnopozova, *Russian-Argentine literary exchanges*. Yale, PhD dissertation, 2012; Martina Stemberger, Voyage littéraire autour d´un 'continent imaginaire': Russie – Argentine, aller et retour. *La Revue Russe*, 46, 2016.

12. Antonio Candido, "Notas de crítica literária - um poeta e a poesia", *Folha da manhã*, 11 mar. 1943.

modernista. Ele criou um pseudônimo, chamado "Fabrício Antunes", que publicou um artigo em que punha em dúvida a capacidade de Candido comentar a tradução de Lila Guerrero, visto que não sabia russo.[13]

Um outro emigrado importante para a difusão da literatura russa foi Pável Schostakóvski. Na Argentina, "Pablo" Schostakóvski publicou livros e artigos que foram traduzidos e discutidos em outros países do continente. Naturalizou-se argentino e foi editor de periódicos como *Unión Eslava* e *Tierra Rusa*. Redigiu artigos sobre temas literários e políticos russos. Sua *Historia de la literatura rusa*, publicado pela Losada de Buenos Aires em 1945, foi talvez o único texto do gênero publicado na América Latina daqueles tempos. Foi traduzido no Brasil alguns anos depois.

Talvez sua maior contribuição tenha sido comentar a vida e a obra de Púchkin e Gógol, dois escritores cuja recepção em geral ficava muito à sombra de Dostoiévski e Tolstói. Schostakóvski também foi tradutor de textos russos, tanto os literários como os políticos, na imprensa argentina e chilena do entreguerras. Em suas memórias, ele afirma ter começado a traduzir, para uma editora espanhola, as obras completas de Dostoiévski (Schostakóvski, 1960), um projeto que ficou inconcluso como tantos outros arroubos dostoievskianos da época.

No Brasil dos anos trinta, a coleção de autores russos de Georges Selzoff foi a iniciativa mais marcante. Selzoff chamava-se originalmente Iuri Zeltsov. Emigrou de Riga para São Paulo, onde criou uma pequena editora destinada à literatura russa, a "Biblioteca de Autores Russos".

Há dois aspectos da sua coleção que chamam a atenção: em primeiro lugar, a adoção de uma versão francesa do próprio nome para a sua coleção. Isso se devia ao prestígio da cultura francesa e também à perseguição policial, que podia ser bastante grande em relação a textos e nomes russos no Brasil. Em segundo lugar, a coleção chama a atenção pelo método de tradução. Selzoff utilizava o método que os russos batizam de "podstrótchniki", as traduções interlineares. Ele mesmo fazia uma primeira versão literal e depois encaminhava a um ou mais escritores brasileiros que preparavam a versão final. Essa forma de tradução em equipe foi bastante usada nas

13. Sobre o jogo de pseudônimos de Candido, cf. Bruno Gomide (2018).

primeiras décadas da União Soviética e também no exterior, com resultados e qualidade variados.

Em menos de dois anos a editora de Selzoff publicou mais traduções de literatura russa do que todo o meio século precedente. O catálogo da editora era diversificado. Ele traduziu "clássicos" como Dostoiévski, autores populares nos anos dez e vinte (como Andréiev) e alguns poucos nomes novos (Ehrenburg é o único "soviético" ali presente). Estava nos planos da editora traduzir *Oblómov*, de Gontcharóv.

Um diferencial da editora de Selzoff foi a escolha, precoce do ponto de vista da recepção brasileira, de duas obras de Tchékhov. O nome do autor era uma raridade no jornalismo e na crítica literária do período.[14] Para a escolha dessas obras inesperadas, certamente pesou o conhecimento que o editor Selzoff tinha da tradição literária russa.

No Brasil, o personagem fundamental da emigração é Boris Schnaiderman. Ele nasceu em Úman, Ucrânia, em maio de 1917. A família logo se transferiu para Odessa, cidade com a qual Schnaiderman manteve fortes conexões afetivas e intelectuais. Boa parte dos autores que traduziu e comentou no Brasil – tais como Bábel, Oliecha, Katáiev – são emblemáticos do "texto de Odessa". A família emigrou para o Brasil em 1925. No começo da década de quarenta, Schnaiderman concluiu o curso de agronomia. Aos vinte e sete anos, Schnaiderman participou da Força Expedicionária Brasileira com a patente de sargento de artilharia. A experiência militar foi aproveitada na composição do livro de ficção *Guerra em surdina*, um texto ousado que realiza uma complexa mistura de gêneros e infelizmente ainda não recebeu a atenção crítica devida. Ele oscila entre o relato autobiográfico e a experimentação com diferentes vozes narrativas, inspiradas em parte pelo *Exército de Cavalaria*, de Isaac Bábel.[15]

Em meio à turbulência da ditadura de Getúlio Vargas e da guerra, Boris Schnadeirman começou a sua atividade literária assinando traduções de obras russas sob o pseudônimo de "Boris Solomónov". Essas traduções

14. Para a recepção de Tchékhov no Brasil, cf. Rodrigo Alves do Nascimento (2018).
15. Sobre a trajetória de Boris Schnaiderman, cf. o volume recentemente dedicado a ele, organizado por Maria Augusta Fonseca (2018).

depois foram renegadas pelo autor, mas vale dizer que algumas apresentam grandes méritos.

A entrada efetiva de Boris Schnaiderman no cenário cultural do país ocorreu em fins da década de cinquenta, quando ele passou a assinar, no jornal O *Estado de São Paulo*, uma coluna ("Letras russas") que durou quase quinze anos. Nesse e em outros jornais, ele publicou cerca de quatrocentos artigos. Falecido em maio de 2016, aos noventa e nove anos, ele foi um dos críticos mais longevos em atividade no Brasil e um dos russistas mais longevos do mundo.

Seu trabalho de difusão cultural teve um grande impacto no Brasil, mas a atividade de tradutor foi, provavelmente, o aspecto que mais contribuiu para tornar Schnaiderman famoso. Ele foi responsável pelas primeiras traduções de alto nível de autores como Púchkin, Dostoiévski, Tolstói, Tchékhov e Górki. Um ponto alto é o livro *Poesia russa moderna*, em que traduziu, junto com Augusto e Haroldo de Campos, poemas de Maiakovski, Khlébnikov, Krutchônykh e outros. Essa antologia foi considerada por Jakobson, Victor Terras e outros como uma das melhores traduções de poesia russa do século XX.

Na Universidade de São Paulo, Schnaiderman contribuiu para difundir importantes teóricos russos nas áreas de teoria literária e semiótica, tais como Leonid Grossman, Mikhail Bakhtin, Roman Jakobson, Iúri Lotman, Viktor Chklóvski e V. Ivánov. A conexão entre literatura russa e teoria literária foi um diferencial da institucionalização dos estudos russos no Brasil em relação a iniciativas similares feitas no mundo ibero-americano, onde, em geral, a literatura russa foi alocada em áreas de literaturas nacionais, quando não em nichos exotizantes. Boris Schnaiderman foi o único dentre todos os emigrados que fechou um circuito de tradução, universidade e jornalismo, criando um estilo muito próprio de ensaísmo que passava, sem sobressaltos ou contradições, do registro especializado para a difusão cultural.

Um panorama mais completo da emigração teria de trazer outros nomes atuantes na segunda metade do século XX, tais como os de Tatiana Belinky (1919–2013) e Valiéri Pereliéchin (1913–1992), no Brasil, e de Galina Tolmatchóva (1895–1987) e Irina Bogdachévski (1928–2016) na Argentina.

Belinky é mais conhecida como autora de literatura infanto-juvenil, mas também foi uma notável tradutora de textos russos. Destaco a sua tradução de *Almas mortas*.[16] Pereléchin hoje é reconhecido como um importante poeta da emigração. Ele morou quase meio século no Rio de Janeiro. Foi e continua a ser completamente desconhecido entre os intelectuais brasileiros (cf. Bakich, 2015). Tolmatchova traduziu, entre outros, o teatro de Tchékhov. Bogdachévskaia trabalhou com a prosa e poesia russa em alto nível e obteve grande repercussão nos meios literários argentinos.[17]

Algumas observações finais, à guisa de comparação.

Na Argentina, houve uma emigração pré-revolucionária atuante depois de 1917 no campo da tradução. Em compensação, não houve uma emigração de "primeira onda" significativa na tradução de textos russos nos anos vinte e trinta. No Brasil, antes dos movimentos migratórios gerados pela Revolução e pela Guerra Civil, não havia intelectuais de expressão russa que pudessem providenciar traduções com a presteza que o momento exigia.

Graças à força do mercado editorial argentino, as traduções e textos críticos produzidos em Buenos Aires circularam pelo continente, inclusive pelo Brasil. O inverso, ou seja, as ideias e traduções desenvolvidas no Brasil, não repercutiram na Argentina. Diga-se que, até hoje, lamentavelmente, há pouco intercâmbio direto, no campo dos estudos russos, entre pesquisadores e tradutores dos dois países.

O papel da Argentina como difusora de traduções russas foi logo reconhecido pelas agências soviéticas de propaganda cultural (como a VOKS, Sociedade de Toda a Rússia para Ligações Culturais com o Exterior) e por tradutores e intelectuais soviéticos associados em algum grau a essas agências.[18] Um exemplo é David Vygódski, intelectual judeu-russo, um dos primeiros a traduzir e comentar as literaturas hispano-americanas na União Soviética.[19]

16. Publicada pela editora Nova Cultural (São Paulo) em 1972.
17. Sobre Tolmatcheva e Bogdachévskaia, cf. Omar Lobos (2017).
18. Para mais detalhes sobre a VOKS e outras organizações de diplomacia e propaganda cultural soviéticas, ver Coeuré (2012).
19. Mais informações sobre Vygódski podem ser encontradas em Bruno Gomide (2018).

Parcela significativa dos tradutores emigrados que trabalharam na Argentina entre os anos vinte e quarenta reemigraram para a União Soviética ou para outros países depois da guerra: Abramson voltou para Moscou no começo dos anos trinta e foi preso várias vezes. A última em 1951, quando foi mandado para o Gulag, de onde saiu pouco depois da morte de Stálin. Schostakóvski também voltou para a URSS depois da Guerra, mais precisamente, para a Bielorrússia. Olga de Wolkonsky estabeleceu-se nos Estados Unidos, também após a guerra. No Brasil, a maioria dos imigrantes permaneceu no país até o fim da vida. Boris Schnaiderman fez visitas curtas à União Soviética, principalmente a Moscou e a Odessa. Em alguma dessas viagens ele se encontrou com artistas e intelectuais russos que ajudou a apresentar no Brasil, tais como Lília Brik e Guennádi Aigui.

Os intelectuais emigrados na Argentina não tiveram participação substantiva na vida universitária. De modo geral, os estudos russos não se desenvolveram como área autônoma nas faculdades de letras do país platense até data relativamente recente. No Brasil, o curso de russo da Universidade de São Paulo teve, graças a Boris Schnaiderman e a seus colaboradores, um crescimento lento e contínuo a partir dos anos sessenta. Formou-se um programa de graduação e de pós-graduação e produziram-se teses na área de literatura russa com densidade maior do que no caso argentino.

Avanço algumas hipóteses para explicar tal diferença de institucionalização universitária entre os dois países. Uma delas é a já mencionada reemigração, no caso argentino, que retirou do país muitos emigrados qualificados que poderiam ter trabalhado na área acadêmica justamente quando os estudos russos passavam por forte crescimento internacional no pós-guerra. Uma outra explicação possível é que, na Argentina, o interesse por temas russos foi canalizado para os estudos de história, ciência política e relações internacionais, ou seja, para as ciências humanas e os "estudos de área", e não para os estudos literários. Por último, e não menos importante, a extrema instabilidade da universidade argentina dos anos quarenta e cinquenta em diante. Apesar de estar dotada de uma solidez institucional maior do que a do Brasil no começo do século XX, a universidade argentina transformou-se em um campo de disputas oficiais e políticas de maneira muito mais acirrada do que no vizinho de língua portuguesa. É tristemente conhecido o nível de violência usado contra os professores e estudantes de esquerda pelos sucessivos autoritarismos e ditaduras argentinas dos anos setenta. Como a literatura russa estava associada, correta ou incorretamente, ao universo soviético e comunista, tornou-se praticamente impossível desenvolver uma linha de filologia eslava. No Brasil, sabe-se que o desenvolvimento da universidade foi uma estratégia, ambígua decerto, alternando incentivo e repressão, da ditadura militar. Um sistema universitário propriamente dito, com graduação, pós-graduação e pesquisa, praticamente só foi criado nesse período (Blanco; Jackson, 2014). Apesar dos ataques pontuais a textos russos e pesquisadores de literatura russa, houve mais estabilidade, o que permitiu que traduções, professores e cursos pudessem existir, e que um pesquisador como Boris Schnaiderman fosse obrigado a negociar com delegados a liberação de orientandos presos e livros russos apreendidos na alfândega e, ao mesmo tempo, pudesse continuar dando seus cursos na USP e publicando trabalhos sobre a poética de Dostoiévski.

REFERÊNCIAS

BAKICH, Olga. *Valerii Pereleshin*: the life of a silkworm. Toronto: University of Toronto Press, 2015.

BLANCO, Alejandro; JACKSON, Luis Carlos. *Sociologia no espelho*: ensaístas, cientistas sociais e críticos literários no Brasil e na Argentina (1930–1970). São Paulo: Ed. 34, 2014.

COEURÉ, Sophie. *La grande lueur à l'Est*: les français et la Union Soviétique. Paris: Seuil, 1999.

DAVID-FOX, Michael. *Showcasing the Great Experiment*: cultural diplomacy and Western visitors to the Soviet Union, 1921–1941. Oxford University Press, 2012.

GOMIDE, Bruno. *Da estepe à caatinga*: o romance russo no Brasil (1887–1936). São Paulo: Edusp, 2011.

GOUSSEFF, Catherine. *L´exil russe*. La fabrique du réfugié apatride. Paris: CNRS, 2008.

GUERRERO, Lila. *Antología de Maiacovski: su vida y su obra*. Buenos Aires: Claridad, 1943.

LOBOS, Omar. "La labor pionera de tres traductoras rusas en Argentina". *Anais do III Congresso Internacional "La identidad nacional a través del diálogo entre culturas: Rusia e Iberoamérica"*. Rostóv-sobre-o-Don, 2017.

MICELI, Sérgio. *Sonhos da periferia*. São Paulo: Todavia, 2018.

MORARD, Annick. *De l´émigré au déraciné*. La "jeune génération" des écrivains russes entre identité et esthétique (Paris, 1920–1940). Lausanne, 2010.

NASCIMENTO, Rodrigo Alves do. *Tchékhov e os palcos brasileiros*. São Paulo: Perspectiva, 2018.

RAEFF, Marc. *Russia abroad*: a cultural history of the Russian emigration. New York: Oxford University Press, 1990.

RUSEISHVILI, Svetlana. *Ser russo em São Paulo*: os imigrantes russos e a (re)formulação de identidade após a Revolução Bolchevique de 1917. Tese (doutorado em História) - Faculdade de Filosofia, Letras e Ciências Humanas, Universidade de São Paulo, São Paulo, 2016.

SCHLÖGEL, Karl. Berlin Ostbahnhof Europas. Russen und Deutsche in ihrem Jahrhundert. Berlim: Siedler Verlag, 1998.

SCHOSTAKÓVSKI, Pável. *Put k právde* [o caminho para a verdade]. Minsk, 1960.

STRUVE, Nikita. *Soixante-dix ans d´émigration russe, 1919–1989*. Paris: Fayard, 1996.

LITERATURA BRASILEIRA OCULTA:
TRADUÇÃO E RECEPÇÃO DE JORGE AMADO NA CHINA[1]

FAN XING[2]

Jorge Amado (1912–2001) não só é um escritor canonizado no Brasil, mas também é um romancista mundialmente reconhecido. Ainda nos anos de 1930, suas obras foram traduzidas em espanhol, francês e russo, sem falar que, hoje em dia, ele tem livros publicados em pelo menos 50 idiomas e 55 países. Assim, é certo dizer que as obras amadianas ajudaram a construir uma imagem do Brasil no exterior, o que foi comprovado por uma série de trabalhos surgidos nos últimos anos, que focalizam a tradução e a recepção de Jorge Amado nos países estrangeiros.

Na China, Jorge Amado também é um representante principal da literatura brasileira. Desde 1953, mais de 20 obras amadianas foram lançadas na China, ocupando um quinto do número total dos títulos brasileiros publicados no país. Porém, mesmo que Jorge Amado seja o escritor latino-americano mais traduzido na China, sua influência literária não pode se comparar com a de Pablo Neruda, seu amigo e camarada do partido comunista, nem com os romancistas do "Boom" hispano-americano, tais como Julio Cortázar, Mario Vargas Llosa e Gabriel García Márquez.

Observa-se, assim, um contraste entre o grande número de traduções de Jorge Amado na China e seu impacto literário relativamente limitado. O presente trabalho pretende esclarecer o porquê desse contraste, que tem muito a ver com as características da obra amadiana e com o contexto histórico da China.

1. Uma versão anterior deste artigo foi elaborada em chinês e deverá ser publicada na revista *Literatura Comparada e Literatura Mundial* (《比较文学与世界文学》), editada em Pequim, 2020, n. 11. Os interesses e objetivos da versão chinesa e da versão apresentada no Colóquio I Exodus e ora publicada, com várias revisões, no Brasil, são evidentemente diversos.
2. Este trabalho foi apoiado pelo projeto de pesquisa "Escritores Brasileiros de Esquerda da Geração de 30" (The National Social Science Fund of China: 19CWW018).

Em geral, Jorge Amado é uma figura marginal na crítica literária chinesa, porém, ocupa um lugar importante na história da tradução da literatura latino-americana. Na tese de doutorado *A Tradução Literária das Nações Subdesenvolvidas e a Consciência Nacional da Literatura Chinesa no Século* XX (2004), Song Binghui propõe Jorge Amado e Pablo Neruda como dois representantes dos escritores do Terceiro Mundo, analisando as contribuições deles na formação e na renovação da literatura nacional chinesa.

Em *Ao Sul da Fronteira: a Tradução Chinesa da Literatura Latino-Americana e a Literatura Chinesa Contemporânea* (2011), Teng Wei também toma Jorge Amado como um exemplo importante para ilustrar profundamente o que a literatura latino-americana significa ao olhar dos intelectuais chineses: nos anos de 1950, a tradução dos "escritores do Sul" fazia parte da "diplomacia informal", com objetivo de estabelecer amizade com os povos dos países que ainda não tinham relação diplomática com a China socialista; nos anos de 1980, com o êxito internacional do realismo mágico, a literatura latino-americana tornou-se um modelo exemplar para os escritores chineses seguirem; a partir dos anos de 1990, com a abertura do mercado editorial e a comercialização da literatura na China, a literatura latino-americana perdeu sua posição diante dos livros europeus e norte-americanos.

Embora tomem diferentes perspectivas, ambos os trabalhos mostram que, nos anos de 1950, a tradução da literatura estrangeira na China foi promovida pela força política. Vale destacar dois fatores naquela época: a recém-proclamação da República Popular da China e a Guerra Fria entre o capitalismo e o socialismo. Com o novo regime estabelecido, a China precisava construir um modelo cultural socialista a fim de formar uma nova consciência nacional e juntar diferentes forças sociais. Devido à Guerra Fria, a China seguia políticas culturais da URSS, dedicando-se a divulgar ideias anticapitalistas e anti-imperialistas. Desse modo, depois de estatizar as editoras privadas e monopolizar a publicação, o governo começou a traduzir escritores da esquerda e valorizou muito a América Latina, que era considerada como "quintal dos Estados Unidos" naquela época.

Posto isto, não é surpreendente que Jorge Amado foi traduzido e elogiado na China. Militante comunista desde 1932, Jorge Amado era uma figura reconhecida tanto em termos literários como em termos políticos. Seus romances proletários, como *Cacau*, *Suor*, *Jubiabá*, ganharam fama mundial já nos anos de 1930. Nos anos de 1940, atuou ativamente nas funções partidárias, publicou trilogia de tese socialista (*Subterrâneos da Liberdade*) e foi eleito deputado federal pelo Partido Comunista. Depois de seu mandato ser cancelado em 1947, junto com a cassação do registro do PCB, Jorge Amado exilou-se na França e na Europa do Leste. Durante o exílio, participou no Conselho Mundial da Paz e conheceu artistas comunistas de vários países, inclusive Emi Siao, famoso poeta chinês e futuro biógrafo de Mao Tsé-Tung.

Em 1951, Jorge Amado recebeu o prêmio Stálin da Paz e apareceu pela primeira vez aos olhos do povo chinês. Para transmitir a notícia, a revista *Conhecimentos Mundiais* publicou um artigo dedicado a Jorge Amado, intitulado "Lutador pela Paz no Brasil: o Poeta Jorge Amado". O artigo apresenta brevemente a trajetória literária e política de Jorge Amado, e salienta seus romances *Terras do Sem-Fim*, *São Jorge dos Ilhéus* e *Seara Vermelha*. Segundo o artigo, "a trilogia rural mostra três fases da vida do povo brasileiro: fase feudal, fase da invasão do capital imperialista e a fase da luta pela liberdade e da sua vitória" (1951, p. 13). Em 1952, graças à recomendação de Emi Siao, Jorge Amado visitou a China a convite da União dos Escritores Chineses, e ampliou a amizade com escritores e artistas (Gattai, 1988, p. 134). Entre 1953 e 1956, os três romances acima referidos foram traduzidos em chinês. *Terras do Sem-Fim* foi lançado em março de 1953 e foi reeditado em dezembro do mesmo ano e em 1958; *São Jorge dos Ilhéus* foi publicado em 1956; *Seara Vermelha* teve 3 edições: a primeira em 1954, e depois em 1956 e em 1957.

Em 1957, a China lançou a Campanha Antidireitista, condenando muitos intelectuais chineses como antissocialistas. A partir daí até o fim da Revolução Cultural Chinesa em 1976, a China praticamente parou de traduzir as obras estrangeiras. Jorge Amado também sumiu da visão dos leitores chineses.

Com o término da Revolução Cultural, a China procurou "acertar as coisas erradas" e "endireitar a história torta". Como a literatura estrangeira também tinha sido "vítima" durante a Revolução Cultural, a tradução literária passou a ganhar mais legitimidade nessa nova era. Foi nesse contexto que a tradução de Jorge Amado foi retomada, pois, assim como o editor-chefe da revista *Literatura Mundial* anunciou, além de apresentar novos escritores, "era preciso subirem ao palco os escritores famosos que sofreram injustiça durante a Revolução Cultural" (Lin, 2011, p. 19). Assim, em 1981, *Literatura Mundial* publicou *A Morte e a Morte de Quincas Berro D'Água*, que foi a primeira obra amadiana publicada nessa nova fase. A escolha dessa obra não foi feita por acaso, mas por duas razões deliberadas. Em primeiro lugar, essa obra é mais curta e serve bem para publicar numa revista. Além disso, ela não contém descrições eróticas que desafiam a ideologia conservadora então predominante na China. *A Morte e a Morte de Quincas Berro D'Água* recebeu elogios dos leitores e dos críticos, o que incentivou a tradução de Jorge Amado nos anos seguintes. Além dos enredos atraentes da vida de Quincas, a boa recepção dessa obra também se devia à tradução, considerando que, nos anos de 1980, surgiram na China tradutores que podiam traduzir diretamente do português e manter ao máximo o charme da obra original. Assim, entre 1982 e 1991, dez livros[3] de Jorge Amado foram publicados na China, incluindo *Dona Flor e Seus Dois Maridos*, que vendeu 150 mil exemplares. Entre os dez livros publicados, nove foram escritos após o afastamento de Jorge Amado do Partido Comunista, e a única exceção é *Jubiabá*, obra-prima da primeira fase literária de Jorge Amado. Tal escolha tem a ver com o processo de despolitização na China daquele momento. Desse modo, para os leitores chineses dos anos de 1980, Jorge Amado deixou de ser "lutador pela paz", e se tornou um "best-seller internacional".[4]

3. Os dez livros são *Gabriela, Cravo e Canela*, *A Morte e a Morte de Quincas Berro d'Água*, *Jubiabá*, *Tieta do Agreste*, *Dona Flor e Seus Dois Maridos*, *Teresa Batista Cansada de Guerra*, *Mar Morto*, *Os Velhos Marinheiros*, *Farda, Fardão e Camisola de Dormir* e *Tocaia Grande*.

4. Esta mudança pode ser observada pela comparação das duas versões de prefácio de *Terras do Sem-Fim*, escrito por Wu Lao, o tradutor do livro. Na versão original de 1958, Wu Lao

A partir dos anos de 1990, com a globalização e com a comercialização do mercado editorial, a literatura dos países desenvolvidos começou a ocupar uma posição cada vez mais importante na China, ao passo que a literatura latino-americana se encontrou na decadência. Ao longo de duas décadas, Jorge Amado quase foi esquecido pelos leitores chineses. Entre 1992 e 2012, a China não traduziu novos livros de Jorge Amado. Apenas dois livros – *Gabriela, Cravo e Canela* e *Dona Flor e Seus Dois Maridos* – foram reeditados.

Esse cenário, porém, foi alterado desde 2013, quando a revista *Literatura Mundial* publicou *O Menino Grapiúna*, memórias da infância de Jorge Amado. Depois disso, devido à Copa do Mundo e às Olimpíadas, o escritor baiano voltou à berlinda do mercado chinês de livros, sendo chamado pela mídia chinesa de "representante do Brasil". Em 2014, publicou-se a tradução chinesa de *Capitães da Areia*. Dois anos depois, a editora Yilin lançou uma coleção de cinco obras de Jorge Amado, entre elas, 4 foram reedições, enquanto *Tenda dos Milagres* foi traduzido para o chinês pela primeira vez. Em 2017 e 2018, publicaram-se na China mais uma coleção de contos e dois livros infantis de Jorge Amado. Convém salientar que a Fundação Biblioteca Nacional do Brasil também concedeu apoio financeiro às editoras chinesas, o que ajudou a publicação de Jorge Amado na China.

Peculiaridade da recepção de Jorge Amado na China

Com o que apresentei acima, é fácil observar a estreita relação entre a tradução de Jorge Amado e a situação político-cultural da China em cada época. Assim como outros escritores latino-americanos, nos anos de 1950, Jorge Amado foi introduzido no mundo literário chinês por razões ideológicas. Por um lado, traduzir escritores estrangeiros da esquerda podia enriquecer a cultura socialista na China revolucionária, e, por outro, valorizar a literatura latino-americana ajudava a intensificar a ligação entre a China

chama Amado de "escritor que luta pelo progresso", e, na versão revista de 1992, nomeia Amado de "senhor que vende milhões de livros".

e a América do Sul. Embora os países sul-americanos não tivessem relação diplomática com a China recém-libertada, eram considerados pelos chineses como aliados potenciais na luta anticapitalista e anti-imperialista. Depois, durante o Movimento Antidireitista e a Revolução Cultural, a tradução de Jorge Amado parou junto com a da literatura estrangeira. E nos anos de 1980, a retomada da tradução de Jorge Amado fazia parte da "reabilitação" dos escritores "sofridos" nas duas décadas anteriores. Visto que, naquele momento, o discurso político era agudamente crítico por parte dos intelectuais chineses, romances proletários de Jorge Amado também deixaram de ser publicados na China. Como recompensa, os livros picarescos dele começaram a dominar o mercado chinês na década de 1980.

Contudo, apesar de ser sujeito ao contexto histórico chinês, a tradução de Jorge Amado na China tem suas particularidades. Antes de tudo, convém ressaltar que os primeiros três romances traduzidos na China não são os mais politizados de Jorge Amado, sobretudo *Terras do Sem-Fim*, que foi considerado como um dos melhores romances da sua carreira inteira, tanto em termos literários quanto em termos históricos. Além de ser a obra estreante de Jorge Amado na China, *Terras do Sem-Fim* também foi o primeiro livro amadiano publicado em inglês pelos Estados Unidos, sinal de que a obra não contém claras propagandas comunistas. Para melhor mostrar as características da tradução de Jorge Amado na China, pode-se compará-la com a tradução na União Soviética. Mesmo que os três livros – *Terras do Sem-fim*, *São João dos Ilhéus* e *Seara Vermelha* – também fossem traduzidos em russo como uma trilogia, publicaram-se primeiramente *São Jorge dos Ilhéus* e *Seara Vermelha*, em 1948 e 1949, respectivamente, enquanto *Terras do Sem-Fim* só saiu em 1955. Além disso, a China nunca publicou *Subterrâneos da Liberdade*, obra mais propagandista de Jorge Amado, ao passo que tanto a União Soviética quanto os países da Europa Leste, nomeadamente a Hungria, Polônia, Romênia, Bulgária – publicaram esta obra.

Isso revela que, embora a China nos anos de 1950 adotasse políticas culturais semelhantes à URSS, mantinha certa autonomia. Além de propagar ideias anticapitalistas e anti-imperialistas, os intelectuais chineses ainda se preocupavam em realizar a independência da literatura nacional chinesa, ou seja, a tradução da literatura estrangeira era julgada como uma maneira de incentivar e guiar a formação da cultura nacional. Desse modo, não obstante alguns mal-entendidos devidos à tradução indireta via línguas dominantes e ao desconhecimento da realidade brasileira, em meados do século XX, a tradução de Jorge Amado é satisfatória e até aplausível. Nesse sentido, vale ser destacado o prefácio de *Terras do Sem-Fim*, escrito por Wu Lao, o tradutor do Livro. No prefácio "Jorge Amado e sua Trilogia", Wu Lao não apenas apresentou a carreira literária de Jorge Amado, mas também falou sobre a história e a política do Brasil. E o mais importante é que, além de elogiar o valor ideológico da obra amadiana, Wu Lao (1958, p. 13) se referiu ao valor estético de Jorge Amado, indicando que "a trilogia também tem sabor lírico", "Jorge Amado gosta de aproveitar tradição folclórica da América Latina" e "utilizar as lendas, sobretudo as lendas dos negros". No fim, Wu Lao concluiu que *Terras do Sem-Fim* é um livro épico. É inegável que Wu Lao valorizou Jorge Amado como militante comunista, mas o prefácio abordou os elementos mais preciosos da obra amadiana – o documento, a poesia e a história, assim como Antonio Candido intitulou seu artigo sobre o mesmo romance.[5]

Graças aos valores poéticos e históricos, as obras de Jorge Amado exerceram influências positivamente significativas à literatura chinesa. Ao recordar sua formação literária, o famoso escritor Liu Shaotang (1988, p. 120–121) (1936–1997) declarou que "Jorge Amado, romancista que escreve em português, merece título de grande escritor. Seus *Terras do Sem-Fim*, *São Jorge dos Ilhéus* e *Seara Vermelha* me deixaram impressões admiráveis e inapagáveis", e, mais ainda, "entre os escritores latino-americanos, acho que Jorge Amado é melhor do que García Márquez".

Outro escritor importante da China, Cong Weixi (1983, p. 4) (1933-), também se referiu ao Jorge Amado em um romance seu:

> Se não me engano, você gosta muito de Seara Vermelha da trilogia de Jorge Amado. Ainda se lembra de uma cena? O escritor de vinte anos e pouco

5. Vide Antonio Candido. "Poesia, Documento e História". In: MARTINS, José de Barros. *Jorge Amado Povo e Terra: 40 anos de literatura*. São Paulo: Martins, 1972. p. 109–123.

descreveu um retirante morto de fome, cujo corpo foi comido de urubu. Quando li esta parte, meu coração apertou.

Como se trata de um romance memorialista, aqui "você" pode se referir a qualquer um dos contemporâneos de Cong. Isso comprova a influência de Jorge Amado nos anos de 1950.

Durante a Revolução Cultural, a tradução de Jorge Amado parou, mas a leitura não. Ye Zhaoyan (1957-), escritor contemporâneo reconhecido e neto do grande escritor e educador Ye Shengtao, também confirmou a presença de Jorge Amado na sua formação literária. Porém, desta vez, o que o impressionou já não era o lirismo ou o sofrimento, mas a sensualidade. Ainda que, nos anos de 1950, a tradução chinesa tenha cortado as cenas mais eróticas, de acordo com Ye Zhaoyan (2004, p. 23), os leitores chineses podiam imaginar o que foi cortado. Nos anos de 1980 e de 1990, quando falava sobre a obra de Jorge Amado, a sensualidade ainda era uma palavra-chave. No prefácio de *Jubiabá*, a tradutora Zheng Yonghui (1983, p. 3) acusou que as obra amadianas da segunda fase estão cheias de cenas "pornográficas", enquanto Sun Cheng'ao (1985, p. VII), o tradutor de *Gabriela, Cravo e Canela*, considerou as descrições "indecentes" como pequenas faltas de uma grande obra. E para Liu Cunpei (2004, p. 68), o editor da "Coleção da Literatura Latino-Americana", as descrições sensuais são inseparáveis da obra de Jorge Amado, "se cortar essas descrições, a obra vai acabar mutilada".

Contudo, embora as obras de Jorge Amado vendessem bem nos anos de 1980 e de 1990, não chamaram a atenção dos escritores e dos intelectuais chineses como nos anos de 1950. Enquanto as propostas da literatura hispano-americana foram aceitas pelos escritores chineses, e incentivaram a renovação da literatura contemporânea chinesa, Jorge Amado quase ficou esquecido pelos escritores e críticos literários. Nesse sentido, pode-se dizer que o valor de Jorge Amado e da literatura brasileira foi oculto na China desde os anos de 1980, por duas razões principais: a falta do conhecimento do Brasil pelos chineses e a ignorância das diferenças entre a literatura hispano-americana e a literatura brasileira.

A brasilidade oculta perante os leitores chineses

Em primeiro lugar, vale dizer que não só na China, mas na maioria dos países que não falam português, a literatura hispano-americana tem uma voz mais forte do que a literatura brasileira. Em *Chosen Literatures: Core Languages, Peripheral Languages, and the World Literary System*, Albert Braz (2014, p. 119–134) analisa a recepção internacional de Guimarães Rosa e diferencia língua central da língua periférica. Segundo o pesquisador, nas áreas acadêmicas, o português não é uma língua franca, mas o espanhol sim. Por causa disso, ao ser comparado com os escritores que escrevem em espanhol, quem escreve em português precisa passar por mais obstáculos para ocupar certa posição no mundo.

É inegável que Jorge Amado é um dos escritores brasileiros que fazem mais sucesso no exterior, pois pode atrair a atenção dos leitores e dos críticos literários simultaneamente (Armstrong, 1999, p. 134). Diferentemente de Guimarães Rosa ou Graciliano Ramos, o valor da obra de Jorge Amado não reside principalmente no uso de linguagem, assim, seu valor literário perde menos durante a tradução. Além disso, o escritor baiano gosta de aproveitar o folclore brasileiro, o que possibilita interpretações sociológicas, antropológicas e até teológicas da sua obra e contribui para a construção da imagem do Brasil no estrangeiro.

Porém, pelo menos na China, a popularidade de Jorge Amado não garante a divulgação da cultura brasileira. Nos anos de 1950, a obra Jorge Amado foi lida sob perspectiva anticapitalista e anti-imperialista, enquanto a realidade brasileira foi confundida com a realidade chinesa. Devido às preocupações ideológicas e à falta do conhecimento do Brasil naquela época, via-se sempre um mal-entendido na tradução de Jorge Amado. Por exemplo, Zheng Yonghui (1956, p. 423), a tradutora de *São Jorge dos Ilhéus*, escreveu no posfácio do livro que "Quando era criança, Jorge Amado trabalhava na fazenda de cacau, por isso conhecia profundamente a miséria dos trabalhadores e a exploração dos senhorios fundiários", sem saber que, de fato, Jorge Amado era filho do fazendeiro.

Apesar das imprecisões da tradução, nos anos de 1950 as obras de Jorge Amado não deixaram de ajudar a China a compreender a realidade brasileira e a formar seus próprios escritores da nova era. Contudo, nos anos de 1980, Jorge Amado perdeu sua posição na China devido à valorização de uma "literatura sem ideologia" e ao interesse quase fanático pelo realismo maravilhoso, a maior etiqueta da literatura latino-americana. Normalmente, Jorge Amado era considerado como um exemplo dos escritores latino-americanos, e não um escritor brasileiro que tem características próprias e distintas.

Nos anos de 1980 e de 1990, publicaram-se na China dezenas de artigos acadêmicos sobre Amado, mas não foram profundamente discutidas as questões raciais do Brasil e não foi claramente explicado o que é o sincretismo religioso brasileiro. Para alguns críticos, até se pode dizer que Jorge Amado era apenas um ornamento da literatura latino-americana, e não um representante da literatura brasileira. Porém, é fácil perceber que o estilo de Jorge Amado se diferenciou bastante dos escritores hispano-americanos que ganharam fama na China nos anos de 1980. Quando os romancistas do *boom* romperam o realismo documental e buscaram novas formas de expressar, Jorge Amado mantinha um realismo mais tradicional, que se aproxima mais à literatura oitocentista. Desse modo, ao incorporar Jorge Amado ao grupo dos escritores latino-americanos nos anos de 1980, os críticos chineses não podiam reconhecer adequadamente a importância de Jorge Amado, cujos valores não estão nas técnicas de escrita, mas na sua abordagem da realidade brasileira.

Por outro lado, também é possível dizer que a brasilidade contida na obra de Jorge Amado foi ignorada por causa da grande distância entre o Brasil e a China, em termos geográficos, culturais e linguísticos, uma vez que a leitura da literatura estrangeira sempre acaba numa reflexão sobre a cultura do próprio país. Do mesmo modo, pode-se explicar a recepção variada de Jorge Amado nos outros países. Como a questão racial é uma das maiores preocupações dos EUA, as obras amadianas que recebem mais elogios por lá são *Gabriela Cravo e Canela*, história de uma mulher negra, e *Tenda dos Milagres*, romance que propaga a ideia da liberdade religiosa, ou, mais especificamente, a liberdade das religiões afro-brasileiras (Tooge, 2011). Em "The French Jorge Amado" (2010), Alain-Philippe Durand indica a relação entre a recepção positiva de Jorge Amado e as Guerras de Independência de Argélia, bem como a crise do petróleo em 1973. Pode-se entender, portanto, por que a China, um país onde os conflitos raciais e religiosos são muito menos intensos, não percebia a importância desses aspectos e sua relação com a interpretação da identidade nacional do Brasil, sem esquecer que a cicatriz da Revolução Cultural ainda doía tanto que os intelectuais chineses não podiam encarar de forma justa o engajamento literário de Jorge Amado.

No entanto, desde os anos de 1950 até os últimos anos, na China também não faltavam pesquisadores que tentaram entender a realidade brasileira por meio dos romances amadianos. Para Wu Lao (1958, p. 16), Amado "representou a história brasileira do século XX" e "relatou vividamente a vida do povo brasileiro" (*ibid.*, p. 1), enquanto Ding Wenlin (1995, p. 2) elogiou que a obra amadiana "descreve de forma real e precisa todos os aspectos da sociedade brasileira, tendo assim grandes valores documentais e artísticos". Hoje em dia, com a formação de novos tradutores e pesquisadores da literatura brasileira, a China já está preparada para compreender melhor Jorge Amado e o Brasil. Além disso, os intelectuais chineses também reconhecem, cada vez mais, que não há literatura sem ideologia. Em certo sentido, a situação política nos últimos anos mostra alguma semelhança com a situação dos anos de 1950. Em muitas partes do mundo, é constatável uma virada à direita em termos políticos, ao passo que a China está reforçando o discurso marxista. Ao mesmo tempo, a criação e a consolidação do BRICS estreitam as relações entre os grandes países em desenvolvimento, e o Brasil se torna um importante aliado para a China, tanto em termos políticos ou econômicos quanto em termos culturais e literários. É nesse contexto que vale a pena repensar a tradução e a recepção de Jorge Amado e tentar esclarecer aos leitores chineses o que fica oculto na obra dele.

ARMSTRONG, Piers. *Third World Literary Fortunes*: Brazilian Culture and its International Reception. Lewisburg, PA, and London: Bucknell University Press, 1999, p. 134.

BRAZ, Albert. Chosen Literatures: Core Languages, Peripheral Languages, and the World Literary System. *Mosaic: a Journal for the Interdisciplinary Study of Literature*, v. 47, n. 4, p. 119–134, December 2014.

CONG, Weixi. A *Vela Branca para Longe*. Chengdu: Editora do Povo de Sichuan, 1983. [丛维熙《远去的白帆》，四川人民出版社，1983年。]

DING, Wenlin. "Prefácio". In: AMADO, Jorge. *Tocaia Grande*. Kunming: Editora do Povo de Yunnan, 1995. [丁文林《前言》，若热·亚马多《大理伏》，孙成敖′ 范维信译，云南人民出版社，1995年。]

DURAND, Alain-Philippe. The French Jorge Amado. *Romance Notes*, v. 50, n. 2, p. 191–202, 2010.

GATTAI, Zélia. *Jardim de Inverno*. São Paulo: Círculo do Livro, 1988.

LIN, Yi'an. "Amado de Boa Sorte". In: *Jornal Chinês de Leitura*, 02–03-2011. [林一安《幸运的亚马多》，载《中华读书报》2011年3月2日。]

LIU, Cunpei. O Ar da China e o Estilo da América Latina – uma Releitura de *Terra de Água e Leite*. *Mundo Literário do Sul*, n. 3, 2014. [刘存沛《中国气派拉美风格——再读〈水乳大地〉》，载《南方文坛》2004年第3期。]

LIU, Huai. Lutador pela Paz no Brasil: o Poeta Jorge Amado. *Conhecimentos Mundiais*, vol. 24, n. 25, 1951. [刘淮《巴西的和平斗士——诗人亚马多》，载《世界知识》1951年第24卷第25期。]

LIU, Shaotang. Eu não Sou 'Líder do Levante dos Boxers'. *Revisão da Literatura Estrangeira*, n. 1, 1988. [刘绍棠《我不是"义和团大师兄"》，载《外国文学评论》1988年第1期。]

MARTINS, José de Barros. *Jorge Amado Povo e Terra*: 40 anos de literatura. São Paulo: Martins, 1972. p. 109–123.

SONG, Binghui. A *Tradução Literária das Nações Subdesenvolvidas e a Consciência Nacional da Literatura Chinesa no Século XX*. Tese.

Shanghai: Universidade de Fudan, 2004. [宋炳辉《弱小民族文学的译介与20世纪中国文学的民族意识》，▪旦大学博士论文，2004年]
SUN, Cheng'ao. "Prefácio". In: AMADO, Jorge. *Gabriela, Cravo e Canela*. Shanghai: Editora de Traduções de Shanghai, 1985. [孙成敖《前言》，若热·亚马多《加布里埃拉》，上海译文出版社，1985年°]
TENG, Wei. *Ao Sul da Fronteira: a Tradução Chinesa da Literatura Latino-Americana e a Literatura Chinesa Contemporânea*. Pequim: Editora da Universidade de Pequim, 2011. [滕威《边境之南——拉丁美洲文学汉译与中国当代文学》，北京大学出版社，2011年°]
TOOGE, Marly D. *Traduzindo o Brazil*: o País Mestiço de Jorge Amado. Dissertação. São Paulo: Universidade de São Paulo, 2011.
WU, Lao. "Jorge Amado e sua Trilogia". In: AMADO, Jorge. *Terras do Sem-Fim*. Pequim: Editora dos Escritores, 1958. [吴劳《亚马多和他的三部曲》，亚马多《无边的土地》，吴劳译，作家出版社，1958年°]
YE, Zhaoyan. Declaração Pessoal: Minha Opinião sobre a Literatura e a Literatura Estrangeira. *Críticas do Romance*, n. 3, 2004. [叶兆言《自述——我的文学观与外国文学》，载《小说评论》2004年第3期°]
ZHENG, Yonghui. "Apresentação do Autor". In: AMADO, Jorge. *Jubuabá*. Changsha: Editora do Povo de Hunan, 1983. [郑永慧《作者介绍》，亚马多《拳王的觉醒》，湖南人民出版社，1983年°]
_______. "Posfácio da Tradutora". In: AMADO, Jorge. *São Jorge dos Ilhéus*. Pequim: Editora dos Escritores, 1956. [郑永慧《译后记》，亚马多《黄金果的土地》，作家出版社，1956年°]

PERCEPÇÕES AMBIENTAIS EM TRÂNSITO NA AMÉRICA LATINA

ANA SILVIA ANDREU DA FONSECA

> *É sabido como toda a lírica ocidental se funda até hoje no ciclo de lendas sobre o amor obsessivo que uniu tragicamente Tristão e Isolda ou como o protótipo do romance de aventuras foi fixado pelos mitos relativos à demanda do Graal pelos Cavaleiros da Távola Redonda. Menos conhecido porém é o ciclo das viagens místicas de São Brandão, na senda de Avalon,cujo nome aliás significa macieira, que o levaram a sucessivas visitas a um arquipélago perdido em meio ao Atlântico. Numa dessas ilhas ele encontra o Jardim das Delícias. O nome dessa ilha, segundo a lenda, é Hy Bressail ou, mais simplesmente, O'Brazil, o que em língua celta significa "Ilha Afortunada".*
>
> Nicolau Sevcenko (1995)

Introdução

A recente notícia de que não se pode negar o direito à imigração a cidadãos provenientes de países cujos efeitos das mudanças climáticas têm dificultado, e até inviabilizado, a moradia nessas localidades mostra-nos implicações práticas, inclusive no campo jurídico, da chamada "crise" ou "emergência" climática.[1] Se, por um lado, a decisão do Comitê de Direitos Humanos da Organização das Nações Unidas - CDH/ONU respalda juridicamente o direito

1. "O Comitê de Direitos Humanos da ONU declara que governos não podem deportar indivíduos que enfrentam os impactos das mudanças climáticas que violam o direito à vida. A decisão histórica foi anunciada nesta terça-feira em Genebra e promete ser um divisor de águas no direito internacional. O processo começou em 2015, quando Ioane Teitiota pediu asilo na Nova Zelândia. Seu apelo foi negado e ele e sua família foram deportados para seu país de origem, Kiribati. Mas ele recorreu ao Comitê da ONU, alegando que a Nova Zelândia havia violado seu direito à vida ao recusar seu pedido de asilo. Em seu processo, ele apontou como a elevação do nível do mar e outros efeitos das alterações climáticas tinham tornado o Kiribati inabitável para todos os seus residentes. 'Disputas violentas de terra ocorreram porque a terra habitável estava se tornando cada vez mais escassa. A degradação ambiental dificultou a agricultura de subsistência, e o abastecimento de água doce foi contaminado por água salgada', explicou. [...] O que o Comitê da ONU fez foi estabelecer novos padrões que poderão facilitar o sucesso de futuros pedidos de asilo relacionados às mudanças climáticas. [...] 'O Comitê argumentou que os danos induzidos pelas mudanças climáticas podem ocorrer tanto através de eventos súbitos (como tempestades intensas e inundações), quanto de processos lentos (como elevação do nível do mar e degradação da terra)', explicou a entidade" (Chade/UOL, 21 jan. 2020).

ao êxodo e ao exílio por condições climáticas extremas, como é o caso de diversas ilhas do Pacífico, em processo de desaparecimento em virtude do aumento do nível dos oceanos, por outro lado coloca-nos frente à exigência de soluções urgentes, em diversas áreas do conhecimento, para minimizar os impactos cada vez mais acentuados do aquecimento global. Assim, a decisão quanto à migração derivada de problemas climáticos contribui para transformar ou complementar nossa visão sobre a urgência de melhor compreender a dinâmica ecológica da biosfera. Esse processo, que envolve sucessivas tomadas de consciência, é parte da chamada *percepção ambiental*.

Na América Latina e no Caribe, há muitas décadas temos (i)migrações por motivos ambientais: regiões que foram desertificadas[2] ou que, de algum modo, se tornaram hostis à vida humana, geralmente com condições de trabalho igualmente hostis, impulsionam grandes frações de migrantes a outras regiões. Zonas de *minería* no Peru, zonas sujeitas a fortes secas no Nordeste do Brasil e na Patagônia chilena ou argentina,[3] bem como extremos climáticos nas porções centrais e caribenhas, com furacões e ciclones tropicais cada vez mais frequentes, têm impulsionado diversos movimentos reivindicatórios e migratórios no continente, registrados em

2. Desertificação, segundo Soares et al. (2011, p. 175), é o resultado do manejo inadequado dos recursos naturais nas zonas áridas: "sobrepastoreio, irrigação, desmatamento, mineração e cultivo excessivo, além do sistema de propriedade da terra e da superpopulação".

3. "A vizinha Argentina ocupa grande parte de seu território com agricultura, pecuária e produção florestal. Essas atividades trazem retorno econômico, mas também causam impactos significativos no ambiente natural, nas águas e nos solos, ampliando a cada ano as áreas erodidas e desertificadas. As zonas áridas e semi-áridas já somam *75% do território nacional*, cerca de dois milhões de quilômetros quadrados (área maior que todo o Nordeste brasileiro). Essas regiões abrigam dez milhões de pessoas, quase um em cada quatro argentinos, e são responsáveis por 40% do Produto Bruto do país. [...] Nas diferentes regiões do país, o avanço da desertificação tem causas específicas. Na Patagônia, um 'deserto frio e com água', o número de rebanhos, principalmente de ovinos, é tão grande que trouxe *impactos irrecuperáveis* em alguns pontos. Nas regiões irrigadas de Mendoza, San Juan, Rio Negro e Santiago del Estero, entre outras províncias (estados), a dificuldade no escoamento das águas tem provocado salinização e perda de produtividade. No Norte, o semi-árido avança nos espaços onde antes existiam florestas. Matas são derrubadas para cultivo de soja, algodão ou cana-de-açúcar, por dois ou três anos, abandonando-se a terra em seguida. Nas zonas de altitude (puna), a vegetação tem sido usada em excesso para produção de lenha, deixando o solo descoberto. Algumas escolas [...] exigem uma quantidade de madeira para aceitarem a inscrição dos alunos, levando a grande desflorestamento a cada início de período letivo" (Ministério do Meio Ambiente do Brasil, 2004, grifos meus).

vasta literatura acadêmico-científica e artístico-cultural (Marques, 2018; Merlinsky, 2013; Peña Aymara e Delgado Orrillo, 2013; Soares et al., 2011; Hardman, 1998; Sevcenko, 1995; Süssekind, 1990).

Em praticamente todos os países latino-americanos verifica-se o aumento das secas, e a desertificação do solo já atinge 3,5 milhões de km^2 somente nos países integrantes do Mercosul, seja por desmatamento, seca e aridez, seja por compactação e arenização do solo, causadas, por sua vez, em decorrência da criação de gado e do plantio de soja (Marques, 2018, p. 170–179; Rego, 2012, p. 91–92). Somam-se às áreas que têm passado por processo de desertificação os próprios desertos previamente instalados:

> Ainda que sejam mais conhecidos pelas suas florestas pluviais, 1/4 da América Latina e Caribe é formado por desertos e terras secas (20.553.000 km^2). Há desertos na costa do Pacífico que se estendem do sul do Equador ao Norte do Chile. Ao leste dos Andes se estende uma grande área seca, desde o Chaco paraguaio até a Patagônia argentina. No Nordeste do Brasil há uma região semiárida. Grandes áreas da Colômbia e Venezuela já se encontram degradadas. Os países do Caribe também apresentam terras secas, ao passo que a erosão é intensificada nas ilhas orientais caribenhas. A maior parte do México é formada por desertos e regiões semiáridas, sobretudo no norte. (Soares et al., 2011, p. 178)

A percepção ambiental é parte das capacidades humanas, inclusive como garantia de sobrevivência e, como tal, está presente nas mais diversas produções artístico-culturais: da lírica ao audiovisual, do ritmo e da melodia à representação plástica ou poética do humano e do espaço que o constitui e que é por ele constituído, das águas, da terra, da paisagem. Neste texto híbrido, entre artigo acadêmico, texto jornalístico e, sobretudo, ensaio, busco exemplos de representações da percepção ambiental entre imigrantes estrangeiros/as que são estudantes universitários/as no Brasil, ora por meio de um questionário, ora por meio de músicas que, para eles e elas, remetem às questões que envolvem a natureza e o meio ambiente.[4]

4. Para este texto, e para além dele, agradeço a Luciana Mello Ribeiro, da coordenação do Observatório Educador Ambiental "Moema Viezzer", por me integrar à equipe de Percepção

Opções de percurso

Seria ingenuidade acreditar que a Educação Ambiental, em sua multidimensionalidade, ocorre somente nos ambientes formais de ensino/aprendizagem e informação, como salas de aula, atividades extraclasse, revistas científicas e editorias de Ciências ou Meio Ambiente dos meios de comunicação de massa. Mais ingenuidade seria crer que a percepção ambiental se dá apenas no contato com o ambiente físico externo e os fenômenos naturais. Essa percepção frequentemente pode nos surgir pela literatura, pela música, pelo audiovisual.

Quantas vezes não nos sentimos transportados/as para outro espaço e tempo, mesmo com nossos corpos presos ao banco de um carro ou ônibus, por sua vez parado em meio a tantos outros veículos, ao ouvirmos uma canção no rádio ou no celular? Para além do escapismo, essa viagem para outro espaço e tempo acaba, numa espécie de *looping* catártico, por evidenciar, por nos trazer à consciência, o próprio aqui e agora. E, assim como, frequentemente, elementos da paisagem surgem mais fortes na imaginação, na memória e na representação do que de fato são ou foram (Sevcenko, 1995; Süssekind, 1990; Benjamin, 2012), a percepção ambiental mais pujante também pode ser despertada por efeitos sensoriais não do congestionamento em que estamos presos, ou do ar repleto de diesel que respiramos, mas da construção melódica ou poética que nos mostra, em primeira instância, nosso desejo, quiçá nossa necessidade, de estar fora dali.

Ambiental a partir de 2019, experiência que tem sido de grande aprendizado. Também agradeço a duas ex-alunas: Emelyn Herasme, por ter testado o piloto do questionário aqui apresentado e pelas mais variadas ajudas linguísticas, e Tatiana Peña Aymara, pelos conhecimentos da degradação causada pela mineração a céu aberto no Peru e dos saberes ancestrais presentes no Sumaq Kawsay. Igualmente agradeço a María Gabriela Merlinsky por me incluir no projeto que dirige, "Ecología política del agua en Buenos Aires - Desafíos políticos e institucionales para la gestión de las cuencas de los ríos Reconquista y Matanza-Riachuelo" na Universidad de Buenos Aires (UBA). E, finalmente, agradeço à coordenadora, Daniela Birman, e ao vice-coordenador, Francisco Foot Hardman, do "Exodus - Núcleo de Estudos sobre Produções Culturais Extemporâneas e Excêntricas na Era dos Extremos: Brasil, América Latina e outras regiões", por me incluírem neste grupo de pesquisa de trocas inspiradoras, colocando-me de volta ao contato mais direto com minha alma mater, a Universidade Estadual de Campinas (Unicamp).

Na questão ambiental, as mais diversas ciências confluem (Hoeffel e Reis, 2011), e eu acrescentaria que, de igual modo, as artes confluem junto. Na verdade, o binômio *Art & Science* faz-se presente tanto nos trabalhos que tematizam as questões ambientais considerando a arte e a cultura quanto os de arte e cultura que consideram as questões ambientais.[5]

Esse percurso, não sem contradições, é o que segue este trabalho. "O conhecimento humano [que pode ser popular/ senso comum, teológico, mítico, filosófico e científico] é na sua essência um esforço para resolver contradições entre as representações do objeto e a realidade do mesmo" (Fonseca, 2002 *apud* Gerhardt e Silveira, 2009, p. 13). A própria distinção "entre conhecimento científico e conhecimento do senso comum, entre natureza e pessoa humana, corpo e mente, corpo e espírito" nos colocou em uma espécie de crise e, para Gerhardt e Silveira (2009, p. 16), agora "o paradigma emergente deve se alicerçar nas premissas de que todo o conhecimento científico-natural é científico-social".

A pesquisa que norteia este texto tem abordagem qualitativa e é totalmente exploratória em seus objetivos. Quanto aos procedimentos, está entre pesquisa de levantamento e estudo de caso, posto que foi aplicada em um pequeno grupo de estudantes latino-americanos/as não-brasileiros/as de uma instituição de ensino superior, a Universidade Federal da Integração Latino-Americana - Unila, na tríplice fronteira Brasil, Argentina e Paraguai. Procurei identificar, primeiro por meio de um questionário, e depois através de músicas por eles e elas selecionadas (tratadas aqui somente em termos ilustrativos), elementos da percepção ambiental desses e dessas imigrados/as: houve diferença/ incremento da percepção ambiental após a migração para o Brasil? Quais efeitos da mudança climática têm percebido? Quais

5. Nesse sentido, cabe destaque, a título de exemplo, aos seguintes trabalhos: Rojo, Alberto. *Borges e a mecânica quântica*. Trad.: Coelho, Márcia. Campinas, SP: Ed. da Unicamp, 2011; López Gallucci, Natacha. "Corpos secos e corpos molhados: representações da cultura popular entre os pampas e o sertão". In: Tavares, D.; Altmann, E.; Prioeste, M.; Bragança, M. (Org.). *Audiovisual e América Latina: estudos comparados*. São Paulo: Sociedade Brasileira de Estudos de Cinema e Audiovisual (Socine), 2019; e Suárez-Romero, Miriam; Ortega-Pérez, Ana María. "Practicas comunicacionales alternativas en la concienciación medioambiental: la función crítica del humor gráfico". *Razón y Palabra*, México, n. 91, sept./nov. 2015. Isso sem citar obras-primas de longa data, como *Os Sertões*, de Euclydes da Cunha, *Vidas secas*, de Graciliano Ramos, ou os dois capítulos de *Cosmo*, de Humboldt, dedicados à literatura e à pintura.

ações têm praticado para evitar o colapso ambiental? Minha hipótese inicial é que todo trânsito entre diferentes territórios (sejam regiões ou países) corresponde a uma transformação na percepção ambiental. Dessa forma, portanto, a migração, mesmo quando não motivada por questões ambientais, acaba por influenciar a própria percepção, modificando-a.

Antes de partirmos ao questionário, cabe destacar algumas noções aqui envolvidas, como sustentabilidade, antiecologismo, natureza, meio ambiente e a própria percepção ambiental. Longe de esgotar seus sentidos, a tentativa aqui é de compartilhá-los.

Com relação ao conceito de sustentabilidade, procuro defini-lo a partir do modo de vida andino-amazônico: o *Buen Vivir*. Chama a atenção o fato de a sustentabilidade ter sido totalmente dominada pela corrente pragmática, uma das macrotendências da Educação Ambiental (Layrargues e Lima, 2014). Hoeffel e Reis (2011), por exemplo, analisaram ocorrências da palavra "sustentabilidade" em trabalhos relatados em um banco de dados com diversas instituições e revistas da/na América Latina, como a Facultad Latinoamericana de Ciencias Sociales - Flacso, o Programa das Nações Unidas para o Meio Ambiente - PNuma, a Universidad Nacional Autónoma de México - Unam e a Comissão Econômica para a América Latina e o Caribe - Cepal, mas não utilizaram nenhuma definição de sustentabilidade a partir de epistemologias próprias latino-americanas, como o conceito de *Sumaq Kawsay*, nem mesmo o citam.

O *Sumaq Kawsay-ninchik*, de origem indígena Quéchua, ou *Nuestro Vivir Bien* ou, ainda, *Buen Vivir*, contém em si o conceito de sustentabilidade, embora vá muito além. Ele foi levado em consideração na Constituição de alguns Estados nacionais ou plurinacionais, como Bolívia e Equador, e tem orientado ações em termos tanto das lutas populares (como o movimento dos guardiães das lagunas em Cajamarca, Peru, vitorioso contra a instalação do megaprojeto mineiro Conga) quanto de políticas públicas.

Talvez essa ausência se dê, em grande parte dos trabalhos, pelo que Layrardes (2017, p. 328) chama de antiecologismo: a desregulação ambiental pública, que, sobretudo no Brasil, ocorreu primeiro entre o final da década de 1980 e o início dos anos 1990, quando se organizou o ambientalismo empresarial no âmbito da Conferência do Rio em 1992, e se processou temporalmente na Rio+20. "Trata-se de uma segunda fase de um processo histórico, pois se circunscreve no âmbito da mesma fórmula neoliberal de redução do Estado e de abertura de espaço ao mercado como alocador de recursos" (*ibid.*). Sem necessariamente utilizar o termo antiecologismo, mas seguindo o mesmo raciocínio, Marques (2018, p. 13–82) coloca esse processo na conta do capitalismo.

A tentativa de definição de natureza, por sua vez, talvez seja a maior armadilha discursiva na área ambiental e até mesmo no senso comum. Talvez por isso "na maioria das vezes, deixamos a definição de 'natureza' a filósofos e poetas. Gary Snyder [poeta contemporâneo] escreveu que atribuímos dois sentidos à palavra, que vem das raízes latinas 'natura' e 'nasci', ambas sugerindo nascimento" (Louv, 2014, p. 68). A natureza "é sempre pensada (no espaço e no tempo)" (Dulley, 2004). O natural frequentemente se opõe à ideia de artificial. O conceito estaria sempre em transformação, pensado a partir de relações sociais: "Toda ideia da natureza pressupõe, com efeito, uma complexa aliança de elementos científicos, morais, religiosos" (Lenoble, 1969 *apud* Dulley, 2004). Ainda: "Para os gregos, o natural é uma ordem independente das coisas humanas" e, ao contrário, "toda mudança grave da ordem humana é, ao mesmo tempo, uma alteração da natureza" (Dulley, 2004).

O meio ambiente seria a "soma total das condições externas circundantes no interior das quais um organismo, uma condição, uma comunidade ou um objeto existe. O meio ambiente não é um termo exclusivo; os organismos podem ser parte do ambiente de outro organismo" (Dulley, 2004). Dessa forma, há meios ambientes dentro de outros.

A percepção ambiental, por sua vez, ramifica-se em *landscape perceptions* (Herzog et al., 2000 *apud* Louv, 2014) e em percepção em relação, sobretudo, às alterações no meio ambiente, ou seja, sensibilidade ambiental. E nesse segundo sentido ganha sua forma ativa como tomada de consciência e elemento mobilizador da Educação Ambiental (Layrargues, 2014; Orsi, 2015).[6]

6. Em relação a Educação Ambiental, talvez seja necessária sua definição enquanto campo social. Nas palavras de Layrargues e Lima (2014, p. 26), ela "surgiu no contexto de uma crise ambiental reconhecida no final do século XX, e estruturou-se como fruto da demanda para

Aplicação do questionário

São ilhas afortunadas,
São terras sem ter lugar,
Onde o Rei mora esperando.
Mas, se vamos despertando,
Cala a voz, e há só o mar.

Fernando Pessoa, "Mensagem"

Os/as seis estudantes que responderam às cinco questões pontuais sobre percepção (e ação) ambiental fazem parte do 1/3 que é estrangeiro do total de quase 6 mil estudantes de graduação e pós da Universidade Federal da Integração Latino-Americana – Unila. Todos/as foram, em ao menos um semestre, meus alunos e alunas de Português Língua Adicional (para Estrangeiros) ou Fundamentos de América Latina I, II e III, disciplina do Ciclo Comum de Estudos que, dentre outras questões, discute as características ambientais e da biodiversidade do continente, bem como dos impactos de megaeventos e megaprojetos em nossos territórios. De algumas dessas estudantes fui ou sou orientadora de monitoria, estágio, extensão ou TCC. Atualmente, a Unila conta com 29 cursos de graduação, sendo 22 bacharelados e sete licenciaturas, e 12 programas de pós-graduação, incluindo três especializações e uma residência multiprofissional em saúde da família. Os cursos dos e das estudantes estão apresentados junto a seu primeiro nome, bem como suas idades na época em que responderam ao questionário, seu tempo de estadia no Brasil e seus países de origem. Foram mantidas as grafias originais, independentemente de as respostas terem sido escritas em espanhol (língua materna), português ou "portuñol". Os pontos a serem considerados foram destacados em itálico. As músicas escolhidas por eles/as, que neste trabalho têm uma função meramente ilustrativa, não analítica, serão citadas mais à frente.

que o ser humano adotasse uma visão de mundo e uma prática social capazes de minimizar os impactos ambientais. Mas a constatação de que a Educação Ambiental compreendia um universo pedagógico multidimensional que girava em torno das relações estabelecidas entre o indivíduo, a sociedade, a educação e a natureza foi exigindo aprofundamentos que se desdobraram em sucessivas análises e aportes teóricos de crescente sofisticação, tornando essa prática educativa mais complexa".

Tamara, Chile, Arquitetura e urbanismo, 29 anos
(2 anos e 4 meses no Brasil)

1. Em seu país de origem, quais eram as questões ambientais que mais te chamavam a atenção?
R: La *explotación de los recursos naturales como los ríos*, Chile cada vez esta quedando más seco. La *contaminación* en la capital y en ciudades que usas combustión lenta en invierno (leña).

2. Sua percepção sobre o meio ambiente foi modificada desde que você veio para o Brasil? Em caso positivo, quais foram as principais transformações nesse sentido?
R: Mi percepción sobre el medio ambiente siempre *ha sido la misma*, creo que venir a Brasil *me enseño una realidad de condición climática diferente*, pero siempre considerando que independiente cual se el lugar, hay que cuidar el medio ambiente donde nos encontremos.

3. Você acredita que tem ampliado sua visão ambiental para o nível planetário? Ou seja, consegue perceber que o meio ambiente não obedece às fronteiras geopolíticas e que o planeta inteiro é como se fosse um organismo vivo? Em caso positivo, viver em outro país ajudou nesse sentido?
R: *Siempre he considerado que el tema de la conciencia ambiental es algo a nivel planetario*. Vivir en otro país me ayudo a entender que cada lugar tiene diferentes problemáticas y su vez diferentes soluciones.

4. Você já percebeu algum efeito concreto da mudança climática (no seu país de origem ou no Brasil)?
R: Donde yo nací en Patagonia (Punta Arenas) es un lugar en donde durante mis infancia y adolescencia en *invierno* había mucha *nieve* (un metro de altura a veces de media) y de un tiempo a esta parte en *invierno* no llega la cantidad de *nieve* suficiente para abrir el centro de ski.

5. O que você tem feito para tentar evitar o caos climático? Liste suas ações, por menor que elas pareçam (elas podem se referir a alimentação; produção, diminuição e seleção de lixo; transporte/locomoção; redução de consumo no geral; reutilização/*upcycling* e reciclagem; evitar plásticos de uso único etc.).
R: La verdad creo que no mucho, ni lo suficiente tal vez. *Reciclo* las latas, no boto *basura* en la calle (creo que eso es buena educación) y *deje de consumir de carnes rojas*.

Daniel, Chile, Engenharia química, 24 Anos (4 anos no Brasil)

1. Em seu país de origem, quais eram as questões ambientais que mais te chamavam a atenção?
R: Nos últimos anos era o cuidado dos *mares*, sobretudo com a *proibição da utilização de sacolas plásticas*. Hoje, porém, embora isso ainda aconteça, grande parte da sociedade não tem essa consciência sobre o cuidado do meio ambiente.

2. Sua percepção sobre o meio ambiente foi modificada desde que você veio para o Brasil? Em caso positivo, quais foram as principais transformações nesse sentido?
R: Com o *maior nível acadêmico* adquirido aqui no Brasil, eu fui aprendendo muito mais do cuidado do meio ambiente, pesquisando novas formas de *reciclagem* e conhecendo também o dano que geram as *indústrias com a produção de toneladas de resíduos*.

3. Você acredita que tem ampliado sua visão ambiental para o nível planetário? Ou seja, consegue perceber que o meio ambiente não obedece às fronteiras geopolíticas e que o planeta inteiro é como se fosse um organismo vivo? Em caso positivo, viver em outro país ajudou nesse sentido?
R: *Sim*, ver o dano ambiental que acontece no meu pais, aqui no Brasil e em outros países, demostrou que *muitas coisas devem ser mudadas*, não para ajudar a um pais só, senão também para ajudar ao mundo.

4. Você já percebeu algum efeito concreto da mudança climática (no seu país de origem ou no Brasil)?
R: De onde eu sou, do extremo sul do Chile, geralmente tinha muita *neve* no inverno e os *invernos* eram mais *frios*, porem hoje em dia a quantidade de *neve* é menor e os *invernos* mais curtos. No ano 2019, já tem 4 anos que moro no Brasil e vejo que essa realidade também está acontecendo aqui, os *invernos* são mais curtos e tem uma *mudança notória no clima*.

5. O que você tem feito para tentar evitar o caos climático? Liste suas ações, por menor que elas pareçam (elas podem se referir a alimentação; produção, diminuição e seleção de lixo; transporte/locomoção; redução de consumo no geral; reutilização/*upcycling* e reciclagem; evitar plásticos de uso único etc.).
R: Evitar usar distintos tipos de *plásticos* (sacolas, canudos, copos etc.) Diminuir o uso *de água*, evitando tomar banhos longos e deixando escorrer a água quando escovo os dentes. Não jogar *lixo* nas ruas e se tiver lixo no chão eu pego.

Lina, Colômbia, Engenharia química, 29 Anos (3 anos no Brasil)

1. Em seu país de origem, quais eram as questões ambientais que mais te chamavam a atenção?
R: Na minha casa tem-se uma cultura boa de *reciclagem*, além de consciência sobre a diminuição de gasto de *água* e *luz*. Além disso a *contaminação* causada pelos veículos é um tema de discussão constante.

2. Sua percepção sobre o meio ambiente foi modificada desde que você veio para o Brasil? Em caso positivo, quais foram as principais transformações nesse sentido?
R: Na verdade, não foi um cambio positivo, considero que *não há uma cultura de consciência ambiental forte na cidade de Foz do Iguaçu*. Quase em nenhuma das casas que eu visitei sabem o que é *reciclagem*. A fala sobre *agrotóxicos* é muito mais constante aqui do que no meu país, estando na

região agrícola do Brasil é muito sabido o dano que isso causa no organismo, mesmo assim nada muda pois infelizmente é o *dinheiro* o que move a indústria.

3. Você acredita que tem ampliado sua visão ambiental para o nível planetário? Ou seja, consegue perceber que o meio ambiente não obedece às fronteiras geopolíticas e que o planeta inteiro é como se fosse um organismo vivo? Em caso positivo, viver em outro país ajudou nesse sentido?
R: Na verdade, essa *consciência ambiental que eu tenho vem de casa*, não é uma questão que tenha mudado quando troquei de cidade nem de pais, foi ensinado em casa e na verdade *fico surpresa com a falta de conhecimento que tem o pessoal desta região sobre o ambiente. Os paraguaios que eu conheço tomam banho várias vezes por dia, não entendem a necessidade de mudar esses hábitos, falam que tem muita agua, que esse não é um problema para eles.*

4. Você já percebeu algum efeito concreto da mudança climática (no seu país de origem ou no Brasil)?
R: Eu acredito que as *mudanças drásticas no clima* da cidade são esse tipo de efeitos concretos. O *inverno* nem chegou nesse ano, foram um par de dias só, depois *quente* demais e acredito isso não é normal.

5. O que você tem feito para tentar evitar o caos climático? Liste suas ações, por menor que elas pareçam (elas podem se referir a alimentação; produção, diminuição e seleção de lixo; transporte/locomoção; redução de consumo no geral; reutilização/*upcycling* e reciclagem; evitar plásticos de uso único etc.).
R: Infelizmente a minha seleção do *lixo* em casa desde que eu mudei é mínima, moro com gente que não tem essa consciência e a luta é complicada e cansativa, sei que é a minha responsabilidade e tenho que mudar isso. Procuro não gastar *água* nem *luz* sem necessidade. Não peço *sacolas* quando não é necessário e aquelas que peço procuro sejam de *plástico leve* e *reutilizo* em coisas várias em casa, tipo lixo, etc. Não peço nunca *canudo*, e quando tem amigos junto meio que obrigo eles a não pedir também. Na faculdade procuro jogar o *lixo* onde pertence, separando cada coisa. Nunca jogo *lixo* na rua, tem *lixeiras* para isso.

Rubens, Costa Rica, Relações internacionais e integração
(19 anos, 7 meses no Brasil)

1. Em seu país de origem, quais eram as questões ambientais que mais te chamavam a atenção?
R: *Agroecologia* como proposta alternativa a nosso modo de produção de alimentos. Costa Rica sofre de uma indústria monocultivista expansionista de abacaxi que tem anos poluindo os *aquíferos* da região norte do país. Também o cultura de *consumo*, e o uso de materiais industriais, *plásticos*, e seu tratamento.

2. Sua percepção sobre o meio ambiente foi modificada desde que você veio para o Brasil? Em caso positivo, quais foram as principais transformações nesse sentido?
R: *Minha percepção não mudou, mas achei aqui um problema ambiental bem maior do que tinha no meu país.* Brasil é um país muito mais industrializado que o meu, mas mesmo assim não vejo uma cultura ambiental nas pessoas. O coisa em que vejo mais diferença é nas cidades, aqui onde tem concentração humana, tem cidade (prédio, rodovias, bairros urbanizados), isso provoca uma maior produção industrial pra manter as urbes funcionando. Na Costa Rica a maior parte da população mora em áreas rurais ainda conservando um estilo de vida bom (e até melhor que na cidade), pois a produção por exemplo de alimentos é local, as fontes de *água* são locais, o que leva a ter *recursos não superexplorados*.

3. Você acredita que tem ampliado sua visão ambiental para o nível planetário? Ou seja, consegue perceber que o meio ambiente não obedece às fronteiras geopolíticas e que o planeta inteiro é como se fosse um organismo vivo? Em caso positivo, viver em outro país ajudou nesse sentido?
R: *Com certeza!* Em especial porque agora percebo mais que o nosso modelo de *consumo* é global, e tanto são os problemas ambientais. Costa Rica tem algumas décadas tentando ter *practicas ambientais mais conscientes*, mesmo assim está ainda dentro dos 10 países mais vulneráveis do aquecimento global,

o seja que *a contaminação dos países industrializados não produz mudanças negativas neles imediatamente mas sim em países tropicais como o meu.*

4. Você já percebeu algum efeito concreto da mudança climática (no seu país de origem ou no Brasil)?
R: Ainda não, mas a região Centro-americana e Caribenha (da onde eu venho) vai sofrer cada vez mais de *desastres naturais* relacionados à atmosfera, a nossas *aguas* caribenhas estão se *esquentando* demais, porém teremos cada vez mais *furacões e ciclones*; por exemplo, Costa Rica sofreu pela primeira vez na historia documentada (o seja desde 1502) um furacão – *Furacão Otto.*

5. O que você tem feito para tentar evitar o caos climático? Liste suas ações, por menor que elas pareçam (elas podem se referir a alimentação; produção, diminuição e seleção de lixo; transporte/locomoção; redução de consumo no geral; reutilização/*upcycling* e reciclagem; evitar plásticos de uso único etc.).
R: Sou *vegetariano*. Tento só comprar *vegetais da feirinha* (é quase tão ruim *comer carne* como comprar vegetais do *agronegócio) e se* compro em supermercado, jamais compro desses que vem já com *envoltura*. Deixei de usar *plásticos* de uso único faz tempo. *O reciclagem (como aprendi do povo indígena kichwa dos Andes equatorianos) é só um jeito do Ocidente pra não mudar seu estilo de vida destrutivo e continuar poluindo. Eu tento reduzir meu consumo ao máximo possível*. Falo pra tudo mundo que eu posso sobre o estilo de vida de *consumo* ocidental e como é essa a principal causa da destruição que vem pro planeta.

Emelyn, República Dominicana, Administração pública e políticas públicas, 28 Anos (1 ano e 5 meses no Brasil)

1. Em seu país de origem, quais eram as questões ambientais que mais te chamavam a atenção?
R: Deforestación. Contaminación de los *ríos* y *mares; y las personas en situaciones vulnerables al vivir cerca de los ríos contaminados*. Escasez de *agua* potable. La cantidad de *basura* en las calles y *playas*.

2. Sua percepção sobre o meio ambiente foi modificada desde que você veio para o Brasil? Em caso positivo, quais foram as principais transformações nesse sentido?
R: Mi percepción en temas ambientales *cambio mucho* al estar más involucrada con estos temas. En la medida en que uno se va adaptando a otros ambientes culturales va también adquiriendo más sentido del cuidado y el interés de accionar para ayudar al medio ambiente.

3. Você acredita que tem ampliado sua visão ambiental para o nível planetário? Ou seja, consegue perceber que o meio ambiente não obedece às fronteiras geopolíticas e que o planeta inteiro é como se fosse um organismo vivo? Em caso positivo, viver em outro país ajudou nesse sentido?
R: *Vivir en otro país y con personas con más sentido de la importancia del cuidado del medio ambiente si me ha ayudado a maximizar el grado de conciencia respecto al cambio climático.*

4. Você já percebeu algum efeito concreto da mudança climática (no seu país de origem ou no Brasil)?
R: Si, *las temperaturas desproporcionales a la estación o época del año, desastres naturales* cada vez más frecuentes y arrasadores; *huracanes, ciclones, terremotos, incendios forestales*.

5. O que você tem feito para tentar evitar o caos climático? Liste suas ações, por menor que elas pareçam.
R: Generar menos *basura* [lixo] en casa. *Reutilizando, reduciendo y clasificando*. Evitar el *plástico* en la medida de lo posible. Consumir más productos *vegetales*. No consumo carne, leche y manteca animal (con la intención a futuro de eliminar todo producto animal). Ahorrar [economizar] *energía eléctrica* y *agua*. No utilizar *bolsas plásticas*, sorbetes [canudos] y *desechables* [descartáveis].

Augusto, Uruguai, Ciência política & sociologia, 25 Anos
(3 anos e 4 meses no Brasil)

1. Em seu país de origem, quais eram as questões ambientais que mais te chamavam a atenção?
R: *Uruguay ha sido muy cuidadoso en los últimos años respecto a las cuestiones ambientales*. Existe una política por medio de organismos nacionales muy fuerte respecto a la compra y uso de *agro-químicos* así como también una *gestión de residuos* y *recolección de los* mismos que se realiza a nivel nacional por parte del Gobierno. Esto, es lo que más me llamó la atención antes de llegar a Brasil.

2. Sua percepção sobre o meio ambiente foi modificada desde que você veio para o Brasil? Em caso positivo, quais foram as principais transformações nesse sentido?
R: *En realidad no. La percepción que tengo es la misma a la que tenía antes de llegar a Brasil*. Es verdad que, por ejemplo, el uso de *agro-químicos* y la *contaminación* por las distintas fábricas en Brasil es más evidente que en Uruguay u otros países de América del Sur. Viviendo allí y escuchando las diferentes noticias del día a día uno puede darse cuenta de ello y *tal vez tome una mayor conciencia* debido a que el tema está mucho más presente en la sociedad brasilera que en la uruguaya, pero igualmente, mi percepción personal continuó y continúa siendo la misma.

3. Você acredita que tem ampliado sua visão ambiental para o nível planetário? Ou seja, consegue perceber que o meio ambiente não obedece às fronteiras geopolíticas e que o planeta inteiro é como se fosse um organismo vivo? Em caso positivo, viver em outro país ajudou nesse sentido?
R: Respondí un poco de esta pregunta en la anterior respuesta. Tal vez, al estar Brasil más inmerso en lo que respecta al uso de *agro-químicos*, nuevas tecnologías que influyen en la *contaminación* ambiental y tener una *cantidad incalculable de vehículos que también contaminan* el medio

ambiente, *pude allí acentuar mi visión negativa* que tengo hacia el medio ambiente, mejor dicho, *hacia la contaminación* del mismo.

4. Você já percebeu algum efeito concreto da mudança climática (no seu país de origem ou no Brasil)?
R: En Uruguay ya desde hace varios años y creo que es así en la gran mayoría de los países de América del Sur que tienen un clima templado, *se han "acortado" dos estaciones (Otoño - Primavera)* y se han "alargado" otras dos (*Invierno - Verano*). También, *las altas temperaturas en el verano y las bajas temperaturas en el invierno* se han acrecentado.

5. O que você tem feito para tentar evitar o caos climático? Liste suas ações, por menor que elas pareçam.
R: Sinceramente no me considero una persona comprometida directamente con la ayuda a la mejora o el no empeoramiento del medio ambiente. Lo que sí, últimamente en mi casa *separo los residuos* (orgánicos, no orgánicos, *reciclables*, no reciclables). Respecto al transporte, la alimentación y demás, realizo la misma rutina.

Macrotendências da educação ambiental

Há de se destacar, em primeiro, que, de modo simplificado, as perguntas 2 e 3 do questionário remetiam a alguma *mudança* ou *transformação* na percepção ambiental ao vir para o Brasil (n. 2), e a algum *aumento* na percepção ambiental ao vir para outro país (no caso da n. 3). Deveriam ter respostas semelhantes – e essa inclusive era minha hipótese –, mas, na segunda, as respostas foram SIM 2, NÃO 3, Mais ou menos/em partes/talvez 1; e na terceira foram SIM 3, NÃO 1, Mais ou menos/em partes/talvez 2. Na terceira o nome do Brasil não é citado. Seria esse o motivo? De qualquer modo, é possível observar que os/as seis estudantes identificaram mudanças em sua percepção ambiental, seja pela segunda ou pela terceira pergunta. Tamara, Rúben e Augusto, contradizendo-se, afirmaram não terem mudado sua percepção ambiental ao virem para o Brasil, mas demonstraram, logo a seguir, em suas respostas, que mudaram sim: "venir a Brasil me enseño una realidad de condición climática diferente" (Tamara); "agora percebo mais que nosso modelo de consumo é global, e tanto são os problemas ambientais" (Rúben); "tal vez tomé una mayor conciencia" (Augusto).

Para observar os tópicos em destaque nas respostas, utilizarei as macrotendências político-pedagógicas da educação ambiental de Layrargues e Lima (2014, p. 24). "Articulando esses elementos" – a saber, a ecologia política, que trouxe, na década de 1970, a contribuição das Ciências Humanas e Sociais para o debate ecológico; a noção de campo social, de Bourdieu, como espaço plural e de disputa; e a própria necessidade de repensar o campo –, "propomos uma interpretação diferenciadora do campo da Educação Ambiental no Brasil". Os autores definem três macrotendências: a conservacionista, a pragmática e a crítica.

> Em um momento inicial, concebia-se a Educação Ambiental como um saber e uma prática fundamentalmente *conservacionista*, ou seja, uma prática educativa que tinha como horizonte o despertar de uma nova sensibilidade humana para com a natureza, desenvolvendo-se a lógica do 'conhecer para amar, amar para preservar', orientada pela conscientização 'ecológica' e tendo por base a ciência ecológica. Isso provavelmente porque a face mais visível da crise ambiental em seu período inicial foi a degradação de ambientes naturais e porque as ciências ambientais naquela época ainda não estavam maduras o suficiente para compreender a complexidade das relações entre sociedade e natureza. (Layrargues e Lima, 2014, p. 27)

Embora os/as respondentes tenham considerado a degradação de ambientes naturais em muitas respostas, a macrotendência conservacionista não foi a mais frequente ou evidente. Tamara e Lina foram a exceção, uma vez que Tamara apresenta uma visão conservacionista nas questões n. 1 e 2, ao tratar da exploração dos recursos naturais, poluição e de que é preciso "cuidar" do meio ambiente; e Lina, nas n. 2 e 3, quando se refere à educação ambiental como consciência e conhecimento. Tamara, porém, acaba apresentando mais características pragmáticas, ficando Lina como a única que apresentou mais características conservacionistas.

Com o tempo, a corrente conservacionista foi perdendo força e, nos anos de 1990, abriram-se duas novas tendências, uma mais conservadora e ligada ao próprio conservacionismo – a *pragmática* –, e outra mais alternativa, que se contrapõe ao conservacionismo – a *crítica*. Sobre a primeira, Layrargues e Lima (2014, p. 28) afirmam ser a vertente *pragmática* uma "derivação ainda não tão nítida da vertente conservacionista, nutrindo-se inicialmente da problemática do lixo urbano-industrial nas cidades, como um dos temas cada vez mais utilizados nas práticas pedagógicas". E em relação à *crítica*, que "não bastava lutar por outra cultura na relação entre humano e natureza, sem também lutar por uma nova sociedade". Ambas as correntes vão se ampliando e adquirindo novos sentidos. No caso da pragmática, antes voltada, sobretudo, para a questão do lixo, da coleta seletiva e da reciclagem, amplia-se para consumo sustentável, aproximando-se, segundos os autores, das esferas de produção e de consumo. Dentre os tópicos mais destacados nas respostas, estão os que se referem justamente à produção e ao consumo (exploração dos recursos naturais, resíduos industriais, consumo excessivo, lixo e problemas urbanos, como veículos em excesso).

A problemática do lixo urbano e da reciclagem, típica da corrente pragmática, aparece fortemente nas respostas de Tamara, Daniel, Augusto e, em menor grau, Lina. As duas estudantes, portanto, também fizeram esse movimento de migrar de uma visão mais conservacionista do meio ambiente e da natureza para uma visão mais pragmática, com soluções práticas para problemas já identificados. Ambas apresentaram um discurso mais conservador. O consumo, porém, foi identificado como problema ambiental, inclusive como causa de outros problemas, apenas por Rúben, que o citou algumas vezes. Rúben, porém, acaba vendo o consumo de modo mais holístico do que prevê a corrente pragmática e, junto a suas outras respostas, ligado mais à macrotendência crítica. Na verdade, todos os questionários contêm elementos pragmáticos, sendo que três pessoas (Tamara, Daniel e Augusto) apresentaram elementos prioritariamente pragmáticos, fazendo desta a macrotendência dominante entre as e os entrevistados. Para Layrargues e Lima (2014, p. 30–31):

> A macrotendência *pragmática*, que abrange, sobretudo, as correntes da Educação para o Desenvolvimento Sustentável [...], é expressão do ambientalismo de resultados, do pragmatismo contemporâneo e do ecologismo de mercado que decorrem da hegemonia neoliberal instituída mundialmente desde a década de 1980 e no contexto brasileiro desde o governo Collor de Mello nos anos 1990. Caracterizam esse cenário pragmático a dominância da lógica do mercado sobre as outras esferas sociais, a ideologia do consumo como principal utopia, a preocupação com a produção crescente de resíduos sólidos, a revolução tecnológica como última fronteira do progresso e a inspiração privatista que se evidencia em termos como economia e consumo verde, responsabilidade socioambiental, certificações, mecanismos de desenvolvimento limpo e ecoeficiência produtiva [...]. A macrotendência pragmática de Educação Ambiental representa uma forma de ajustamento ao contexto neoliberal de redução do Estado, que afeta o conjunto das políticas públicas, entre as quais figuram as políticas ambientais.

"Cuando los números no importen"

Embora, como vimos, muitos tópicos destacados das respostas refiram-se a uma orientação mais pragmática, há um considerável conjunto de outros tópicos que remetem à visão idealizada e intocada da natureza, típica da macrotendência conservacionista. São eles: a degradação dos estoques de água doce (rios e aquíferos), o aumento das secas, a situação dos mares e oceanos, a contaminação urbana, o desflorestamento. Junto a um outro grupo de tópicos referentes ao campo semântico das mudanças climáticas, por sua vez citado em todos os questionários (a saber: alteração nas estações do ano, com menos neve no inverno em países frios, aquecimento global, vulnerabilidade a incêndios e acirramento de desastres naturais), eles remetem ao questionamento sobre a diferença entre paisagens imaginadas, paisagens reais e paisagens ficcionais (tema tratado ao longo da obra de Süssekind [1990] e Sevcenko [1995]). É como se toda imagem que se tem da paisagem fosse imaginada, ficcionalizada. E junto aos processos de tomada de consciência da percepção ambiental viesse a visão real das paisagens – por sua vez, paisagens perdidas.

A música significativa da natureza e do meio ambiente, para Daniel, é *Apocalíptico*, de Residente,[7] que dialoga diretamente com a ideia de paisagens perdidas presente em grande parte dos tópicos:

> Cuando se derrumbe el paisaje / Y no haya pista pa' el aterrizaje / Y los milagros ya no salven gente / Porque los santos se tiraron de un puente // Cuando el clima pierda el control / Y se le queme la piel al sol / Cuando la arena quede sola / Y el océano se ahogue con sus propias olas // Cuando se sacuda el suelo / Y las nubes se caigan del cielo / Y los árboles estén de rodillas / Con los troncos flacos enseñando las costillas // Cuando no queden rastros ni huellas / Y la luna se estrelle contra las estrellas / Y se rompa lo que ya estaba roto / Aquí estaremos nosotros // Cuando ya no quede casi nada / Y el día nos regale su última mirada / Y no hayan ojas pa' soplar el viento / Y la historia pierda el conocimiento // Cuando la lluvia se desidrate / Y antes de llegar al piso de mate / Cuando el paracaídas no habrá / Cuando las letras no formen palabras // Cuando las plantas mueran / Y mientras duermen la carne se enferme / Cuando se derrita el polo norte / Cuando los números no importen // Y los barcos no floten / Y los aviones choquen contra los trenes y exploten / Y los animales se coman entre ellos / Y las religiones se arranquen los cuellos // Cuando las banderas se prendan en fuego / Y todo pase ahora, y nada pase luego / Y se acaben los segundos / Y las manos del tiempo ahorquen al mundo // Cuando todo vaya más despacio / Cuando la materia no ocupe espacio / Y la gravedad se asuste y salgamos volando (yo) / Aquí estaremos esperando.

Igualmente catastrófica é a canção sugerida por Lina, a emblemática *Earth song*, do falecido rei do pop Michael Jackson. Há diversos *sites* de seus fãs que traduzem e publicam matérias e declarações de que a música e

7. Residente - Apocalíptico (Video Letra). Disponível em: https://www.youtube.com/watch?v=URr5ds2FGFE&list=PLv73TtsVxuePf8H-l6rvN4IOLsW2mYvWi&index=32.

seu vídeo foram assustadores, sobretudo para os EUA, que os proibiram com justificativa de que teria cenas muito fortes. Lançada em 1995, no Brasil, a música e seu vídeo igualmente aportaram somente neste século.[8] Liberada na Europa, chegou ao primeiro lugar nas paradas do Reino Unido. Os mesmos sites reportam que, após o lançamento do vídeo, Michael Jackson passou a viver uma guerra jurídica nos EUA sob acusações de pedofilia, e questionam se esses dois fatos são inter-relacionados. A verdade que se sabe é que *Earth song* foi a primeira música pop, de um artista de nível planetário, a tratar de problemas ambientais. Antes dela, somente outros gêneros e estilos, como músicas de protesto, rock etc., haviam se dedicado ao tema.

A questão dos agrotóxicos, sobretudo no Brasil, a necessidade urgente de evitar plásticos de uso único e a redução do consumo como necessidade urgente são demais tópicos que se destacaram nas respostas ao questionário. E, entre as músicas, foram ainda indicadas como referentes às questões da natureza e do meio ambiente "Donde jugarán los niños?", do grupo de pop rock mexicano Maná,[9] sugerida por Emelyn: "Cuenta el abuelo que / De niño el jugó / Entre árboles y risas / Y alcatraces de color / Recuerda un río / Transparente sin olor / Donde abundaban peces / No sufrían ni un dolor". Seu vídeo foi vencedor de um concurso do Banco Interamericano de Desenvolvimento (BID). E "Madre Tierra" de Jorge Drexler,[10] indicada pelo também uruguaio Augusto: "Mi mesa la atiende la Madre Tierra / "Ya vamos a cerrar" me dice / Yo le digo: "Te vi con tu niño / vivimos en la misma acera / si ya te vas, te puedo acompañar" // Por el azul / azul del cielo / uh, con su vestido del azul del mar". Na canção, a Madre Tierra é uma mãe solteira.

8. Michael Jackson - Earth Song - Legendado HD. Disponível em: https://www.youtube.com/watch?v=T0iGNc9qc5Y&list=PLv73TtsVxuePf8H-l6rvN4IOLsW2mYvWi&index=35.
9. Maná - ¿Dónde Jugarán los Niños?. Disponível em: https://www.youtube.com/watch?v=RYUFbxN42xk&list=PLv73TtsVxuePf8H-l6rvN4IOLsW2mYvWi&index=31.
10. Madre Tierra. Disponível em: https://www.youtube.com/watch?v=pYOzW0rVVUM&list=PLv73TtsVxuePf8H-l6rvN4IOLsW2mYvWi&index=37.

A grande maioria das respostas aponta para a macrotendência pragmática e, em menor grau, conservacionista, como já exposto. As únicas que realmente apontam para uma perspectiva *crítica*,[11] afirmando que é necessário um novo estilo de vida, com novos padrões de consumo e processos de conscientização em nível coletivo, ou seja, que apontam para a necessidade de uma nova civilização, são as respostas da dominicana Emelyn e, sobretudo, do costa-riquenho Rúben. Igualmente, os dois foram os que mais abertamente declararam que migrar de país aumentou ou modificou suas percepções ambientais. Também os dois procuram se alimentar com mais vegetais, de preferência agroecológicos, e não comem mais nenhum tipo de carne por motivação prioritariamente ambiental (Tamara deixou de comer apenas carne vermelha). Rúben também desmitifica a reciclagem de materiais. Para ele, isso é apenas uma forma de continuarmos nosso estilo de vida.

Recentemente, seis meses depois de responder ao questionário, Rúben participou do Fórum Global sobre Migração e Desenvolvimento (GFMD, na sigla em inglês) da Unicef no Equador, como delegado da UNMGCY – a Assembleia Geral das Nações Unidas para a Juventude. Inclusive, a própria

11. "A macrotendência *crítica* [...] aglutina as correntes da Educação Ambiental Popular, Emancipatória, Transformadora e no Processo de Gestão Ambiental. Apóia-se com ênfase na revisão crítica dos fundamentos que proporcionam a dominação do ser humano e dos mecanismos de acumulação do Capital, buscando o enfrentamento político das desigualdades e da injustiça socioambiental. [...] a Educação Ambiental Crítica tende a conjugar-se com o pensamento da complexidade ao perceber que as questões contemporâneas, como é o caso da questão ambiental, não encontram respostas em soluções reducionistas. Daí seu potencial para ressignificar falsas dualidades que o paradigma cartesiano inseriu nas relações entre indivíduo e sociedade, sujeito e objeto do conhecimento, saber e poder, natureza e cultura, ética e técnica, entre outras dualidades. [...] Por essa perspectiva complexa torna-se não só possível como necessária a incorporação das questões culturais, individuais e subjetivas que emergem com as transformações das sociedades contemporâneas, a ressignificação da noção de política, a politização da vida cotidiana e da esfera privada, expressas nos novos movimentos sociais e na gênese do próprio ambientalismo" (Layrargues e Lima, 2014, p. 33). Recentemente, em visita a Curitiba, o ex-presidente do Uruguai, José Pepe Mujica, declarou "nossa luta não é só por democracia, mas por outra civilização", em nítida orientação crítica. Continuou: "Nunca o homem teve tantos recursos e meios científicos e técnicos para erradicar a fome e a miséria dos povos", disse o ex-presidente, enfatizando que o grande problema não é ecológico, mas político, conforme divulgou por suas redes sociais o coletivo Jornalistas Livres, em 27 de julho de 2019.

Unicef Equador publicou um *tweet* em 22 de janeiro de 2020 com sua foto e sua intervenção: "Cuando un joven rural migra a un espacio urbano, llega a un entorno que no es intercultural y se rompe un vínculo con su origen. Son necesarios programas diferenciados para que la conexión con su cultura y tradición, no se rompa; sugiere Rúben Canales, Delegado UNMGCY de Costa Rica". Ao replicar em uma rede social o *tweet* com sua foto ao microfone, Rúben colocou a seguinte legenda: "por un Buen Vivir e un Buen Migrar".

"El *Sumaq Kawsay* y *Allin Kawsay* ('esplendida existencia') [...] tiene que ver en primer lugar con tres compromisos del ser humano con la Pachamama:[12] 1) hacer bien las cosas [...]; 2) querer bien [...]; y 3) pensar bien" (Peña Aymara e Delgado Orrillo, 2013, p. 17–18). As autoras, ambas peruanas, seguem a explicação indicando que é preciso ver o distanciamento entre a visão "ocidental" e a indígena. Enquanto a primeira envolve ética, moral e política, que podem ser cumpridas ou não "en una condición de libertad", a segunda, ou seja, a narrativa indígena, sustenta a ideia de obrigação natural que, de qualquer modo, deve ser cumprida para a garantia do Buen Vivir ou até mesmo da própria vida. "Pero el ser humano sólo puede cumplir con esta ley si llega a entender cómo se genera, se obtiene y se mantiene el equilibrio del mundo. Esta es una condición de responsabilidad" (*ibid.*).

Loli cósmica

Caiando um pedaço de parede,
o homem precisa pôr em movimento períodos cósmicos.

Walter Benjamin, "Franz Kafka", 1934

O Buen Vivir também envolve as manifestações artístico-culturais. E as duas músicas que Rúben escolheu como significativas para ele em termos de natureza e meio ambiente apontam para essa direção. A primeira é

12. Divindade correspondente à Mãe Terra para as culturas das porções centrais da Cordilheira dos Andes. Frequentemente, Yacumama (Madre Agua) aparece ligada a Pachamama (Madre Tierra), formando a base para a vida.

"Guacamayo", de Danit Treubig, que fala da amizade entre uma pessoa e uma arara: "Te agradezco / por llegar a mi corazón / hermosa criatura de viento / te agradezco por volar en mi interior / tus colores me llevan a dentro / eh eh".[13] Muito pode ser discorrido sobre a relação amorosa ou mítica entre um humano e um outro elemento da natureza, aqui, no caso, uma ave, a exemplo das mais diversas narrativas mitológicas, inclusive com autores que se notabilizaram em analisar tais relações – é o caso do filósofo e crítico literário Gastón Bachelard. Fiquemos, por ora, apenas com a sugestão de convivência pacífica entre humano e animal. Para Rúben, em texto que enviou junto ao link: "É uma música que pensa a natureza dum jeito diferente do Occidental, a música é bem mais decolonial e ancestral. Tem a 'guacamaya' como metáfora da mãe natureza e a letra lhe agradece e admira". A ave manteria, portanto, uma relação de metonímia com o conceito de Madre Tierra.

Dias depois, Rúben voltou a me escrever, enviando outra música para se somar à primeira. Aqui, na segunda música por ele indicada, igualmente uma canção "de medicina" (ou "medicina da floresta", que faz parte dos mais diversos tipos de tradições xamânicas de todo o continente americano, de Norte a Sul, inclusive do Sagrado Feminino), trata-se de um hino de amor ao universo: "De tus manos salen las caricias del universo que sentimos todos / y esas caricias son el alimento para la existencia que somos todos / y es aquí donde quiero estar junto a ti / tzen tze re rei rei rei / tzen tze re rei rei rei [a flecha que avança e abre as portas {da percepção?}]". O retorno a uma visão cósmica, ancestral, pré-colonial, do ambiente e das medicinas do continente destaca-se nas canções que, para Rúben, são significativas da natureza. No texto que acompanhou o link de Loli Cosmica,[14] declarou:

> Gosto também dessa, profe, acho que não é importante só a letra mas também os sonidos que a musica traz, essa tem um pouco de instrumentos andino-amazônicos (da nacionalidade Shuar de Equador) que buscam imitar animais,

13. Danit Treubig - Guacamayo. Disponível em: https://www.youtube.com/watch?v=BdvsPrxN4V8&list=PLv73TtsVxuePf8H-l6rvN4IOLsW2mYvWi&index=35&t=0s.
14. Loli Cosmica - Tzen Tze Re Rei + Letra [432HZ] HD. Disponível em: https://www.youtube.com/watch?v=S2YVDbD95jg&list=PLv73TtsVxuePf8H-l6rvN4IOLsW2mYvWi&index=33.

rios, etc. E mesmo assim a letra é maravilhosa falando da mama pacha no sentido holístico e não só no occidental, a música fala sobre a mãe natureza como o universo além do que só a natureza terrenal.

A percepção ambiental, como dito anteriormente, é parte das capacidades humanas – inclusive das capacidades míticas do ser humano –, como garantia de sobrevivência não apenas terrena. Para Feuerstein (2007, p. 183), autor que analisava o colapso da biosfera e as chances de salvação do planeta a partir, também, de uma visão mítica e poética:

> Nossa saúde mental está igualmente comprometida. Uma catástrofe planetária desencadeada pela poluição poderá fazer muitas vítimas do ponto de vista psicológico. Somente os que têm a mente sã poderão enfrentar com coragem e sensatez a dura realidade do colapso ambiental e do caos social resultante de tal catástrofe.

Autores que, assim como Feuerstein (2013), têm tratado enfaticamente do tema colapso da bioesfera – entre eles, destaco Morin (2001), Louv (2014), Layrargues (2017) e Marques (2018) – apontam dentre os fatores que nos trouxeram ao atual estágio: as campanhas de desinformação patrocinadas por parte da indústria química e petroquímica, avançando sobre diversas áreas de atividade, de transporte a vestuário, de alimentação a medicamentos; a regulação insuficiente ou tardia por parte dos Estados nacionais; a superexploração dos recursos (minerais, agrícolas etc.); a financeirização da vida; a desigualdade e, ligada a ela, a concentração de renda e de atividades econômicas em grandes conglomerados transnacionais, de abrangência planetária (e, em alguns casos, além). É sabido que alguns conglomerados produzem tanto substâncias cancerígenas, livremente consumidas em alimentos, produtos de higiene, de limpeza, combustíveis etc. quanto os medicamentos para nos "curar".

A dupla porto-riquenha de, principalmente, *reggaeton*, que nos anos finais se dedicou também ao rap/hip hop, ao rock e à eletrônica, Calle 13, lançou, em novembro de 2013, seu último grande sucesso: *Multiviral*. Depois, os dois membros seguiram carreira solo (Residente é um deles, o artista da música indicada por Daniel, *Apocalíptico*). Em *Multiviral*, temos a seguinte letra: "El que controla / El que domina / Quiere enfermarte pa' venderte medicina / Y nos endrogan / Nos embrutecen / Cualquier pregunta que tengamos / La adormecen / Son las mentiras recalentadas / Nos alimentan con carne procesada / Y la gente sigue desinformada / Una noticia mal contada / Es un asalto a mano armada".

Algumas direções

A recorrência da mítica e ancestral Madre Tierra, ou Pachamama, sobretudo nas canções indicadas pelos e pelas estudantes, pode sinalizar que, conforme sugerido ao longo da obra de Feuerstein (2013), a questão ambiental, além de científica, política e social, é também afetiva, mítica e poética. A vantagem da pesquisa qualitativa é que ela "tende a salientar os aspectos dinâmicos, holísticos e individuais da experiência humana, para apreender a totalidade no contexto daqueles que estão vivenciando o fenômeno" (Polit et al., 2004 *apud* Gerhardt e Silveira, 2009, p. 33), e por isso esta foi nossa opção metodológica.

Verificou-se, aqui, como estudantes não-brasileiros, portanto, imigrados, revelam sua percepção ambiental. Instrumento metodológico para aplicação na/da Educação Ambiental, a percepção ambiental consiste na forma como o ser humano compreende o meio ambiente, resultante de conhecimentos e experiências que podem levar a processos de tomada de consciência (Layrargues, 2014; Orsi, 2015). "A percepção ambiental possibilita a compreensão do eu e do outro, das relações afetivas, dos sentimentos e da relação com o ambiente, que consiste na maneira como o ser humano, individual ou coletivamente, o vê e o compreende" (Orsi et al., 2015, p. 21). No geral, podemos classificar as respostas aos questionários em três grandes blocos: um com tendência mais conservacionista (Lina) ou conservacionista-pragmático (Tamara e Lina); um mais pragmático (o mais numeroso, com Tamara, Daniel e Augusto); e um terceiro bloco mais crítico (Emelyn e Rúben), embora também contenha alguns indícios conservacionistas ou, principalmente, pragmáticos.

A falta de clareza que surgiu entre três respondentes sobre suas próprias percepções, em declarações de que sua percepção não havia mudado com a imigração e dando mostras na sequência que, sim, havia mudado, bem como a presença e até mesmo oscilação de mais de uma macrotendência na maioria das respostas, indicam que as percepções ambientais, portanto, assim como as próprias pessoas, estão em trânsito.

Um último comentário: chama a atenção o fato de que, em todos os questionários, há a percepção de que o Brasil tem muito mais problemas ambientais do que os países de origem dos e das respondentes, sobretudo no que se refere ao uso de agrotóxicos e aos problemas urbanos, como excesso de lixo, de veículos e de contaminações. Embora o país não seja exceção, conforme indicam os últimos relatórios de organismos internacionais confiáveis, bem como o que nos chega nos noticiários ou pelas redes sociais e acadêmicas, poderia ser questionado se essa visão do país de imigração de tais estudantes já é parte da percepção ambiental que, em trânsito, ganhou nova sensibilidade. Ou, ainda, se seria pelo motivo de aqui esses temas serem mais visibilizados, ao menos em contexto universitário. De qualquer modo, a imagem do Brasil em termos ambientais, outrora gigante de natureza bela e potente, mostra-se hoje de tal maneira degradada que poderíamos perguntar: onde estão as ilhas afortunadas?

REFERÊNCIAS

BENJAMIN, Walter. *Magia e técnica, arte e política*. Ensaios sobre literatura e história da cultura. Obras Escolhidas v. I. Trad.: Rouanet, S. P. 8a. ed. rev. São Paulo: Brasiliense, 2012.

CHADE, Jamil. Histórica, decisão proíbe governos de deportar vítimas de mudança climática. *UOL Notícias*. 21 Jan. 2020. Disponível em: <https://noticias.uol.com.br/colunas/jamil-chade/2020/01/21/historica-decisao-proibe-governos-de-deportar-vitimas-de-mudanca-climatica.htm>.

DULLEY, Richard. Noção de natureza, ambiente, meio ambiente, recursos ambientais e recursos naturais, *Agric.* São Paulo, v. 51, n. 2, p. 15–26, jul./dez. 2004

FEUERSTEIN, Georg. *Ligando os pontos*: fototropia, instinto de nomadismo, colapso da biosfera e a salvação do nosso planeta. Trad.: Cipolla, M.; Cipolla D. 1a. ed. *São* Paulo: Pensamento, 2013.

GERHARDT, Tatiana; SILVEIRA, Denise (Orgs.). *Métodos de pesquisa*. Universidade Aberta do Brasil (UAB) e Universidade Federal do Rio Grande do Sul (UFRGS). Porto Alegre: Ed. da UFRGS, 2009.

HARDMAN, Francisco Foot. "Tróia de taipas: Canudos e os irracionais". In: _______ (Org.). *Morte e progresso*: a cultura brasileira como apagamento de rastros. São Paulo: Fund. Ed. da Unesp, 1998.

HOEFFEL, João Luiz; REIS, Jussara. "O conceito de sustentabilidade na teoria social latino-americana". In: FERREIRA, Leila (Org.). *Questão ambiental na América Latina*. p. 189–206. Campinas, SP: Ed. da Unicamp, 2011.

LAYRARGUES, Philippe. "Anti-ecologismo no Brasil: reflexões ecopolíticas sobre o modelo do desenvolvimentismo-extrativista-predatório e a desregulação ambiental pública". In: OLIVEIRA, M.; MENDES, M.; HANSEL, C.; DAMIANI, S. (Org.). *Cidadania, meio ambiente e sustentabilidade*. Caxias do Sul, RS: Educs, p. 325–356, 2017.

LAYRARGUES, Philippe; LIMA, Gustavo. As macro-tendências político-pedagógicas da educação ambiental brasileira. *Ambiente e Sociedade*, v. 17, n. 1, p. 233–40, 2014.

LOUV, Richard. *O princípio da natureza*: reconectando-se ao meio ambiente na era digital. Trad.: Camargo, J. L. São Paulo: Cultrix, 2014.

MARQUES, Luiz. *Capitalismo e colapso ambiental*. 3a. ed. rev. e amp. Campinas, SP: Ed. da Unicamp, 2018.

MERLINSKY, Gabriela (Comp.). *Cartografías del conflicto ambiental en Argentina*. 1a ed. Ciudad Autónoma de Buenos Aires: Fundación Ciccus, 2013.

MINISTÉRIO DO MEIO AMBIENTE. Mais de 70% do território argentino é árido ou semi-árido. *InforMMA*, 09 Ago 2004. Disponível em: https://www.mma.gov.br/informma/item/2059-mais-de-70-do-territorio-argentino-e-arido-ou-semiarido.html.

MORIN, Edgar. *Os sete saberes necessários à Educação do Futuro*. Trad.: Silva, C.; Sawaya, J. 3a. ed. São Paulo: Cortez / Brasília, DF: Unesco, 2001.

ORSI, Raquel; WEILER, Jaqueline; CARLETTO, Denise; VOLOSZIN, Michele. Percepção ambiental: uma experiência de ressignificação dos sentidos. *REMEA* - Revista Eletrônica do Mestrado em Educação Ambiental, Universidade Federal do Rio Grande (Furg), v. 32, n. 1, 2015.

PEÑA AYMARA, Tatiana; DELGADO ORRILLO, Yansy. *El proyecto minero Conga*: minería para un "buen vivir"? La Paz: Ed. Autodeterminación, 2013.

RÊGO, André H. *Os sertões e os desertos*: o combate à desertificação. Brasília, DF: Ministério das Relações Exteriores / FUNAG, 2012.

SEVCENKO, Nicolau. Dragões, borboletas e brasis. *Folha de S. Paulo*. Caderno de Resenhas. 01 Maio 1995. Disponível em: https://www1.folha.uol.com.br/fsp/1995/5/01/caderno_especial/9.html.

SOARES, Deivide; MOTA FILHO, Fernando; NÓBREGA, Ranyére. Sobre o processo de desertificação. *Revista Brasileira de Geografia Física*, n. 1, p. 174–188, 2011.

SÜSSEKIND, Flora. *O Brasil não é longe daqui*: o narrador, a viagem. São Paulo: Cia das Letras, 1990.

CONFISSÃO, AUTOFICÇÃO E TESTEMUNHO: LITERATURA E INVENÇÃO DE SI

DANIELA BIRMAN

Introdução

Se não podemos nos fiar na existência de uma essência identitária, mas, antes, em processos de invenção, destruição, projeção e reconhecimento de si, cabe-nos perguntar de que modo as diferentes escritas do *eu*, que circulam no domínio literário de hoje, impulsionam determinadas formas de subjetivação. Ou seja, se na confissão, como nos mostrou Michel Foucault (2013), temos um processo de subjetivação ancorado no chamado poder pastoral e na constituição de uma individualidade marcada pelo olhar introspectivo em direção ao passado e focado em especial na sexualidade, o que estaria em jogo na atualidade? Como podemos ler a expansão do testemunho, da autoficção e da performance do autor? O que esses modelos textuais propõem como formas de subjetivação?

Antes de iniciar o meu exame, gostaria de contextualizá-lo rapidamente. Ele integra um estudo sobre a literatura brasileira contemporânea que busca, entre os seus objetivos, analisar a predominância do testemunho em uma série de discursos que se expandiram recentemente, tais como: a autoficção, os *slams*, os romances e os contos da chamada *literatura marginal contemporânea*.[1] Esses discursos, vale lembrar, podem ser entendidos como tendo certo cunho autobiográfico, apesar de não corresponderem ao modelo tradicional de autobiografia. Daí, pois, nosso interesse em especial por eles. Isso não significa, evidentemente, que o modelo do testemunho não se articule também a gêneros já consolidados da nossa literatura.

1. O caráter testemunhal da produção de autores periféricos da chamada literatura marginal contemporânea é indicado, por exemplo, por Faria; Patrocínio; Penna (2015, p. 19–43).

De toda forma, a expansão e o surgimento das escritas acima citadas estão intimamente ligados à ampliação das redes sociais, ao crescimento de movimentos identitários no Brasil e, eu acrescentaria, ao questionamento da representação política e cultural. Todos esses fatores, acredito, impulsionam e, igualmente, seriam impulsionados pelo modelo de discurso testemunhal. De modo ainda mais amplo, essas escritas em processo de disseminação podem ser inseridas no chamado *espaço autobiográfico* contemporâneo, marcado pela forte ampliação, pluralidade e hibridização das narrativas de si, tal como proposto por Leonor Arfuch (2010).

Nesse contexto, ao procurar examinar o peso e os efeitos da presença do testemunho em narrativas contemporâneas diversas, nos empenharemos em problematizar as formas de subjetivação que nelas entram em jogo. Será que a confissão tem a mesma relevância que tinha antes no processo de constituição de si? De que modo a performance realizada na autoficção e nos *slams* se articula ao testemunho?

É importante lembrar que duas referências teóricas têm sido fundamentais para pensar essa confrontação entre diferentes modelos de escrita (confissão e testemunho) e seus respectivos processos de subjetivação. São eles o pesquisador Paulo Vaz, que tem se dedicado a examinar a exposição do sofrimento no espaço público da atualidade e o papel fundamental do testemunho na constituição da subjetividade contemporânea (Vaz, 2014; Vaz et al., 2014); e Susannah Radstone (2006), que, ao que tudo indica, foi a primeira a comparar de modo esquemático o discurso da confissão com aquele do testemunho, sugerindo a substituição do predomínio do primeiro pela hegemonia do testemunho na literatura e em outros meios de comunicação.

A carta autobiográfica de Pagu e o testemunho autoficcional de Lísias

Para apresentar a confrontação proposta entre o modelo confessional e aquele do testemunho e, ao mesmo tempo, mostrar como esse segundo pode se imbricar com a autoficção contemporânea, convido-os aqui a analisar e comparar comigo dois textos de escrita de si bastante diversos: a extensa carta autobiográfica escrita por Patrícia Galvão (2005), a Pagu, ao seu companheiro amoroso e intelectual, o escritor Geraldo Ferraz, quando ela tinha acabado de sair de sua última prisão, em 1940; e o romance autoficcional *Divórcio* (2013), de Ricardo Lísias.

Essas duas narrativas, como veremos, são marcadas por uma série de distinções: temporal; de gênero do autor; de mistura dos gêneros textuais empregados. Sua seleção foi, pois, orientada tanto pela série de diferenças existentes entre elas quanto pela sobreposição, aqui sustentada, do gênero da autoficção com o discurso testemunhal, no caso do segundo título analisado. De fato, *Divórcio* foi escolhido por abarcar vários elementos que marcam o cenário literário contemporâneo: o gênero da autoficção, em sua relação com a performance de autor, e o testemunho. Além disso, a escrita do livro abrangeu tanto um diálogo aberto com a imprensa quanto com o universo jurídico. Esses diálogos chamam a atenção por potencializar a publicidade em torno do nome do autor e da obra, embaralhar ainda mais as fronteiras entre ficção e não ficção e envolver novas formas de divulgação e circulação da literatura (cf. Azevedo, 2013; Birman, 2013).

Temos, assim, na nossa comparação, um texto de caráter privado da primeira metade do século XX, de autoria feminina, dirigido a unicamente uma pessoa, do universo íntimo da autora, marcado por uma dimensão confessional. Do outro lado, uma obra autoficcional assinada por um escritor do gênero masculino e atravessada por uma performance de autor que torna público não exatamente uma confissão sobre o seu casamento e divórcio, como poderíamos supor ao nos depararmos com o título da obra, mas um testemunho autoficcional do sofrimento vivido ao fim de relação conjugal, recentemente encerrada no momento recriado na escrita. Falando de modo mais direto, o modelo de constituição de si explorado autoficcionalmente não é aquele da confissão de um sujeito que examina seu passado, mas do testemunho de um indivíduo que se apresenta como tendo sofrido um trauma, provocado pela antiga companheira.[2]

2. Creio que não preciso me deter sobre o fato de que, ao distinguir essas modalidades textuais de forma propositadamente esquemática, estou ciente que, ao lidarmos com casos

Paixão Pagu

Publicada em volume intitulado *Paixão Pagu: a autobiografia precoce de Patrícia Galvão*, a carta de Patrícia Galvão já é apresentada ao público, portanto, a partir do movimento de rememoração da autora em relação ao seu passado, a partir do qual revelará a Geraldo suas experiências e seus sentimentos mais íntimos, desde a sua infância proletária no Brás até o casamento com Oswald de Andrade e sua militância nos quadros do Partido Comunista. Mas embora os temas tratados por Pagu nesse documento sejam variados, nos deteremos em grande parte aqui nas experiências amorosas da autora. Essa escolha foi tomada com base em dois motivos.

Em primeiro lugar, buscamos tornar mais evidentes as comparações a serem realizadas com o romance *Divórcio*, de Ricardo Lísias, uma vez que serão confrontadas, nos dois casos, narrativas de sofrimentos e experiências relativas ao mesmo universo, afetivo e sexual. Essa escolha justifica-se ainda pelo vínculo fundamental, umbilical, da confissão, seja a cristã ou a psicanalítica, com as revelações sobre a carne cristã e a sexualidade moderna. "A confissão foi, e permanece ainda hoje, a matriz geral que rege a produção do discurso verdadeiro sobre o sexo", resume Foucault (2013, p. 72) no seu primeiro volume da *História da sexualidade*. Resta saber, contudo, se ainda estaríamos tão interessados como antes na "verdade sobre o sexo". E se ainda acreditamos que o sexo esconde uma verdade sobre nós mesmos.

Mas voltemos à carta de Pagu. Dirigida unicamente ao seu companheiro, ela não constitui, portanto, exatamente uma autobiografia. Mas, justamente por isso, devido ao seu caráter íntimo, ela encontra-se ainda mais próxima dos grandes modelos da prática confessional: a confissão cristã, que se torna obrigatória e se expande a partir do Concílio de Latrão de 1215; e um segundo modelo de matriz confessional bastante difundido no século

empíricos, falamos quase sempre em predominâncias de gêneros e formas de subjetivação, que se misturam e influenciam uns aos outros, não existindo de forma pura. Lembro que não é difícil, por exemplo, identificar várias passagens testemunhais na carta autobiográfica de Patrícia Galvão, sobretudo aquelas em que denuncia atos autoritários e abusivos praticados pelo Partido Comunista e/ou seus integrantes. De modo similar, identificamos também trechos que podem ser caracterizados como confessionais no romance de Lísias. Destacamos, por exemplo, aqueles em que o narrador reconhece a sua antiga vaidade.

passado, que podemos chamar de "confissão psicanalítica", requerida por outra figura de autoridade, de base clínica e científica.

Ao longo da expansão e modificação da prática da confissão cristã, ela passará a exigir do indivíduo uma capacidade analítica e introspectiva que permitirá que ele represente os seus desejos, os seus atos e os seus pensamentos e, ao mesmo tempo, os examine. Além disso, de acordo com Foucault (2013, p. 25), a partir do Concílio de Trento, no século XVI, os católicos serão levados a confessar não apenas os atos pecaminosos cometidos, mas também "todas as insinuações da carne: pensamentos, desejos, imaginações voluptuosas, deleites (...) tudo isso deve entrar no jogo da confissão e da direção espiritual". Desse modo, a partir do desenvolvimento dessa inquietação em relação aos desejos, a confissão se transformaria numa "prática que articula a identidade ao passado individual e ao desejo" (Vaz et al., 2014, p. 7). Daí, pois, nossa escolha por ressaltar essa temática na carta de Pagu, mesmo sabendo que, como mencionamos, nesse documento, os autoexames realizados por ela abrangem uma série de esferas de sua vida.

De toda forma, é nítido o movimento da autora de busca pela verdade, da vida e dos seus sofrimentos, ao mergulhar em seu passado, remontando aos seus anos de infância e à sua primeira relação sexual.[3] De acordo com o filho de Pagu com Geraldo Ferraz, Geraldo Galvão Ferraz (2005, p. 10), a carta havia sido escrita "como parte da relação que eles [seus pais] mantinham, de entrega total, sem subterfúgios (...). (...) ela sentira necessidade de se contar para aquele homem que amava e de quem trazia um filho no ventre".

Trata-se, assim, de uma escrita voltada para a revelação de si ao outro, em seus vínculos com a entrega amorosa e com a ideia de verdade, ou melhor, da necessidade da verdade, permeada pela consciência da existência de resistências. "No fundo, eu penso na defesa dos detalhes, porque sei que os detalhes justificarão em parte minha maneira de ser", escreve ela (Galvão, 2005, p. 52), completando: "Aí tem você minhas taras, meus

3. Não nos interessa aqui, evidentemente, atestar ou negar a sinceridade revelada por Patrícia Galvão nessa carta, mas sim destacar a construção textual dessa busca pela verdade, cumprindo assim o ritual (ou o pacto) confessional.

preconceitos de julgamento, o contágio e os micróbios. (...) minha vocação *grandguignolesca* me fornece apenas a forma trágica da sondagem. É a única que permite o gosto amargo de novo. Sofra comigo" (*ibid.*).

Nem sempre Pagu encontrará resposta para seus questionamentos sobre si mesma, mas isso não a impedirá de se desnudar, se examinar e mesmo de se julgar sem piedade. Nesse contexto, ao narrar a primeira separação de seu filho Rudá, quando este tinha cerca de três meses, para viajar a Buenos Aires, ela escreve: "Quando o navio abandonou o cais, ainda procurava justificar-me. (...) E o que não disse, nem ousava confessar sentir era que toda minha pessoa me absorvia muito mais" (*ibid.*, p. 69).

Como podemos facilmente supor, também chama bastante a atenção a mudança nos códigos morais, do período de escrita dessa carta e daquele referente aos momentos vividos, em comparação com os dias de hoje. Uma das revelações íntimas que Patrícia Galvão faz a Geraldo diz respeito, por exemplo, a sua primeira relação sexual, aos 11 anos, com um homem não só mais velho como também casado. Ao contar essa experiência, a autora diz saber que rompia com os princípios vigentes e, mais importante, assume inteira responsabilidade pelo ato: "Não houve a menor violência de Olympio (o ator e diretor de cinema Olympio Guilherme), nessa posse provocada por mim" (*ibid.*, p. 53).

Diferentemente do que pensaríamos hoje, a relação sexual com uma menina de 11 anos não foi entendida como um ato de violência pelo simples fato de ter partido da iniciativa da autora. Pagu, assim, parece enxergar a si mesma, na entrada de sua adolescência, como se tivesse plena autonomia e responsabilidade por suas vontades e iniciativas. Não é difícil, contudo, imaginar que esse ato sexual seria lido na atualidade como criminoso – enquadrado, aliás, em nosso código penal como "estupro de vulnerável". Mas se menciono essa mudança de perspectiva e de código moral não é apenas para repetir o óbvio (a mudança de mentalidade de lá para cá), e sim porque entendo que ele também se relaciona à passagem de um universo marcado predominantemente pela confissão para aquele da expansão do testemunho.

Ou seja, de acordo com o modelo proposto pela confissão, essa prática promove o movimento de busca pela verdade por meio do escrutínio do *eu*. Cabe ao confessor, nesse caso, buscar o que nele, em suas vontades e seus pensamentos, estaria implicado no ato sexual realizado. No testemunho, por sua vez, o objeto para o qual o sujeito se dirige e examina não é o próprio *eu*, mas um acontecimento exterior ou uma outra pessoa. Assim, em vez de confessar e se perguntar sobre o porquê de uma escolha, examinando suas consequências no futuro, o indivíduo testemunharia – nesse exemplo da Pagu transposto para os dias de hoje – a violência do outro e os traumas sofridos pela testemunha e vítima.

Lembro, nesse contexto, do conhecido discurso machista, integrante do que chamamos de "cultura do estupro", que busca transferir a culpa por abusos e violências sexuais para a mulher, que teria "provocado" o estuprador. Esse discurso, além de todos os absurdos que reúne, parece procurar transformar o testemunho numa confissão em que o sujeito assumiria ao menos parcela da culpa pelo que sofreu, revelando conflitos e embates entre uma cultura marcadamente confessional, que fomos até pouco tempo, para uma cultura do testemunho que se fortalece a cada dia.

Evidentemente, trata-se de um exemplo extremo, que cito aqui para contrastar a diferença entre esses modelos, entendidos de modo bem esquemático. Não é desse tipo de autoincriminação que se trata, a meu entender, a confissão de Pagu. Pois, como podemos concluir, o exame realizado por ela, de seu passado e de suas vontades, não a impede de analisar os sofrimentos vividos como consequência de atos de outros. No entanto, ao realizar essa análise, ela abre espaço e reflete também sobre as escolhas que fez, enfatizando assim a sua autonomia, mesmo que relativa.

Desse modo, ao narrar a sua primeira relação sexual e o envolvimento amoroso então vivido, ela os associa à "aversão" ao ato sexual desenvolvida naquele momento: "com o amor veio o gosto amargo da repulsa pelo sexual", escreve (Galvão, 2005, p. 54). Esses exames e as relações de nexo identificadas também são realizados ao relembrar o casamento com Oswald de Andrade, em trechos nos quais ela estabelece uma correspondência entre frases que considerou sórdidas, escutadas durante o ato sexual, à aversão ao contato masculino que experimentaria. Em outra passagem, contudo, ela compreende a duração de seu casamento com ele, mantido com idas e vindas ao longo de cinco anos, pela relação de lealdade e honestidade estabelecida. "Quantas vezes desejei beijar-lhe as mãos por essa franqueza maravilhosamente violenta, por essa impiedade que satisfazia meu orgulho de tudo poder suportar com vigor. Eu lhe agradeço ainda hoje, Oswald" (*ibid.*, p. 78).

Dessa forma, seja enfatizando sua autonomia na leitura de atos passados; articulando acontecimentos vividos com sentimentos desenvolvidos por ela; e/ou relacionando o encontro entre traços de seu primeiro marido (a franqueza violenta) com características suas (o orgulho), que explicariam a aceitação de uma determinada situação, Patrícia Galvão narra a sua vida, desenhando a formação e as mudanças de sua personalidade.

Além disso, na carta, a autora já aponta transformações maiores que se dariam a partir daquele momento. Ela encerra, pois, o documento descrevendo a primeira decepção efetiva que teve com o regime comunista ao visitar a União Soviética, em 1934, onde se deparou tanto com a pobreza nas ruas de Moscou quanto com o luxo que cercava os burocratas do partido. Portanto, após deixar dois períodos de aprisionamento (cuja soma representa cerca de cinco anos de encarceramento), de ter passado pelas dores e humilhações da tortura, ela dirige-se ao seu companheiro, com quem logo se casaria, já grávida de seu segundo filho. Nesta correspondência, ela descontrói o "mito Pagu", símbolo feminino de liberação sexual, e descreve sua dedicação fervorosa ao Partido Comunista, parecendo assim desenhar o *eu* do qual está em vias de se despedir. E, de fato, a partir dali, ela já iniciaria uma nova etapa de sua vida, num segundo casamento e numa nova maternidade, desligada do Partido Comunista e bastante crítica ao estalinismo.

Divórcio

Diferentemente da carta de Patrícia Galvão, o livro *Divórcio* não é focado no *eu* do seu protagonista e narrador, que carrega o mesmo nome do autor do livro, Ricardo Lísias. Com efeito, o que ordena a narrativa não são as experiências, formações e mudanças da subjetividade do personagem, mas um acontecimento central: a descoberta e leitura do diário da mulher com quem ele estava casado há apenas quatro meses. Nesse diário, o protagonista descobrirá não apenas que foi traído, mas se chocará com a escrita pejorativa e mesmo cruel com a qual a sua então mulher o descrevia. Num trecho do diário reproduzido no livro, por exemplo, essa mulher conclui: "O Ricardo é patético, qualquer criança teria vergonha de ter um pai desse. Casei com um homem que não viveu. O Ricardo ficou trancado dentro de um quarto lendo a vida toda" (Lísias, 2013, p. 21).[4] Já em outra passagem, ela fala sobre si mesma: "Eu sou uma mulher atraente, não tenho dificuldades para achar amantes, nunca tive" (*ibid.*, p. 35).

Serão, pois, o choque e a violência sofridos com a leitura desse diário que deixarão o protagonista num sofrimento extremo, enfrentando uma espécie de morte em vida. Ele descreverá, pois, um corpo em carne viva, sem pele; com a vista frequentemente escurecida, sofrendo de falta de ar e, com medo de ter enlouquecido, o narrador-protagonista experimenta a certeza de ter entrado num de seus próprios contos. Além disso, a crise emocional vivida estaria lhe provocando problemas de memória. Como ele próprio resume, completando o quadro: "*Divórcio* é um romance sobre o trauma" (*ibid.*, p. 130).

O processo de recuperação e, para ser mais fiel aos termos empregados na obra, de salvação do protagonista, caminhará em pelo menos dois sentidos. Por um lado, o personagem Ricardo Lísias travará uma verdadeira batalha, desafiando a sua ex-mulher por meio da escrita de uma série de textos e do próprio livro que lemos. Seu romance autoficcional, nesse caso, seria endereçado não só aos leitores, mas àquela que lhe provocou tamanho dano, emocional e mesmo físico. Esse duplo endereçamento do protagonista-narrador coincide com aquele do discurso testemunhal, desdobrado, diferentemente da confissão, no espaço público. Segundo, pois, nos mostra o pesquisador Paulo Vaz, este discurso se dirige tanto a um "indivíduo qualquer" – com o qual a testemunha não possui nenhuma relação hierárquica

4. Lembramos que diversas frases e trechos do diário são reproduzidos no romance mais de uma vez. Indicamos aqui apenas a passagem da qual extraímos a citação.

e de quem ela espera solidariedade – quanto se manifestaria como um desafio ao indivíduo que causou tal sofrimento ao sujeito da enunciação.

Mais do que um desafio, e se sobrepondo a ele, contudo, podemos concluir que o protagonista Ricardo Lísias também propõe uma punição da ex-mulher, ao ameaçá-la com a publicação de seu diário na internet, com o divórcio litigioso e ao exigir que ela deposite em sua conta parte da quantia que gastou com o casamento – R$ 14 mil. Ao se referir a esse pagamento como uma "indenização", o protagonista se coloca como um sujeito de direitos que merece reparação e justiça, mesmo que os atos do outro, responsáveis pelo seu sofrimento (a traição, as referências cruéis) não possam ser criminalizados.

Localiza-se aí, acredito, um dos principais problemas do livro, pois, mesmo não cabendo a ninguém medir ou julgar o sofrimento do outro, podemos nos perguntar se a vitimização encenada e a punição empreendida não extrapolam a dimensão de justiça e reparação requeridas pelo testemunho, mesclando-se com a vingança e, no limite, na publicação de trechos (alterados ou não) do diário da ex-mulher, com a defesa de uma liberdade de criação que não pode ser inteiramente sustentada num texto que fratura a dimensão de autonomia da obra.

Acompanhando esse problema, o romance também demonstra fragilidade na tentativa de tornar a personagem da ex-mulher uma representação de um coletivo maior, de modo a transformar o conflito íntimo numa questão social, que envolveria a falta de ética dos jornalistas no contato com as suas fontes e o que chama de a "nova classe média brasileira", grupo que alcançou a ascensão social nos anos anteriores ao seu divórcio, em 2011. "O crescimento brasileiro dos últimos anos corroeu muita gente em troca de um apartamento próprio, um emprego com salário de dez mil reais e outros duzentos e cinquenta mil no banco" (*ibid.*, p. 128), afirma o narrador.

A transposição da figura da ex-mulher num grupo social acaba, porém, se tornando esquemática e pouco convincente, não sustentando a passagem do sofrimento íntimo e individual para uma questão política, fundamental na sustentação de um testemunho, seja ele baseado numa história pessoal ou não.[5] Essa fragilidade na apropriação do discurso testemunhal não aparece, de modo geral, em outras produções culturais contemporâneas, como em *slams* e em obras da chamada literatura marginal que, mesmo quando partem de uma narrativa de cunho autobiográfico, tematizam questões de amplitude social e política, como as condições de vida nas periferias urbanas, a violência contra os jovens moradores dessas localidades, o racismo, o machismo, entre outras.

Mas retornemos ao romance de Lísias. Além de desafiar e exigir a sua "indenização" à ex-mulher, o narrador-protagonista afirmará buscar entender o porquê de ter se casado com ela. Essa reflexão poderia, com efeito, se desdobrar numa confissão sobre o seu envolvimento amoroso. No entanto, esse segundo caminho se confundirá com aquele primeiro (do desafio e da punição exigida), de modo que a procura não será produtiva. "Não vi com quem estava me casando porque me apaixonei. Não sou burro. Simplesmente fui manipulado", conclui de forma superficial o personagem quase no final do livro (*ibid.*, p. 213).

Para explicar melhor o que quero dizer, retornemos à distinção entre o testemunho e a confissão. Ao mesclar o seu discurso testemunhal, dirigido ao outro, com a sua busca pela compreensão do seu envolvimento amoroso, do seu próprio *eu*, o narrador, mesmo indicando aqui e ali algumas pistas que nos ajudariam a entender sua escolha afetiva, deixa que elas fiquem em segundo plano, dedicando-se mais efetivamente a decifrar a ex-mulher, reunindo características que comprovariam seu narcisismo, seu exibicionismo, sua crueldade, entre outros defeitos.

Sua atenção ao seu *eu* se concentrará, pois, na descrição do sujeito aniquilado, traumatizado, e no reconhecimento da vergonha, que precisará vencer para tomar coragem e testemunhar em público o que sofreu. Assim, embora ao longo do livro acompanhemos uma série de experiências do protagonista, como sua trajetória como jogador de xadrez, suas viagens ao exterior, suas antigas relações amorosas, estes percursos não são costurados de modo a enfatizar os nexos na formação e/ou mudança de uma subjetividade,

5. No capítulo 13, o narrador aponta a caracterização da classe média como um dos defeitos do livro.

tal como vimos com a carta de Pagu. Ao mesmo tempo, as relações sexuais são descritas, de modo geral, sem nenhum julgamento moral – com exceção, claro, de duas delas, sempre com a ex-mulher, cuja narrativa busca ressaltar a crueldade e o exibicionismo da personagem. Com efeito, parece existir, a esse respeito, uma assimetria entre os gêneros, a qual me limito por ora a indicar.

Performance e autoficção

Como dissemos no início do texto, a curiosidade pelo *eu* do outro, acusado de traição e crueldade, e o impulso para revelar e examinar o *eu* traumatizado farão parte de um jogo performático e autoficcional. Mas, além de propor, no próprio romance, um duplo pacto com o leitor – apresentando a narrativa de modo ambíguo, simultaneamente como ficção e não ficção –, o romance de Lísias se insere numa rede performática mais ampla e previamente armada. Essa rede é composta por uma série de textos, declarações em redes sociais e entrevistas. Entre estes estão: os contos "Divórcio" (2011a) e "Meus três Marcelos" (2011b) e a carta "Sobre a arte e o amor" (2011c).[6]

Os três textos são mencionados no romance e, assim como este, tratam do divórcio. Publicado na revista *Piauí*, o primeiro já apresenta a experiência de sofrimento do narrador-personagem como aquela de um corpo descarnado, assim como no livro. Mas será no segundo conto que trechos do diário da ex-mulher do protagonista (e, quem sabe, do autor) serão reproduzidos. Além disso, esse personagem também será nomeado como Ricardo. Aqui, portanto, o escritor já explora de modo bem claro as fronteiras entre a ficção e a não ficção, a literatura e a vida, instigando o leitor a se perguntar (isso no mínimo) sobre a veracidade dos fatos relatados e o estatuto documental das passagens citadas.

De acordo com o narrador do livro, a primeira tiragem de "Meus três Marcelos" foi de 50 exemplares. Produzida artesanalmente pelo autor, ela teria sido distribuída entre os 22 alunos do curso que ele então ministrava

6. Agradeço imensamente à crítica Luciene Azevedo pelo acesso aos dois últimos dos textos de Ricardo Lísias acima citados.

e, ainda segundo o personagem, "por aí". O alcance de sua leitura, porém, deve ter ultrapassado bastante esse número. "Como previa, na mesma noite o livro foi escaneado é compartilhado por e-mail. Em dois dias ele estava praticamente em todas as redações de São Paulo", conta o protagonista (Lísias, 2013, p. 173). O escritor Ricardo Lísias (2011b), ao que parece, contou com essa possibilidade, pois ele incluiu, na plaquete, uma autorização para a divulgação do texto: "Permitida a reprodução, desde que integral e com a fonte citada". Provavelmente ele se preocupou também com futuras ações judiciais, indicando que se trata de um texto inteiramente ficcional.

Importante lembrar, aqui, que tanto a ex-mulher do autor (figura empírica) quanto a ex-mulher-personagem do livro são jornalistas, de modo que, ao presentear com o conto seus alunos, entre os quais estavam três jornalistas, e, suponho, outras pessoas da rede social dela ou em comum com ela, o texto se espalhou rapidamente. Assim, o que vinha se disseminando como fofoca sobre o fim da relação, como a leitura e a reprodução do diário, o depósito de uma determinada quantia na conta do escritor, ganhou outra amplitude.

Temos, pois, agora, em modalidade autoficcional, em canal direto com a imprensa, uma performance do autor sobre a escrita e a dramatização do fim da relação conjugal. E o leitor mergulhará nessa performance do testemunho, da atividade de rememoração e recriação como se entrasse em contato não exatamente com a figura empírica do autor, mas com a imbricação entre arte e vida, apresentada como forma de sobrevivência, resposta à ex-mulher e divulgação de seu nome e obra.[7]

Além disso, como lembra a crítica literária Luciene Azevedo (2013), Lísias também atua, nesse contexto, como um agente literário de si próprio que aposta em novas formas de divulgação e circulação de seus textos. E, considerando que tanto essas produções quanto o romance *Divórcio* são obras bem-sucedidas editorialmente, a estratégia funcionou. Teria sido, aliás, por meio da própria circulação on-line do conto "Os três Marcelos" que um editor se interessou por ele e propôs a publicação.[8]

7. Vale lembrar aqui a leitura da autoficção como uma performance do autor, capaz de criar mitos do escritor, tal como defendida por Diana Klinger (2007).
8. O conto ganhou uma segunda edição publicada pela Dobra Editorial ainda em 2011. Não tive acesso, contudo, a essa publicação.

Além do diálogo com a imprensa, Lísias também insere a instância jurídica no seu jogo performático-autoficcional. Isso se dá quando faz circular um terceiro texto, a carta "Sobre a arte e o amor". Apresentada como uma resposta à notificação extrajudicial recebida do advogado de Ana Paula Sousa, sua ex-mulher, essa correspondência se dirige a esse advogado e é assinada pelo escritor. No final do documento, podemos ler, ainda, a notificação extrajudicial à qual o autor responde e a procuração por meio da qual Ana Paula Sousa outorga poderes ao advogado responsável pela notificação. Como esse texto teve circulação restrita, não me sinto à vontade por potencializar a sua exposição, de forma que não citarei nenhuma de suas passagens nem entrarei nos seus detalhes.

Ao fazer referência à carta, destaco apenas como esse diálogo com a instância jurídica reforça a dimensão testemunhal da autoficção literária, permitindo que os diferentes Ricardo Lísias encenados representem papéis como: o do réu que se defende da acusação de invasão à privacidade de sua ex-mulher; do denunciante, que afirma sofrer tentativa de intimidação e censura; do marido insultado e traído. Além disso, esses papéis potencializam um outro, ainda não mencionado aqui, mas indicado quando me referi à assimetria entre os gêneros existente no livro: do escritor e ex-parceiro que não se intimida nem leva desaforo para casa. "Bebi água me prometendo que em hipótese alguma aceitaria ameaças", relata o protagonista no livro (*ibid.*, p. 189). Mais adiante, após narrar a redação da carta, ele complementa: "Ter respondido à notificação com o máximo de força trouxe-me uma sensação de vitalidade" (*ibid.*, p. 190).

Considerações finais

Temos, pois, uma obra de autoficção – acompanhada de um conjunto de textos ao qual encontra-se marcadamente ligada – que se difere em uma série de pontos da carta de Patrícia Galvão. De acordo com o que apresentamos aqui, a distinção entre testemunho e confissão seria fundamental para compreendermos a diferença entre o romance de Lísias e o documento de Pagu, distinção responsável pela transposição do exame centrado no *eu* do narrador para aquele da dor específica do trauma e do *eu* daquele apontado como culpado pelo sofrimento da testemunha.

Mas, além dessa distinção, temos ainda: o intervalo temporal de 70 anos entre a escrita das duas obras e a mudança no comportamento sexual e nos códigos morais desdobrada nesse período, responsável pela considerável diminuição do movimento de inquietação e de investigação sobre o *eu* com base na indagação do desejo daquele que se analisa. Apesar da mudança no comportamento e nos códigos relativos à sexualidade, é possível identificarmos no narrador-protagonista de *Divórcio* o apoio em uma argumentação moralista, lançada para justificar a acusação empreendida, e uma leitura no mínimo conservadora do comportamento sexual feminino. Pois, se não há dúvidas que traições e quebras de compromisso podem ser fonte de sofrimento, elas não justificam certas generalizações e interpretações sustentadas no livro. Cito, como exemplo, as afirmações do narrador-protagonista sobre o rompimento da fidelidade conjugal: "Adultério é para gente vulgar. Sexo, depois da adolescência, só é bom se tiver afeto junto" (*ibid.*, p. 123). Em outro trecho, o narrador parece confundir o campo da moral com o da ética ao ler como uma espécie de "aviso" da ex-mulher sobre o seu caráter o fato de ela ter lhe repetido, durante o namoro, que era "facinha".

Nesse contexto, acredito que o narrador do romance também concretiza uma *performatividade de gênero*, de acordo com o sentido dado ao termo por Judith Butler (2017). Ou seja: ao testemunhar contra a sua ex-mulher e, ao extrapolar sua resposta à violência sofrida numa punição, envolvendo a publicação de trechos de seu suposto diário, a divulgação da notificação extrajudicial enviada e a exigência de uma "indenização", Lísias-personagem performatiza atos que grande parte da sociedade espera da figura masculina. Nesse caso, ele não se dirige prioritariamente ao seu *eu*, entendendo o que o levou a esse casamento, mas procura confrontar a imagem pública da ex-mulher, atuando de acordo com o modelo do homem "viril", "combatente", que não aceita "desaforos".

Isso não significa, claro, que faço aqui uma defesa da confissão e da subjetividade confessional em detrimento do testemunho, ou vice-versa.

Para finalizar, lembro a importância das mulheres hoje, nessa última onda do feminismo, saírem do discurso confessional e passarem a testemunhar as violências e os abusos sofridos, dando visibilidade à chamada cultura do estupro. Esperemos, contudo, que essa ampliação do testemunho não se confunda, e aqui me refiro, em especial, a declarações e denúncias realizadas de modo não ficcional, e não particularmente, portanto, ao texto de Lísias, na legitimação da punição e da vingança.

Referências

ARFUCH, Leonor. *O espaço biográfico*. Rio de Janeiro: EdUERJ, 2010.

AZEVEDO, Luciene. "Ricardo Lísias: versões de autor". In: CHIARELLI; Stefania; DEALTRY, Giovanna; VIDAL, Paloma. *O futuro pelo retrovisor*. Inquietudes da literatura brasileira contemporânea. Rio de Janeiro: Rocco, 2013.

BIRMAN, Daniela. Literatura, imprensa e internet: o autor, o leitor e a mediação que se quer invisível. Cascavel, *Línguas e Letras* (Unioeste), v. 14, 2013.

BUTLER, Judith. *Problemas de gênero*: feminismo e subversão da identidade. Rio de Janeiro: Civilização Brasileira, 2017.

FARIA, Alexandre; PATROCÍNIO, Paulo Roberto Tonani do; PENNA, João Camillo. Introdução: Modulações da margem. Idem. *Modos da margem*. Rio de Janeiro: Aeroplano, 2015. p. 19–43.

FERRAZ, Geraldo Galvão. "Uma vida dentro de uma pasta preta". In: GALVÃO, Patrícia. *Paixão Pagu*. Rio de Janeiro: Agir, 2005. p. 9-13.

FOUCAULT, Michel. *História da sexualidade I*: A vontade de saber. Rio de Janeiro: Graal, 2013.

GALVÃO, Patrícia. *Paixão Pagu*: a autobiografia precoce de Patrícia Galvão. Rio de Janeiro: Agir, 2005.

KLINGER, Diana. *Escritas de si, escritas do outro*: o retorno do autor e a virada etnográfica. Rio de Janeiro: 7Letras, 2007.

LÍSIAS, Ricardo. *Divórcio*. Rio de Janeiro: Objetiva, 2013.

_______. Divórcio. São Paulo, *Piauí*, n. 62, nov. 2011a. Disponível em: https://piaui.folha.uol.com.br/materia/divorcio/.

_______. *Meus três Marcelos*. Plaquete de encerramento do curso "Os contos clássicos do século XX". Ed. Extraordinária de Silva #1. No. 40, assinado pelo autor, novembro de 2011b.

_______. *Sobre a arte e o amor*. Arquivo PDF: 2011c.

RADSTONE, Susannah. "Cultures of confession/cultures of testimony: turning the subject inside Out". In: GILL, Jo (org.). *Modern Confessional Writing*. Londres/Nova York: Routledge, 2006. p. 166–179.

VAZ, Paulo. "A compaixão, moderna e atual". In: FREIRE FILHO, João; COELHO, Maria das Graças Pinto. *Jornalismo, cultura e sociedade*. Porto Alegre: Sulina, 2014. p. 73–96.

_______; SANTOS, Amanda; ANDRADE, Paulo Henrique. *Testemunho e subjetividade contemporânea*: narrativas de vítimas de estupro e a construção social da inocência. Juiz de Fora, *Lumina*, v. 8, n. 2, 2014.

MARGINALIDADES POLÍTICAS, SOCIAIS E ÉTNICAS

O ANTI-HERÓI NA RIBALTA

VERA MARIA CHALMERS

A novela de Avelino Fóscolo (Sabará 1864–Belo Horizonte 1944), *No Circo*, foi publicada no jornal *A Lanterna*, de São Paulo, sob direção de Edgar Leuenroth, aos sábados, de 18 de outubro de 1913, nº 213, fascículo (1), pg. 4, até 4 de abril de 1914, nº 231, fascículo (25), pg. 4, portanto, em 25 fascículos. O folhetim foi editado pela editora Entremares em 2018 em 1ª edição inédita em São Paulo. A edição em livro publica a versão de *No Circo* do folhetim de *A Lanterna* sem apresentar correções ou alterações apontadas pelo autor em seus documentos pessoais. A pesquisadora Letícia Malard, ao realizar o levantamento de documentos para sua pesquisa, encontrou, de posse do filho de Avelino, Hugo Fóscolo, um caderno composto de 142 tiras coladas, com riscos, emendas e anotações a lápis do próprio autor, enfim o manuscrito de *No Circo*, o qual Hugo apontava o interesse em nova publicação em livro.

A nota do editor anônimo do volume de 2018 ou a entrevista de Letícia Malard à rádio da Universidade Federal de Minas Gerais[1] não mencionam a data desse manuscrito. No entanto, ele é posterior à publicação do folhetim em *A Lanterna*, pois trata-se de recortes colados dos fascículos do jornal acrescentados de emendas. O trabalho realizado pelo escritor sobre as folhas de papel coladas revela, assim, o preparo de um original para publicação em livro. O manuscrito original do folhetim de *A Lanterna* não foi mencionado pela pesquisadora, provavelmente não foi encontrado. Desse modo, não se sabe a data da escrita da novela publicada em fascículos no jornal. A crítica, até a edição de 2018, considerava a novela inédita juntamente

1. Disponível em: https://ufmg.br/comunicacao/noticias/obra-de-autor-mineiro-e-reeditada-apos-mais-de-100-anos-de-publicacao-em-folhetim.

com *Os Indesejáveis* e *Latifúndios*, que sequer foram publicados em jornais, permanecendo desconhecidos do público leitor. A crítica não menciona tampouco os originais dessas obras, as quais constituem, assim, obras raras do acervo de Avelino Fóscolo em Minas Gerais.

O escritor é autor de vários romances: A *mulher*, em coautoria com Luís Cassiano; *O Caboclo* (1902); *O Mestiço* (1903); *A Capital* (1903); *O Jubileu* (1920); *Vulcões* (1920); *A Vida* e *Morro Velho*, publicação póstuma em 1999, além dos inéditos já mencionados. Avelino Fóscolo é ainda autor de peças teatrais, tais como *O Semeador* e outras. Além de escrever artigos de jornais, foi fundador e diretor do jornal libertário A *Nova Era*. Organizou em sua casa uma biblioteca aberta ao público. Avelino Fóscolo foi ator e seguiu, ainda menino, a Companhia de Quadros Vivos do americano Keller em Congonhas do Sabará, hoje Nova Lima. Viajou com a Companhia pelo exterior e voltou a Sabará em 1886.[2] Montou um teatro amador, dirigiu peças e atuou como ator.

A experiência da vida de saltimbanco é narrada na novela *No Circo*, que apresenta elementos autobiográficos da vida pessoal e da intimidade do escritor. A novela relata a infância e adolescência da personagem Chagas em Vila Rica até a mudança para trabalhar no comércio no Rio de Janeiro aos 18 anos e sua fuga com o circo, seguindo recém-casado à esposa Silvia, atriz de teatro. *No Circo* conta o cotidiano de saltimbanco, atravessando o interior de Minas, a passagem por Sabará, onde obtém algum sucesso, e sua peregrinação em declínio pelos lugarejos afastados dos centros, onde sua vida se arrasta em indolência e na miséria do fracasso artístico.

Avelino Fóscolo, em *No Circo*, abandona a estética naturalista dos romances *O Caboclo* e *O Mestiço* para cultivar o livro de memórias. As memórias do protagonista são narradas em primeira pessoa, confundindo, assim, por meio de elementos autobiográficos, a confissão do narrador ausente com os acontecimentos do cotidiano de Chiquinho e, depois, o Chagas, o herói da narrativa da vida familiar do artista do teatro amador ambulante. O protagonista da novela é um enjeitado, uma espécie de anti-herói funambulesco sempre apupado na vida e pela plateia do teatro.

2. Disponível em: https://www.historiadahistoriografia.com.br/revista/article/view/112/145.

O narrador ausente toma uma distância crítica em relação às desventuras do herói, construindo um ponto de vista irônico a respeito do dramalhão familiar do teatro popular. Dessa forma, *No Circo* constitui um gênero ficcional original, o qual reflete a vida à margem do anti-herói, o histrião do espetáculo, transportado para o cotidiano da província. O dia a dia da província mineira é retratado de um ponto de vista, o qual, ao mesmo tempo em que adere à sua mesquinharia, toma distância de suas mazelas, ao acenar ainda que de passagem à possibilidade de uma existência mais solidária e justa, em oposição às convenções teatrais e sociais provincianas, tais como o casamento e o amor livre, na crítica aos costumes do teatro ambulante como um microcosmo da vida burguesa.

O relato do narrador da novela constrói a confissão a qual tem o compromisso, o pacto da sinceridade declarada, como fundamento das memórias. O ponto de vista do narrador é, portanto, subjetivo, forjado na primeira pessoa, e rememora os fatos da infância, da adolescência e da juventude do protagonista focalizando no foro íntimo de sua atuação humilhada na vida doméstica em Vila Rica, no comércio no Rio de Janeiro e no teatro ambulante pelos povoados do interior de Minas Gerais. O fio condutor dessas memórias é a formação da personalidade pífia do protagonista, resultado do trauma de sua infância sem amor paterno, ao qual atribui a sua personalidade de jovem adulto. Um personagem abúlico, que não reage às agressões do meio ambiente, visto pelo narrador irônico como um histrião no circo da vida. A metáfora do circo constrói o relato funambulesco de uma jovem vida até o epílogo com a dissolução da Companhia do teatro ambulante e a entrada na vida adulta.

O epílogo expõe a reflexão da maturidade que atribui as mazelas da sociedade à configuração da personalidade do herói das memórias e fundamenta a ironia do presente da narração, a qual constrói o foco narrativo da memória do passado. Desse modo, a metáfora do histrião que atua no circo é uma construção irônica a qual permeia a narrativa dos fatos cotidianos da vida do memorialista. O circo é visto como um microcosmos da sociedade contemporânea do escritor.

A ironia começa a construir-se já na composição da figura autoritária do rábula Aquino, pai de Chiquinho. A falta de harmonia entre pai e filho já se apresenta na compleição da feia magreza de Aquino e na robustez do filho, herdada do avô materno, o comerciante de nome Chagas. O destino do menino é traçado pela herança materna do avô, que o dirige para o comércio no Rio de Janeiro. Porém, o artista adolescente não se adapta à vida do comércio no Rio de Janeiro. Na sua solidão encontra um amigo natural de Vila Rica, o tísico Miranda. A natureza tíbia do herói revela-se em sua paixão por Silvia, mulher de Miranda. Após a morte deste, durante o Carnaval, foge com Silvia para o teatro mambembe. A vida conjugal de Chico e Silvia compõe um drama teatral naturalista popular, o qual termina em adultério, na morte de Jaime, o filho de Silvia, e no encerramento da Companhia teatral.

A destruição do teatro mambembe traz, para o ator e figurinista da Companhia, a reflexão sobre a vida no teatro e na sociedade mineira provinciana. O herói toma distância quanto ao seu desempenho como histrião e é agora capaz de rever seu papel no drama cotidiano da sua vida. O livro termina com a desconstrução do papel de histrião e um lampejo de esperança em um futuro mais digno, como protagonista de uma sociedade mais solidária. O desenvolvimento da personagem central que se dará em outro livro de Avelino Fóscolo, *O Jubileu*, publicado em 1920, que, por sua vez, dá continuidade ao relato de *No Circo*.

O relato da infância do herói das memórias em Vila Rica faz o retrato psíquico e físico de Chiquinho, de acordo com o ditado: a criança é o filho do homem, ou seja, os traços do adulto já estão na personagem da criança, humilhada e odiada pelo pai e que desenvolve a submissão aos maus tratos paternos. Apesar da forte compleição física, a criança é frágil. Sua afetividade refugia-se na figura da negra serva, cuja originalidade e ousadia chocam a pacata Vila Rica, no fumo do seu cachimbo na calçada em frente à casa onde vivia. A puberdade do menino se desenvolveu com a paixão pela madrasta e sofre desilusão quando esta se casa em segundas núpcias, depois da morte de Aquino. O drama familiar adquire cenas obscuras como na ficção naturalista.

Já no Rio de Janeiro, aos 18 anos, a atmosfera da grande cidade contraria a imaginação do provinciano. A cidade adquire, com a chuva, uma tonalidade sombria durante o Carnaval. Predomina a mascarada aterrorizante. É durante o Carnaval que se desenrola o drama de amor entre Silvia e Chico. Com a descoberta do adultério e a morte trágica de Miranda, o protagonista passa a viver no mundo à margem ao fugir com Silvia para o teatro. O casamento com Silvia encerra um drama naturalista, como já dissemos. A fantasia do teatro envolve a vida no agora ator de dramas e comédias populares de aspecto naturalista, que cogita um repertório realista para a Companhia, que não consegue lograr. Os personagens que envolvem o casal têm roupagens fantasiosas e comportamentos que fogem do cotidiano provinciano, sobressaindo-se o romance entre a sogra e Abel.

Depois do fausto das apresentações em Sabará, a Companhia sofre a miséria dos fracassos dos povoados do interior. A morte de Jaime e a fuga de Silvia destroem o resto do teatro mambembe e dão um fim à novela. O desmoronamento do teatro ambulante propicia a reflexão do ator protagonista Chagas, restituindo-o a lucidez do pensamento sobre sua atuação como histrião e a fatalidade do destino do perdedor. Chagas vagamente reconstrói-se na esperança da justiça. Mas o seu presente é ainda nebuloso e incerto. Mistura-se a esperança da fatalidade, da eterna dor trazida da infância para o mundo adulto, que, por sua vez, se descortina. A novela termina com um aceno à liberdade, mas a tonalidade é melancólica como a natureza evocada das serras mineiras, sobre a névoa e a chuva.

O romance social, *O Jubileu*, de Avelino Fóscolo, foi publicado primeiramente em folhetim no jornal anticlerical e de combate *A Lanterna*, fundado por Benjamin Mota, em nova fase, de 17 de outubro de 1909, nº 1, na cidade de São Paulo, na página 4, a 25 de junho de 1910, ano IV, em 37 fascículos. Posteriormente, o mesmo texto foi editado em livro pela editora A Comercial, João Moura & C., em 1920, em Juiz de Fora, Minas Gerais. O texto, passados dez anos entre a publicação em fatias no jornal e a edição em livro, é rigorosamente o mesmo, assinalando-se ocorrências ocasionais, tais como a supressão de palavras e a substituição e eliminação de parágrafos.

Apenas desejo enfatizar a existência de um manuscrito, o qual não foi possível localizar, que foi guardado durante pelo menos dez anos e que praticamente não sofreu modificação. A leitura do folhetim mostra que o original manuscrito é um texto integral em forma de livro, não é escrito aos pedaços. Os cortes de página não obedecem às normas da narrativa em pedaços, o momento do suspense para incentivar a curiosidade do leitor para o fascículo seguinte, mas são visivelmente trechos do fluxo da escrita de um livro, cortadas de acordo com a necessidade da impressão no jornal. Desse modo, *O Jubileu* é editado de acordo com o suporte, o jornal ou o livro. Os leitores do jornal anticlerical, publicado na cidade de São Paulo, não são os mesmos leitores do livro. Os primeiros são os participantes do movimento social, na cidade de São Paulo, os outros são o público do livro, editado em Juiz de Fora, Minas Gerais, no meio literário provinciano, que se reúne nas farmácias e livrarias e em torno da Academia Mineira de Letras. Os públicos de diferentes momentos do movimento anarquista, a saber, após a greve de 1907 em São Paulo, que atingiu outras cidades e depois da greve geral de 1917, atribuem significações diferentes às suas leituras. Enfatizam o anticlericalismo combativo, na publicação do jornal ou na edição em livro e, após o refluxo do movimento, consideram as qualidades literárias do romance, apreciação que o autor divide com as obras de outros escritores do romance social, tais como Domingos Ribeiro Filho, Manuel Curvelo de Mendonça, ou Fabio Luz, por suas qualidades intrínsecas, e não apenas pela conjuntura política.

A este estudo interessa, sobretudo, a narrativa do romance social, sem desconsiderar a noção dos suportes nos quais é publicado. Como as ocorrências no cotejo são de pouca monta, é perfeitamente possível estudá-lo sem precisar recorrer com frequência ao aparato da crítica genética na análise do texto. Para este fim, tomei o livro como referência, pois apresenta o texto mais completo. Desse modo, passo ao seu estudo crítico ao argumentar que, em *O Jubileu*, Avelino Fóscolo não constrói propriamente um "roman à thèse", apesar de seu professado anticlericalismo. E tampouco um livro naturalista devido à exatidão científica com a qual descreve as chagas do morfético Cordeiro ou as crises nervosas de Laura. O livro é, sobretudo, impressionista, pois as sensações predominam sobre o discurso teórico. A escolha do protagonista Chagas como um artista, dotado de uma percepção sensível sobre os fatos narrados, é o recurso estilístico fundamental para a elaboração desse romance social. O foco do panorama da romaria do Bom Jesus de Matosinhos é edificado por cenas vistas através do olhar de Chagas, ao invés de uma perspectiva descritiva. O relato do narrador onisciente soma-se à visão de Chagas, constituindo um relato fundado nas sensações, como a luz filtrada pelo poente, que ilumina as cenas mais significativas para o desenrolar da trama. O enredo é constituído pela romaria no Santuário situado entre as montanhas de Congonhas do Campo. A natureza de Minas, para Chagas, é propícia ao sonho de construção de uma sociedade mais justa, na qual predomine a solidariedade humana. A utopia do Chagas visionário é o cerne do desfecho da intriga, contra o desregramento da feira da romaria, no qual se destaca a venalidade do clero. Ao finalizar a narrativa, Chagas profere um insulto: "— Canalhas!", que envolve o Santuário e a feira, resumindo sua perspectiva emocional sobre os fatos da narrativa, os quais fundamentam a espécie do romance social.

Avelino Fóscolo deixa em aberto as questões levantadas pela narrativa – ele não é taxativo, porém, utópico. O seu protagonista não é vitorioso, mas expectante. O grito final exprime o ódio contra as instituições da romaria, contudo, a presença de Chagas na plataforma entre os retirantes enfatiza sua solidariedade com os despossuídos. O *Jubileu* é um livro relevante, pois não é dogmático, apesar de combativo. A ficção libertária é normativa, mas não é canônica. Isto é, a produção anarquista fica à margem do cânone da literatura brasileira. De modo que estudá-la é contribuir, de algum modo, para sua inclusão na história da literatura brasileira de fim do século dezenove para o vinte, como já o fizeram alguns outros pesquisadores a partir da década de oitenta. A literatura de cunho anarquista, cujo maior interesse é seu caráter utópico, permanece como um ramo secundário da produção dominante, pois não produziu grandes obras. Autores como Fabio Luz, com o romance-social *O Ideólogo*, e até mesmo Avelino Fóscolo, com *A Capital*, lograram renome e reconhecimento, porém, suas obras não constam do cânone da literatura brasileira. O estudo que apresento busca, assim, ser uma contribuição para o conhecimento da obra de Avelino Fóscolo.

O Jubileu dá continuidade a *No Circo* (embora não seja pré-condição à sua própria leitura) ao narrar a história de Chagas, o protagonista de ambos os livros. Porém, n'*O Jubileu* rompe-se o pacto autobiográfico da narrativa das memórias de Chagas, relatadas em primeira pessoa, da infância à puberdade humilhadas de Chiquinho, até a passagem como caixeiro no Rio de Janeiro de Aquino conterrâneo de Miranda, a traição do amigo e o casamento com Silvia, até a vida de saltimbanco de Chagas em Sabará e no interior profundo de Minas Gerais. As memórias narram a morte do filho Jaime, a descoberta do adultério de Silvia e sua fuga com Ferraz. As palavras de Chagas resumem a caracterização do memorialista: "Sem dinheiro, sem habilitação para a luta, péssimo caixeiro, mau pintor, ator medíocre, (...)" (Fóscolo, 1924, p. 129). A narrativa de *O Jubileu* rompe o pacto autobiográfico das memórias por seu relato em terceira pessoa e a falta de referencialidade de possíveis elementos autobiográficos relatados na ação do protagonista na romaria do Bom Jesus de Matosinhos, como se pode verificar na biografia de Avelino Fóscolo, escrita por sua biógrafa, estudiosa da vida e da obra do autor, Regina Duarte da Costa, em seu livro *A imagem rebelde*. O narrador onisciente de *O Jubileu* relata a formação de uma mentalidade anarquista ao expor os pensamentos íntimos do personagem principal, já adulto e tendo sofrido a transformação acusada no epílogo de *No Circo*, ao receber a herança do avô Goivães. Agora, em *O Jubileu*, apto para a luta pela liberdade e pela solidariedade humana, liberto de todas as taras de uma educação viciosa, "das insanidades que me amarguravam a existência e de criaturas que eram uma trava à minha ascensão de ser livre: a minha fantasia veleja hoje no oceano imenso da universal agonia em busca do sonhado porto da liberdade, da solidariedade humana" (Fóscolo, 2018, p. 133). Este é o Chagas protagonista de *O Jubileu*, superados os traumas da juventude, porém, não é ele o narrador que se funde ao protagonista como no livro anterior. *O Jubileu* é uma espécie de romance de formação, cuja mentalidade é formada durante o jubileu do Bom Jesus de Matosinhos.

A ruptura da identidade entre autor, narrador e personagem principal em *O Jubileu* faz com que esse livro passe a ser lido separadamente do livro de memórias *No Circo*. Pois a intriga amorosa de Chagas, a qual culmina, em *No Circo*, com o casamento e o adultério de Silvia na trupe do teatro mambembe, é relatada em *O Jubileu* em retrospecto na leitura do pensamento de Chagas pelo narrador onisciente. Um novo contrato de leitura se faz em substituição à escrita de si do livro anterior. A narrativa em terceira pessoa põe em cena outras personagens tais como: Júlio Sena, o bacharel, e sua mulher Laura, os companheiros da travessia da Serra da Mata em busca da romaria, e, ainda, o velho Teodoro Sena e sua filha Carmem, que formam o grupo familiar de romeiros em busca de Congonhas do Campo. A viagem e a visita à feira formam a trama do jubileu de Bom Jesus de Matosinhos, constituindo o pacto ficcional do romance. Ao invés da semelhança, constrói-se a verossimilhança, destruindo a confidência do livro de memórias. O narrador onisciente lê a mente do protagonista e expõe a angústia da recordação do adultério no passado. O pacto da história do outro atesta que o relato é ficção, embora haja níveis de verificabilidade do real na narrativa da feira.

A recordação do passado de Chagas expõe-se, em retrospecto, na construção da intriga amorosa com Carmem, na qual a memória do adultério e a viuvez em vida vivida por Chagas, pelo casamento anterior com Silvia, compõem o impedimento a uma nova relação com Carmem. O obstáculo do passado consórcio à concretização da intriga amorosa atual é o nó que articula o desejo insatisfeito de Chagas à trama da romaria. Ao se desfazer este nó com a recusa e a partida de Carmem e a morte de Silvia, precipita-se a ação e encerra-se a trama da romaria, com a benção dos retirantes e a apóstrofe de Chagas.

A intriga romanesca se desenvolve pela articulação de cenas e diálogos travados em meio ao ambiente que os cerca e influencia, como na cena da sedução de Carmem por Chagas entre a multidão de romeiros que lota o vagão do trem que os conduz à feira da romaria. A cena é forte pelo seu impacto dramático, a beleza etérea de Carmem contrasta com a multidão que se amontoa no vagão, são leprosos e tuberculosos que se misturam a comerciantes e prostitutas. A ação dramática da altercação entre a passageira velha e miserável e o bilheteiro, a jogatina que se improvisa, os diálogos entre as prostitutas e os mascates, são já um microcosmo antecipado da sociedade do jubileu. Há um vozerio álacre, diálogos entrecortados que povoam o espaço fechado e sufocante. A cena do comboio é relatada através dos sentidos de Chagas, a atmosfera cheira à carne em putrefação e à hálito de tuberculosos que lotam o vagão. Ao enamorar-se de Carmem, ele tem um retrospecto angustiante do seu casamento e do laço que o prende à adúltera do seu passado desfeito, como um impedimento ao amor que surge por Carmem, com quem admira a paisagem que se descortina da janela do trem. A paisagem rústica da Serra da Mata faz contraste com o ambiente do comboio. A cena seguinte, no capítulo X, do episódio do romance com Carmem, é feita junto às capelas dos Passos do Aleijadinho, em Congonhas do Campo. Ao poente, Chagas declara seu amor por Carmem e é repelido por ela, ao saber que é casado. Propõe então que sejam amantes, o que ela recusa indignada. O pintor reflete sobre as convenções burguesas e o amor livre e o absurdo do laço que prende dois seres contrafeitos de modo indissolúvel. A reflexão de Chagas já se anuncia em *No Circo*, quando pensa no adultério de Silvia:

> O mal não estava em nós: o defeito é da própria instituição do casamento, (...) Para remediá-lo era mister refundir tudo, sacrificar muitas vidas como em todas as revoluções, destruindo tudo para tudo reconstruir pela base, porque assim se deve obrar nos edifícios em ruínas. A este pensamento de sangue e de morte um calafrio de horror me penetrava até a medula dos ossos. (Fóscolo, 2018, p. 108)

Em *O Jubileu*, ele tem um pensamento súbito: adquirir extensos terrenos com a fortuna herdada do velho avô Goivões e constituir, com os deserdados e os revoltados, uma colônia – a célula inicial das comunas nessa terra talhada para as reformas radicais.

No capítulo IX, Chagas refletia sobre seu segredo: se quisesse manter o amor de Carmem, deveria envolver em mistério o passado, encobrir aquele consórcio com Silvia, o consórcio do infortúnio na existência de saltimbanco. Ele esperava talvez que um sopro de progresso trouxesse em suas "asas o bálsamo do divórcio ao flagelado pela golinha conjugal" (Fóscolo, 1920, p. 107). Mas o encontro com Silvia no cabaré rompe seu segredo. No capítulo XIII, Chagas vinha de uma visita panorâmica à feira do Jubileu. Vira gente cavar a pedra para levar como amuleto de recordação. Presenciara o cumprimento dos votos. Tudo isso tinha algo de novo para ele. Já havia admirado, no campo da arte, a obra monumental do Aleijadinho. Presenciara também o desenrolar imenso da miséria, como jamais vira em parte alguma. Presenciara a ladroeira por toda a parte. Presenciara tudo isso ora com nojo, ora com uma súbita revolta, a explodir em vociferações, onde se concentravam as cenas da "desmesurada bacanal" (Fóscolo, 1920, p. 99). A anáfora de todo o período marca o ritmo da caminhada de Chagas, ao mesmo tempo em que constitui um catálogo do conjunto da feira. A caminhada de Chagas segue até o botequim, onde pede uma cerveja e é abordado por Júlio Sena para ir ver, lá dentro, uma mulher a exibir-se. O Chagas o segue, movido pela curiosidade de artista. Chegando lá, em meio à jogatina, os jogadores em volta da mesa assistiam ruidosamente ao desnudamento de uma mulher, que usava a banca de jogo como tablado. Ela estava de costas para o observador, que podia ver apenas parte do espetáculo de modelo vivo. A perfeição de formas da mulher chama sua atenção:

> '— Soberba! – brada o pintor', a mulher volta-se para vê-lo. Ele completa:
> '— Minha mulher!' (Fóscolo, 1920, p. 100)

Há o reconhecimento de Silvia na prostituta que se exibia na contraluz de uma janela sobre o rio Maranhão, por onde entrava uma aragem que refrescava o ambiente sufocante, onde se acotovelavam jogadores e prostitutas. O narrador penetra os pensamentos tumultuados de Chagas e de Silvia. Ela era bela, de uma beleza imantadora, pensa Chagas. Silvia resolvera aquela viagem ao Jubileu para ver se a sorte lhe sorria melhor. Decidira-se a "expor-se nua em plena mesa, mediante vinte mil réis" (Fóscolo, 1920, p. 102). Ao deparar-se com Chagas, tem um recuo de pudor e sai do cabaré pela praça em uma correria louca. Silvia entra no restaurante Recreio, tinha a necessidade de afogar no álcool e no deboche a pena asfixiante que sentia.

A cena da revelação de Silvia é o clímax da intriga romanesca do romance. A descrição do ambiente da sala de jogo e da exibição de Silvia funde-se no espetáculo de beleza e de vício, testemunhado pela visão de Chagas. A sua sensibilidade de artista observa a beleza da mulher nua sobre o tablado. O cortejo ruidoso dos jogadores e prostitutas espectadores da exibição de Silvia dá a tonalidade impressionista do ambiente descrito pelo narrador onisciente. Trata-se do vício e da prostituição observados por Chagas em seu périplo pela feira, vistos do interior de um ambiente fechado. A cena composta pelo diálogo de Chagas e pela descrição da sala de jogos constrói a verossimilhança da intriga romanesca ao particularizar no espetáculo de exibição de Silvia o panorama geral da feira, mostrado pelo relato antecedente da caminhada de Chagas.

Já no restaurante, no fundo da sala de jogos, no cassino clandestino, Silvia surpreende a trapaça no jogo pelo bacharel e é atingida por um disparo feito por ele. O bacharel foge e o tiro em Silvia é fatal. Ela agoniza num bordel, onde é visitada por Chagas, que redime a ambos da culpa do adultério, atribuindo a falta às convenções burguesas do casamento. A morte de Silvia é o epílogo da intriga amorosa. O bacharel morre na fuga e seu féretro é profanado por fanáticos, que arrastam seus destroços pelas calçadas, esfacelando-se. Seus despojos são finalmente enterrados no cemitério junto ao Santuário. O horror da cena dantesca da turba apedrejando e disparando sobre o corpo inerte de Sena é a motivação para a despedida do grupo familiar composto agora pelo velho Sena, sua filha Carmem e Laura. Partem de madrugada, acompanhados por Chagas, até a Estação, onde os acomoda no trem e volta para enterrar Silvia. "Desprendido da cadeia ligando-o às convenções sociais, com as descrenças no cérebro de onde se varreram as últimas ilusões, com um ódio imenso por aquela feira de religiões e de vícios onde a humanidade se recalca na lama o Chagas partiu nesse mesmo dia" (Fóscolo, 1920, p. 162).

A formação solidária de Chagas dá-se durante a feira do Jubileu, a partir de conversações com o velho Sena sobre os episódios da romaria. O diálogo é um gênero discursivo e retórico privilegiado pela didascalia anarquista. Por meio dele, trava-se o debate de pensamentos sobre o ideário libertário, tais como a solidariedade e a comunidade dos bens de produção. No diálogo com o velho Sena não são debatidos os dogmas da Igreja Católica, e sim os rituais litúrgicos e as crendices do catolicismo popular, tais como: a promessa, a penitência, a crença no milagre do Bom Jesus de Matosinhos, o pagamento de promessas, os ex-votos, a contribuição do óbolo em favor do Santuário, a pregação dos padres, os sermões, a caridade, mas, sobretudo, o milagre da cura, a devoção dos fiéis e a moral cristã. O protagonista observa a distância entre os preceitos da religião e a prática de pregadores e da multidão que enche as ruas de Congonhas do Campo. Na observação de Chagas, a romaria é uma grande feira na qual tudo se vende. Apenas o pobre campônio se vê frustrado na sua fé. O dinheiro tudo corrompe, o que faz o velho Sena pensar em extinguir a feira, e o Chagas desejar matar o capital, destruir a propriedade aniquilando o parasitismo e a exploração da mendicidade.

No diálogo com o velho Teodoro Sena, o Chagas vai amadurecendo suas ideias de justiça e liberdade a partir da observação do descalabro da feira, em conversação ao atravessar as ruas apinhadas pelo oceano de romeiros no seu vai e vem, entre mascates e prostitutas. No capítulo VII, o narrador relata a atração de Chagas pelo pai de Carmem. Embora diversos em crenças, eles se comprazem em diálogos acerca daquela romaria religiosa, transformada num mercado de vícios. De volta ao Santuário, onde observara a miséria de aleijados e enfermos, expõe o seu sonho de transformação: construir uma obra de redenção, uma instituição de benefício, que abrigasse e cuidasse dos despossuídos da sorte. Acolher a miséria em nome daquele que chamava a si os fracos e os humildes. O velho Sena retruca que seria necessário um novo Cristo para expulsar os vendilhões do templo. Mas Chagas responde que bastaria um homem de boa vontade, como o padre diretor da romaria. Sena responde que nem ele e nem outro qualquer empreenderia tal obra. Ao que Chagas pergunta, então, qual o sentido daquela romaria. Ao que o velho Sena responde, esquivando-se por não saber, nem querer saber, e que sua presença ali devia-se ao interesse da filha, que pretendia casar. O Chagas desce em busca de novos panoramas.

O diálogo com o pai de Carmem prossegue em outra circunstância. No capítulo IX, após a visita ao Santuário em busca de Carmem, ele se depara com o velho Sena. O Chagas pergunta se teria vindo se confessar, ao quc o Sena responde negativamente e diz que está a observar o oceano inquieto da multidão a chocar-se na barbárie. O velho designa a multidão e o templo e toma a palavra declarando-se católico. Mas afirma que, em matéria de fé, não existem jamais duas opiniões concordes sobre todos os pontos. Há os que creem sem questionar e há outros que temem o fogo eterno. Aponta a romaria e pergunta a Chagas sobre o rendimento da feira para o Santuário. Fala do desleixo na manutenção atual e culpa o administrador pelo abandono dos edifícios e do entorno coberto pelo matagal. Eles vão até a tesouraria em frente ao Santuário e observam o ouro que era retido lá dentro, numa cantilena alegre e constante: as esmolas para os pobres, o dinheiro dos votos ao Bom Jesus de Matosinhos. O Chagas sente no peito o protesto contra aquela oferenda sem resultado para a humanidade.

Na companhia de Sena, Chagas visita as obras de caridade do Santuário, tais como o jantar dos mendigos, oferecido por um fazendeiro que se apegara ao Bom Jesus de Matosinhos. No capítulo IX, o velho Sena leva o pintor aos cubículos do entorno, à casa que abriga os romeiros em promiscuidade e sem higiene. Em seguida, vão aos compartimentos térreos, estendendo-se, ao lado do Santuário, barracões imundos com dejeções de toda a espécie, onde se reúnem os leprosos, os tuberculosos, os incuráveis. Não é de estranhar que, a cada ano, aumente o número de morféticos no Jubileu, murmura Sena. À pergunta de Chagas, se ninguém ainda se deu conta disso, o velho responde que a produção máxima da romaria é aumentar a renda do Santuário. Prossegue, ao dizer que o remédio para tanta miséria seria proibir o Jubileu, feira imunda. O Chagas se surpreende com tal crítica à romaria por parte de um católico. Ao que o velho Sena admite não estar só: há muitos que protestam e desejam francamente a vinda de um novo Cristo, capaz de varrer dali os mercadores de toda espécie. Mas guerrear com tal fonte de renda é um crime para os chefes da romaria, maior do que atacar o catolicismo. E conclui atuando como livre-pensador, que se poderia remediar isso se houvesse um pouco de solidariedade humana. Ao que Chagas responde: "— Se a organização social fosse outra, (...)"

(Fóscolo, 2018, p. 122). Assim se encerra o diálogo, o velho Sena volta ao hotel e o Chagas prossegue para percorrer toda a feira.

A cena de horror da morte do bacharel foi um duro golpe para o Chagas. Aquela cena de fanatismo brutal decepou o último elo que o prendia à religião da Infância, relata o narrador. Ele vê, no lodaçal de vícios que é o Jubileu, a prostituição, a jogatina, a gatunagem, tudo quanto há de baixo e vil, alimentado pela cobiça do Santuário. No capítulo XII, ele retoma o diálogo com o velho Sena e declara que, para nos libertarmos, é preciso realizar o seu sonho:

> agremiar homens de boa vontade num centro onde o auxílio mútuo permitisse a cada um gozar não em acordo com as suas forças, mas com as necessidades. Era mister uma associação onde não houvesse caserna, alcouce, taverna e igreja. É a reforma libertária que há de conduzir a humanidade a um paraíso de onde não será expulsa jamais. (Fóscolo, 2018, p. 15)

O Chagas sonha um futuro com Carmem na sociedade liberta das convenções burguesas. Ele acompanha o grupo familiar à estação, providencia o embarque e volta para fazer o enterro de Silvia. Então, quebrada aquela cadeia que o prendia ao Jubileu, nada mais esperava daquela babel religiosa, onde viera em busca de sensações novas e do desejo de conhecer a obra do Aleijadinho. Ele parte no mesmo dia, de pé na prancha entre os retirantes, com um gesto largo, que abrange as tavernas, as távolas, os bordeis e o Santuário, exclama com indignação e asco: "— Canalhas!" (Fóscolo, 2018, p. 162).

O Jubileu foi publicado em folhetim no ano de 1910, e *No Circo* em 1913, portanto, não foram lidos em sequência pelo público do jornal. Do mesmo modo, *O Jubileu* foi editado em livro de 1920, e *No Circo* em 2018, e, igualmente, não foram lidos pelo seu público em sequência. Como não temos acesso aos manuscritos, não podemos conhecer as datas em que foram escritos. Este estudo, ao relacionar os dois livros, estabelece uma sequência cronológica ao colocar a novela n'*O Circo* como anterior a *O Jubileu*, visto o relato da intriga amorosa do primeiro vir transcrita no segundo como retrospecto e constituir o obstáculo à intriga romanesca de

O Jubileu. A questão da primazia da escritura dos dois livros é intrigante e talvez explique o fato de se poder ler separadamente cada um deles, pois a leitura de n'*O Circo* não é precondição para a leitura de *O Jubileu*. Como já explicamos, são leituras separadas no tempo, contudo, esperamos ter traçado a inter-relação entre os dois livros, fundamentada na análise da composição das respectivas narrativas.

REFERÊNCIAS

DUARTE, Regina Horta. *A imagem rebelde*: a trajetória libertária de Avelino Fóscolo. Campinas: Pontes – Editora da Universidade Estadual de Campinas, 1991.

FÓSCOLO, Avelino. *O Jubileu - romance social*. Juiz de Fora: A Commercial. João Madeira & C, 1920.

_______. *No Circo*. São Paulo: Ed. Entremares, 2018.

LEJEUNE, Philippe. *O Pacto Autobiográfico*: de Rousseau à internet. Belo Horizonte: Ed. UFMG, 2008.

PERNAS TORTAS:
DESEJO E DEAMBULAÇÃO NA FICÇÃO DE JOÃO ANTÔNIO

BRUNO ZENI

A produção literária de João Antônio notabilizou-se por retratar personagens marginalizados, boêmios e malandros num período histórico, os anos de 1960 e de 1970, em que os níveis de criminalidade e de violência ainda eram baixos, ainda que a iniquidade brasileira já fosse escandalosa e explosiva. Um dos aspectos mais desafiadores de sua literatura é que, tomando como tema esses aspectos tão afeitos à tradição realista, ela se equilibra em uma tensão persistente entre a ficção e os gêneros da não ficção, sobretudo o jornalismo, a crônica e a autobiografia. Pode-se dizer que, para falar do Brasil e das promessas e ilusões brasileiras, no contexto de urbanização e modernização do meio do século XX, o autor escolheu uma via literária imprevista, procurando os gêneros híbridos, misturando a realidade mais crua e desencantada com um pouco de fantasia romântica e passadista, colocando a sua própria vida em jogo, driblando, assim, os caminhos realistas mais previsíveis. Retratou personagens que eram um pouco ele próprio e colocou muito de si nos contos, retratos e textos jornalísticos que produziu, alguns deles publicados em jornais, revistas e periódicos como *O Pasquim*, *Realidade*, *Movimento*, *O Estado de S. Paulo*, *Jornal do Brasil*, entre outros.

Desde o começo da carreira, o autor produziu contos que chamaram a atenção pela forma aberta e pela combinação de realismo e lirismo, com coincidências notáveis entre os protagonistas e alguns dados biográficos do escritor, especialmente nos textos em primeira pessoa, em que há, muitas vezes deliberadamente, certa confusão de identidade entre os protagonistas e o autor.

Comento, aqui, alguns textos de João Antônio em que essas tensões aparecem de maneira bastante evidente e apontam para questões literárias importantes. A ênfase da temática dos contos escolhidos – e que, como veremos, se reflete na estrutura, na forma literária – é o de um tema recorrente em sua obra: a errância dos personagens, o hábito de caminhar sem rumo, algo que Alfredo Bosi (1986) chamou de "ânsia deambulatória" dos protagonistas de João Antônio e que Vima Martin aproximou do comportamento do *flâneur* (Martin, 2008). Esse costume de andar meio sem destino aparece em muitos de seus contos, e ganha também uma espécie de metáfora significativa e central para a sua ficção na imagem das "pernas tortas". Talvez o caso mais conhecido seja o do conto longo "Paulinho Perna Torta" em que o epíteto do personagem, Perna Torta, também dá título ao relato e corporifica o andar tortuoso do protagonista. Mas esses personagens erráticos, erradios, meio *gauches*, aparecem do começo ao fim de sua carreira, em textos como "Afinação da arte de chutar tampinhas", "Malagueta, Perus e Bacanaço", "Abraçado ao meu rancor", "Uma força", dentre outros. Além disso, o caráter erradio contamina a própria escrita de João Antônio, que, nos últimos anos de sua vida, por diversos motivos, adquiriu ou sublinhou o caráter compósito de sua prosa, que mistura conto e crônica, anotação e reflexão, ficção e autobiografia. Trata-se de uma questão de forma literária que talvez o próprio autor não tenha conseguido resolver a contento, ou mesmo não tenha se dado conta da complexidade aí implicada, mas que tornam muitos de seus textos intrigantes e ainda bastante atuais.

Afinação da malandragem

Começo com "Afinação da arte de chutar tampinhas", um dos primeiros contos escritos pelo autor e que está em seu livro de estreia, *Malagueta, Perus e Bacanaço*, de 1963. Trata-se de um conto relativamente longo – de cerca de dez páginas, a depender da edição –, que se divide entre o momento presente do protagonista e momentos do passado, sobretudo a infância e a juventude – os dois tempos vão se alternando, o passado circunscrito a trechos em *flashback*. O protagonista (que é também o narrador, mas de quem não conhecemos o nome) evoca algumas passagens de sua vida: os tempos em que jogava bola e tocava samba de improviso, com um grupo de meninos da sua idade; uma namoradinha de infância, que tem o curioso nome de Aldônia; a figura paterna repressora (lembra das surras do pai e as cobranças dele relacionadas ao desempenho escolar); sua passagem pelo serviço militar e os pequenos "golpes" no dia a dia do quartel (como o desvio de um engradado de cerveja preta, não contabilizado no relatório feito por um superior, o sargento Cunha).

O presente do protagonista-narrador, por sua vez, é dominado pelo hábito de chutar tampinhas na rua, hábito esse que dá título ao conto, um título longo e em processo (a "afinação da arte de chutar tampinhas") que aponta para essa tendência erradia do personagem. É também no presente, como não poderia deixar de ser, que se dará o conflito central da história: como ele chuta tampinhas na rua, ganhou no bairro fama de "aluado". A confirmar a fama, ele diz que tem um irmão que é mais certinho que ele. Como o próprio narrador diz: o irmão é a "camisa", e ele "o avesso".

> Meu irmão, tipo sério, responsabilidades. Ele, a camisa; eu, o avesso. Meio burguês, metido a sensato. Noivo...
> — Você é um largado. Onde se viu essa, agora!
> É que eu, às vezes, interrompo conversas na calçada para os meus chutes. Só um sujeito como eu, homem se atilando naquilo que faz, pode avaliar um chute digno para determinadas tampinhas. Porque como as coisas, as tampinhas são desiguais.

As tampinhas, no contexto mais geral, fazem dele um "errado". Ele se opõe ao irmão que é noivo e burguês, mas, mais que isso, o futebol de tampinhas constitui uma verdadeira ética para este rapaz que começa a procurar seu lugar no mundo. O final do conto, em anticlímax, o coloca, afinal, frente a frente com um possível par romântico: uma "professorinha" (o termo é o personagem mesmo quem usa) que vem lhe dando bola, inclusive aproximando-se da mãe dele. O encontro romântico se dá na lotação. Ele diz que ela puxa assunto, no final ele se recusa mesmo a falar com a mocinha:

> Perguntou o que eu fazia na vida. A pergunta veio com jeito, boas palavras, delicada, talvez não querendo ofender o silêncio em que eu me fechava. Quase respondi...
>
> — Olhe: sou um cara que trabalha muito mal. Assobia sambas de Noel com alguma bossa. Agora, minha especialidade, meu gosto, meu jeito mesmo, é chutar tampinhas da rua. Não conheço chutador mais fino.

É interessante que ele recuse a possibilidade de flerte com a professorinha sem chegar a expressar essa recusa: quase respondi, diz a sua narrativa. A recusa, assim, é mais ampla: ele recusa o casamento – e com isso uma aceitação maior no seu círculo familiar e social – e também a dar satisfações à moça sobre o que faz da vida, recusando, com essa posição, também o mundo do trabalho. Em favor do quê? Das tampinhas.

Voltando então ao tema das pernas tortas: chutar tampinhas é o que ele mais gosta de fazer. Mais que isso, ele trata essa ocupação como "tarefa", "trabalho" e, como diz o título do conto, "arte". Essa nova ocupação não é mais apenas um fio de liberdade concedido por uma figura de autoridade (como o pai ou o superior militar), mas uma nova realidade que se insinua. "Fica outra a minha cidade!", diz o narrador. Essa cidade, que é a mesma cidade, mas que "vira" – "fica outra" durante as madrugadas, aos sábados e domingos em que "se despovoa" –, é o espaço em que ele pode, afinal, se afirmar à margem, dar vazão às suas fantasias, descobrir uma forma de arte, uma vocação e afinar seus sentimentos. Essa espécie de descoberta do mundo ou educação sentimental se dá com as tampinhas. Cito um trecho da passagem em que ele se dedica a descrever o ato de chutar tampinhas:

> Agora me lembro – minhas favoritas vêm acima do gargalo das garrafas de água mineral marca Prata. Em vermelho e branco. A cortiça coberta por uma espécie de papel impermeável e branco e brilhante. O que mais as valoriza é a cortiça forrada. Harmoniosas e originais. Muito jeitosas.
>
> Para elas diligencio firmeza, apuro. Às vezes, encontrando-as por circunstância na rua, eu as guardo no bolso do paletó, para aproveitá-las mais tarde. Porque só os sapatos de borracha são dignos de minhas favoritas. E mesmo calçando-os, fico estudando os chutes. Necessário valorizá-las como merecem, ir trabalhando os pontapés com cautela, até que a borracha se aproxime de

> leve e atinja a tampinha e a faça subir, voar, pequenas distâncias atravessando na noite. Só o barulho da borracha no chute e depois o barulho da tampinha aterrisando. E um depois do outro, os dois se procuram, os dois se encontram, se juntam os dois, se prendem, se integram, amorosamente. É preciso sentir a beleza de uma tampinha na noite, estirada na calçada. Sem o quê, impossível entender meu trabalho.

As tampinhas são um campo de aprendizado amplo para o personagem: elas testam a sua habilidade e a sua desenvoltura, esboçando uma dança, essa dança viril e competitiva que é o futebol, mas, aqui, de maneira mais solitária e introspectiva.

O conto caminha para um clímax romântico, mas o protagonista trata de repor a centralidade das tampinhas na narrativa. A recusa à professorinha, assim, é uma afirmação da marginalidade, da vagabundagem, da capacidade de criar um rito, uma ação e uma arte que não se enquadrem no esquema conservador que envolve o protagonista. Ao abraçar as tampinhas, ele recusa os valores instituídos, tidos como corretos (o casamento, o trabalho, a moralidade), preservando essa invenção excepcional: chutar tampinhas na rua, o que faz dele um contestador solitário, um malandro em estado latente, um perna-torta – arredio e meio *gauche*, mas habilidoso e sensível.

O conto termina irresolvido, no meio do caminho, num tempo suspenso, das madrugadas, da vagabundagem, da afinação. Da afinação... da malandragem, já que a escolha do protagonista pelo lado "errado" e erradio se dá, mas é encenada em estado de hesitação, de processo e de inconclusão, meio cá, meio lá. Porém, como o personagem escolhe as tampinhas e também o samba e a leitura, mais lá (no lado avesso, boêmio, noturno e artístico) do que cá (o lado direito, burguês, diurno e convencional).

Há desejo: de liberdade, de escrita, de afeto, de beleza estética, de dança e de jogo. Como o próprio título indica, o conto marca ainda um momento de "afinação", de processo, preparo de uma trajetória. Essa situação irá evoluir, em outros contos, para uma boemia mais declarada e desabrida: a sinuca, a malandragem e o crime, com perda de hesitação e de alguma ingenuidade, mas perda também dessa latência estética e contestatória que marcava o personagem das tampinhas.

O nome que manca e corre

Se passarmos desse conto para "Paulino Perna Torta", texto escrito mais ou menos na mesma época, ainda nos anos de 1960, notaremos que o impulso errático do protagonista permanece, mas ganha, a certa altura, mais definição, um sentido mais nítido, que está ligado às motivações mais claras do protagonista. Se o desejo do protagonista anterior era difuso, ligado à sensibilidade artística (os sambas tristes, a leitura literária, a dança e o jogo), agora desejo e dinheiro se aproximam a ponto de praticamente coincidir.

O conto originalmente foi publicado em uma antologia, organizada por Ênio Silveira, da editora Civilização Brasileira, dedicada aos dez mandamentos, reunindo autores como Carlos Heitor Cony, Marques Rebelo, Jorge Amado, Campos de Carvalho, Helena Silveira, entre outros. A João Antônio coube escrever sobre a cobiça, isto é, sobre o décimo mandamento: "Não cobiçar as coisas alheias". Daí a escolha pela história de um ladrão, Paulinho Perna Torta, que desde menino está submetido à lógica de uma sociedade que estimula o desejo de posse e, ao mesmo tempo, o restringe a camadas privilegiadas da população.

Paulinho cresceu na rua, na viração, trabalhando como engraxate na região das estações da Luz e Julio Prestes, centro de São Paulo, e depois, ao longo de sua trajetória (que é, aliás, o que o conto narra), ele se torna cafetão, empresário de jogo e pequeno comerciante de tóxicos, para finalmente ascender a traficante de carreira internacional.

O conto é uma das principais realizações de JA, um texto de que Antonio Candido gostava muito (o crítico o cita como uma obra-prima no seu conhecido artigo sobre a literatura brasileira dos anos de 1970, "A nova narrativa"). O que Candido valoriza em João Antônio é, justamente, a irmanação da voz narrativa com os personagens, mesmo quando o foco é em terceira pessoa, pretensamente mais distanciado. O crítico destaca ainda a força do ponto de vista interno nas narrativas em primeira pessoa.

Um dos aspectos que contribui para a riqueza do texto é certamente, como em "Afinação", o ponto de vista, o foco narrativo em primeira pessoa. É o próprio Paulinho Perna Torta quem narra a sua ascensão de menino de rua, de malandreco a dono da Boca do Lixo paulistana e criminoso internacional procurado pela polícia. O foco narrativo em primeira pessoa, além de obviamente proporcionar um olhar interno ao próprio relato, cumpre no conto uma outra função: reparar as inverdades que se contam sobre o personagem-narrador. Paulinho Perna Torta se empenha em negar certas calúnias que, diz ele mesmo, são contadas a seu respeito, por conta mesmo da fama que "corre" em seu nome. Nesse embate estão o protagonista, de um lado, e, de outro, os oponentes que espalham falsidades a seu respeito e o perseguem: a imprensa, a polícia e outros malandros e criminosos.

A questão inicial e principal, entretanto, não é uma mentira que corre em seu nome, mas, mais grave que isso, a ameaça ao seu nome de guerra. Seus inimigos encurtam-lhe o nome: de "Paulinho duma Perna Torta" para "Paulinho Perna Torta" e afinal para "Perna Torta" apenas. Registre-se, aqui, como o protagonista ganhou o apelido Perna Torta: depois de ter sido golpeado na perna, durante uma briga na zona do meretrício, quando passa então a mancar e ficar conhecido por essa alcunha. Assim, por meio do nome de guerra, ele ganha fama, mas também fica marcado: passa a ser alvo dos inimigos da malandragem e da polícia. A perna torta então, neste conto, mais do que aquele hábito de chutar tampinhas na rua, é a um só tempo real, marcada na carnalidade do personagem, índice simbólico de negatividade na conduta criminosa do protagonista e estigma, algo que faz dele um nome conhecido e temido na malandragem, mas também um alvo fácil para a polícia.

O foco narrativo em primeira pessoa acarreta também mais uma dualidade que contribui para tornar esse conto uma realização rica em sentidos contraditórios. Além da ambivalência encarnada no nome do protagonista – a de lhe dar fama e respeito e, ao mesmo tempo, lhe tornar vulnerável e alvo da polícia, da imprensa e da "curriola" –, outra ambiguidade marca o relato: uma combinação de ferocidade e lirismo, de violência e candura que marcam a personalidade e as ações do protagonista. Paulinho Perna Torta é um bandido bonitão: tem olhos verdes, pinta de galã de cinema italiano e é chamado de "meu modelo" por Ivete, sua primeira mulher, a quem, a certa altura, ele passa a agenciar como prostituta. De início hesitante, malandreco de hábitos desinteressados e inocentes (como os passeios de bicicleta narrados no conto), ele se torna criminoso violento e voraz.

Os temas principais – a cobiça, o desejo, o dinheiro, o parricídio (que ele nega) e o destino de malandro e criminoso – percorrem todo o texto e, em alguns trechos, ganham condensação, a mostrar que estão interligados, como nesta passagem, quando Paulinho Perna Torta assume "tamanho" de malandro:

> Crio nome de piranha. Como os trouxas pela perna, cobiço. Torno a tomar a verba do alheio. Corro por dentro dos pacatos. Há tipos basbaques, pivetes ainda, aprendizes principiantes na roda da malandragem, que vêm de longe para me espiar jogando carteado. Porque atiço os dedos e vou ao jogo alto, não querendo nem saber se ando certo ou errado. Vou lá. Sou um relógio. Mamo a grana. Meu nome corre.
>
> O diz-que-diz me exagera, começa a me pintar de negro. Anda por aí que, por uma herança, matei meu pai a tiros... Trouxas!
>
> O diz-que-diz não está me dizendo nada. Fama não me ilude e não me estorvando... Interessa é a grana.

O foco narrativo em primeira pessoa rende, a certa altura, ainda, momentos de reflexão e tomada de consciência, como o final da narrativa. O protagonista, melancólico, irá questionar sua situação e, mais que isso, sua trajetória:

> Meu nome é ninguém. Paulinho duma Perna Torta, de quem andam encurtando o nome por aí, é uma mentira. Como foram Saracura, Marrom, Diabo Loiro, Bola Preta... e como são esses de hoje em dia, donos disso e daquilo, da putaria, do jogo, das virações... A gente não é ninguém, a gente nunca foi. A gente some, apagado, qualquer hora dessas, em que a polícia ou outro mais malandro nos acerte.
>
> — O que é que eu tenho feito?
>
> A gente pensa que está subindo muito nos pontos de uma carreira, mas apenas está se chegando para mais perto do fim.

Paulinho Perna Torta vai se tornar um "ninguém", destino de todos os bandidos de origem pobre – a dimensão coletiva da catástrofe anunciada é expressa na narração do personagem, que fala em nome da malandragem-bandidagem. Paulinho Perna Torta percebe a ambiguidade insolúvel relacionada ao seu nome de guerra: é o apelido que lhe deu fama e "tamanho", e é o nome que será perseguido, amputado e apagado.

O nome que corre é o nome que encurrala. E como o nome é a identidade e está inscrito no corpo do protagonista, é um nome do qual o personagem não pode se desfazer.

Se avançarmos agora para os textos tardios do autor (ainda que "tardio" não seja um termo muito adequado para um escritor que morreu cedo, aos 59 anos), veremos como a forma do conto e da narrativa vai se esgarçando. Isso é evidente em um de seus textos mais conhecidos, o conto autobiográfico "Abraçado ao meu rancor", em que coincidem ação e reflexão do narrador-protagonista. Nele, um personagem que lembra em tudo o próprio João Antônio volta do Rio para a sua São Paulo natal para fazer uma reportagem sobre o turismo de negócios. Em vez disso, percorre seus lugares de predileção na cidade atrás dos antigos salões de sinuca e de um sambista desaparecido. Aos poucos, vai anotando as mudanças pelas quais passou a cidade, em um lamento pelas transformações que demoliram as antigas construções e excluíram os personagens boêmios.

Aqui, porém, em vez de "Abraçado ao meu rancor", comento brevemente dois outros textos: "Uma força", texto que está no mesmo livro de 1986, *Abraçado ao meu rancor*, e "Coração desconforme", texto de 1991, depois renomeado para "Mendigos e mafueiros", incluído em *7 vezes rua*, livro de 1996, ano da morte do autor.

"Uma força" é um conto breve e narra um episódio curioso: o encontro do narrador com um cágado, nas ruas da Vila Ipojuca, zona Oeste de São Paulo. O conto parece uma retomada dos contos da juventude. É um protagonista narrador jovem, que vive com a família, e relembra uma amiga de nome Aldônia, a mesma personagem Aldônia, uma namoradinha de infância que aparecia em "Afinação da arte de chutar tampinhas". O encontro com o bicho é narrado de maneira sintética, sem nostalgia pelo passado ou euforia pelo presente. O personagem narrador o leva para casa. Cito o trecho do conto em que o narrador-protagonista afirma sua identificação com o animal encontrado, o cágado, que se torna uma espécie de bicho de estimação:

> Tinha um não sei que de sabedoria e sofrimento, e isto me encantou. De pronto lhe quis bem, e era como se já o tivesse conhecido lá antes, antes e depois das lendas dos jabutis. Ah, cágado, passa a viver como pessoa da família e a ser vivente meu. [...]
> Em casa todos tiveram medo do cágado. [...] Mas quiseram dar-lhe um nome. Disseram, rebuliço, muitas bobices, e a menor foi aquela de que eu o batizasse com o imperial nome de Maximiliano.
> Nada disso. Meu cágado é o cágado. O cágado. Vão nesse nome sofrimento e anonimato – o mesmo anuviado andante que nos uniu num instante duro lá numa subida de Vila Ipojuca. Afora o quê, Maximiliano é nome de imperador, e não gosto de imperadores. Avesso a grandezas e importâncias, como o cágado, pendo para as criaturas e viventes que se mexam com humildade e tenham tolerância, humanas e boas. Como o cágado. Que se alimenta da sua persistência. A vida lhe deu longo tempo de existência e dura carapaça. Além de olhos atentos.

A escolha do cágado, uma espécie de animal totêmico que revela suas predileções e concepções de mundo (um "não sei que de sabedoria e sofrimento"), mostra que o narrador de João Antônio, à medida que o tempo passa, escolhe continuar a caminhada, mas em ritmo menor, em uma aposta menos fantasiosa. Os termos que ele colhe na rua, tal qual faz com o cágado, são: "persistência" e "humildade", a aversão "a grandezas e importâncias". E até a escolha de um nome tautológico e anônimo ("meu cágado é o cágado") revela uma certa recusa da fantasia, da fama, do nome que engrandece e da vaidade. A escolha pelo anonimato é decisiva, tendo em vista a importância do nome para a ficção do autor, como mostra Paulinho Perna Torta. "Uma força", assim, é um texto-testamento, em que algumas forças que impulsionavam as personagens da ficção de João Antônio são confrontadas com uma nova forma de andar, uma caminhada paciente e persistente, vagarosa e humilde, sem ambição, voltada para si própria, como se o autor pudesse, a essa altura, se abrir em si próprio, reconciliado e afeito às suas predileções.[1]

O lugar de João Antônio

Para encerrar, então, vale a pena voltar a atenção para o âmbito da autobiografia do autor, ou melhor, da autoimagem do próprio escritor como autor famoso e reconhecido: o tema do nome e do lugar que ele ocupava na cena literária também parece ter mobilizado João Antônio nos seus anos derradeiros.

Os últimos textos de João Antônio ocupam lugar de menor destaque em sua fortuna crítica e ostentam um estilo menos apurado ou condensado que os textos de sua juventude. Isso se deve a variados motivos. Um deles, que vale a pena comentar aqui, é uma pretensa falta de potência ficcional de seus textos derradeiros. Como se sabe, João Antônio nunca escreveu um romance. Até o fim, permaneceu fiel à forma curta do conto e da crônica. Além disso, procurou redirecionar sua obra para um projeto editorial de caráter infanto-juvenil ou paradidático, possivelmente acreditando que a adoção em escolas poderia lhe favorecer do ponto de vista econômico. Hoje temos uma imagem requintada do autor e de sua obra, talvez graças à valorização de seus livros nas últimas duas décadas, quando foi publicado com esmero por uma editora de qualidade, a Cosac Naify, reconhecida por seu apuro gráfico e editorial (figura 1).

1. Agradeço a Lisa Vasconcellos por me lembrar, durante o primeiro encontro do Exodus, do tema das lendas do jabuti como um animal ligado à esperteza e à malandragem no ciclo de lendas brasileiras. Tratei disso na minha tese sobre o autor, publicada em livro (Zeni, 2017). Do jabuti malandro ao cágado melancólico, o arco da ficção de João Antônio adota este quelônio como seu animal de poder.

Figura 1. Reprodução de algumas capas dos livros de João Antônio publicados pela editora da Cosac e Naify. Fonte: Acervo pessoal do autor.

Os livros do autor publicados pela Cosac Naify, bem editados (projeto gráfico de Raul Loureiro e edição de Rodrigo Lacerda), em roupagem elegante, com capas de design limpo e imagens em preto e branco de fotógrafos renomados, contrastam com os livros publicados nas décadas de 1980 e 1990, quando o autor procurou reorientar a recepção de sua obra para o público infanto-juvenil (figura 2). Os textos desses livros com cara de infanto-juvenis, porém, não são infanto-juvenis, são textos recolhidos de sua obra adulta. Mas a estratégia visual não deixa dúvida quanto ao direcionamento a um público jovem e escolar (alguns desses livros trazem encartado material paradidático, suplementos direcionados ao professor sobre como trabalhar os livros em sala de aula).

Figura 2. Reprodução de capas e contracapas de alguns livros de João Antônio publicados nas décadas de 1980 e 1990 por editoras como Record, Scipione, Ática e Atual. Fonte: Acervo pessoal do autor.

Vejamos um exemplo interessante: "Mendigos e mafueiros", que está em *7 vezes rua*, era originalmente uma crônica publicada no *Jornal do Brasil* e que depois viria a ser refeita para publicação, anos depois, já com o título "Mendigos e mafueiros" na revista *Rio Artes*. As semelhanças entre a crônica publicada no JB e o texto do livro não são da ordem do retrabalho ou da reelaboração. Do jornal para o livro, a crônica foi apenas cortada, espoliada de seus dados mais objetivos, coetâneos e datados. A crônica do jornal começa comentando a situação ruim da economia do país, que ia, nos termos do autor, "aos trancos e barrancos" e com inflação de dois dígitos. Passa pelo tema da espoliação do povo, obrigado a trabalhar no comércio de rua como camelô. Depois, o texto passa a vender o próprio "peixe". O autor faz publicidade de *Zicartola e que tudo mais vá para o inferno!*, seu livro que acabara de ser publicado.

Ao extrair da crônica os dados mais datados, como o índice de inflação e a própria autopromoção de um livro recém-lançado, o autor fez um cálculo, ao mesmo tempo pessoal e pragmático, a fim de reaproveitar uma colaboração anterior para a imprensa, republicando-a em outro veículo e, depois, em livro, mas também uma operação literária digna de nota. Algo do estilo do autor está implicado nessas passagens: de uma ficção mais coesa, pensada para o livro, com uma opção de gênero bem definida – a escolha do conto como o seu gênero principal e recorrente – vai aos poucos migrando para um estilo mais misturado e mais esgarçado, mas não menos interessante ou rico do ponto de vista artístico. O estilo que aparece nos contos e crônicas de sua fase final implica escolhas de vida que o levaram a rever o próprio trabalho estético. A autobiografia, a colaboração para a imprensa, o uso do objeto livro como um veículo para recolher textos já publicados, a pretensão de se lançar como um autor popular entre os jovens e os estudantes, o desencanto e a melancolia, tudo isso parece ter impactado a maneira de João Antônio trabalhar, escrever e se colocar no meio literário da época.

É certo que ele virou uma espécie de personagem de si próprio, mas mesmo isso parece virar motivo, para ele mesmo, de pilhéria ou autoironia. O humor, como se nota em "Mendigos e mafueiros", era algo que ele valorizava e lamentava que estivesse em falta no país, talvez pensando não apenas no país, mas nas relações, na literatura, nas artes. No entanto, essa combinação meio desarrumada de comentário, anotação e autorreferência soa muito contemporânea e surpreendentemente atual, mesmo que ancorada na realidade da época. Aponta, a meu ver, para a busca de um estilo ou de uma forma nova, híbrida e sem molde, livre, que talvez tenha sido um ponto de chegada para João Antônio, uma maturidade inquieta e inquietante, que o torna um autor ainda muito vivo e inspirador em um momento em que a linguagem literária se vê desafiada a fazer frente a novas linguagens e novas formas narrativas.

Em "Coração desconforme" e em "Mendigos e Mafueiros", ele fala da Praça Serzedelo Correa, onde ficava o seu "falso mirante", como ele chamava o apartamento onde vivia, no coração de Copacabana; fala dos sambas da época do Zicartola, o bar de Dona Zica e Cartola no Morro da Mangueira; fala do país, fala de si próprio, fala de seus livros. Ele é um pouco como seus personagens. E a sensação, ao lermos esses textos, é que ele era de fato um grande personagem, um malandro cheio de espírito na juventude, mas que experimentou a breve velhice como um cágado que se alimenta da própria persistência e viveu as contradições de um país que pensa estar melhorando, mas, quando vê, está andando em círculos, ou encurralado, como "passarinho em mão de menino".

REFERÊNCIAS

OS DEZ MANDAMENTOS. Carlos Heitor Cony et al. São Paulo: Círculo do livro, 1973.

ANTÔNIO, João. *Zicartola e que tudo mais vá pro inferno!* 2. ed. São Paulo: Scipione, 2007.

_______. *Malagueta Perus e Bacanaço*. São Paulo: Cosac Naify, 2004.

_______. *Cartas aos amigos Caio Porfírio Carneiro e Fábio Lucas*. Cotia/SP: Ateliê Editorial. São Paulo: Oficina do Livro Rubens Borba de Moraes, 2004.

_______. *Leão-de-chácara*. São Paulo: Cosac e Naify, 2002.

_______. *Dama do encantado*. São Paulo: Nova Alexandria, 1996.

_______. *Patuléia*. Gentes da rua. Série Rosa dos Ventos. São Paulo: Ática, 1996.

_______. *Sete vezes rua*. São Paulo: Scipione, 1996.

_______. *Um herói sem paradeiro. Vidão e agitos de Jacarandá*, o poeta do momento. São Paulo: Atual, 1993.

_______. *Guardador*. 2ª edição. Rio de Janeiro: Civilização Brasileira, 1992.

_______. *Meninão do caixote*. 6ª edição. São Paulo: Atual, 1991.

_______. *Abraçado ao meu rancor*. Rio de Janeiro: Editora Guanabara, 1986.

_______. *Meninão do caixote*. 2ª edição. Rio de Janeiro: Record, 1984.

_______. *Dedo-duro*. Rio de Janeiro: Record, 1982.

_______. *Lambões de caçarola* (Trabalhadores do Brasil!). Porto Alegre: L&PM, 1977.

_______. *Malhação do Judas carioca*. Rio de Janeiro: Civilização Brasileira, 1975.

_______. "Coração desconforme". *Jornal do Brasil*, Rio de Janeiro, 28 nov. 1991. 1º caderno, p. 11.

_______. "Mendigos e mafueiros". *Rio Artes*, Rio de Janeiro, n. 19, 1995, p. 32.

BOSI, Alfredo. "Um boêmio entre duas cidades". Prefácio a ANTÔNIO, João. *Abraçado ao meu rancor*, Rio de Janeiro: Guanabara, 1986.

CANDIDO, Antonio. "Na noite enxovalhada". In: ANTÔNIO, J. *Malagueta Perus e Bacanaço*. São Paulo: Cosac e Naify, 2004.

_______. "A nova narrativa", in: *A educação pela noite & outros ensaios*. 3ª edição. São Paulo: Ática, 2003.

_______. "Um banho incrível de humanidade". In: *Dedo-duro*, Rio de Janeiro: Record, 1982.

LACERDA, Rodrigo. *João Antônio*: uma biografia literária. Tese de doutoramento em Letras. Orientação de Joaquim Alves de Aguiar. São Paulo: Departamento de Teoria Literária e Literatura Comparada (DTLLC), FFLCH-USP, 2006.

_______. "O primeiro amor de João Antônio". In: *Malagueta, Perus e Bacanaço*. João Antônio. 4ª edição rev. Cosac e Naify, 2004, encarte anexado ao livro, em separata.

MARTIN, Vima Lia. *Literatura e marginalidade*: um estudo sobre João Antônio e Luandino Vieira. São Paulo: Alameda Editorial, 2008.

OLIVEIRA, Ana Maria Domingues de; ORNELLAS, Clara Ávila; SILVA, Telma Maciel da (orgs.). *Papéis de escritor*: Leituras sobre João Antônio. Assis: FCL – Assis – Unesp Publicações, 2008.

OLIVEIRA, Ana Maria Domingues de; SILVA, Telma Maciel da. Memória e ficção na correspondência do escritor João Antônio. *Teresa*. Revista de literatura brasileira [8] [9]; São Paulo, p. 356–371, 2008.

PAES, José Paulo. "Ilustração e defesa do rancor". *O Estado de S. Paulo*, 21 mar. 1987.

PAIXÃO, Fernando. "João Antônio: cartas de desabafo". Revista IEB, n. 51, p. 157–180, mar./set. 2010.

SEVERIANO, Mylton. *Paixão de João Antônio*. São Paulo: Editora Casa Amarela, 2005.

ZENI, Bruno. *Sinuca de malandro*: Ficção e autobiografia em João Antônio. São Paulo: Edusp, 2017.

MULHERES EM TEMPOS SOMBRIOS:
TORTURA E APRISIONAMENTO FEMININO NAS DITADURAS DO BRASIL (1964–1985) E DE PORTUGAL (1926–1974)

LISA CARVALHO VASCONCELLOS

Introdução

Como leitores, naturalmente resistimos a associar figuras femininas às situações de violência. Sabemos, entretanto, que, ao longo dos séculos, mulheres experimentaram as guerras, a escravização e o encarceramento tanto ou mais do que seus companheiros do sexo masculino. Recentemente, uma leva de publicações vem chamando a atenção do mundo para esse aspecto, até então relegado em segundo plano. Fazem parte dessa onda livros como *A guerra não tem rosto de mulher* de Svetlana Aleksiévitch, *Ravensbruck* de Sarah Helm e *África no feminino* de Margarida Calafate Ribeiro. À sua maneira, essas obras procuram lançar luz sobre o papel desempenhado por mulheres em algumas das grandes catástrofes mundiais. O primeiro enfoca as oficiais russas que atuaram na Segunda Guerra Mundial, o segundo fala dos campos de concentração femininos mantidos pela Alemanha nazista, e o último dá voz às mulheres portuguesas que atuaram no *front* dos movimentos de descolonização empreendidos pelas ex-colônias africanas em fins do século XX.

No Brasil, constatamos uma onda de interesse igualmente importante pelo papel feminino nos grandes processos de violência histórica. Obras como *Um defeito de cor* (2006), *A casa das sete mulheres* (2002), *Olga* (2004), *Elza a Garota* (2008) são, todos eles, trabalhos recentes nos quais grandes protagonistas femininas são colocadas no centro de momentos chave da história brasileira, a saber: a escravização, a Guerra dos Farrapos, a perseguição do Estado Novo e a militância durante Ditadura civil-militar de 1964, respectivamente.

Mais recentemente, uma leva importante de publicações vem se dedicando especificamente à questão do encarceramento feminino, uma das principais formas de violência estatal que atinge mulheres negras e pobres. Obras como *Prisioneiras* (2017), de Dráuzio Varela, *Presos que menstruam* (2015) de Nana Queiroz, *Desterros, histórias de um hospital prisão* (2017) de Natália Timerman, todas elas publicadas nos últimos cinco anos, dão testemunho de uma efervescência editorial em torno do assunto. A reedição dos dois volumes de Maura Lopes Cançado, possivelmente feita em 2015, faz parte da mesma onda de interesse. Até então *O hospício é Deus* (1965) e o *Sofredor do ver* (1968) haviam passado décadas longe das prateleiras.

É para esse tipo de discussão que o presente trabalho gostaria de contribuir. Mais especificamente, gostaríamos de pensar sobre a singularidade do lugar da mulher enquanto vítima de tortura e de aprisionamento. Existiria uma especificidade que diferenciaria a situação de uma mulher violentada da de um homem? Nesse sentido, as obras citadas no parágrafo anterior pouco nos ajudam, afinal, se elas cumprem uma função importante, a de conscientizar o público para os dramas femininos, raras são aquelas em que uma fala feminina em primeira mão se dá a ler.

Nas publicações recentes – à exceção do caso de Maura Lopes Cansado, uma escritora do início do século XX que passou parte da vida institucionalizada devido a problemas psiquiátricos –, poucas são as mulheres que assumem a autoria de suas próprias histórias. Na maior parte das vezes são médicos (Varela e Timerman) ou jornalistas (Queiroz) que escrevem em primeira pessoa sobre o que testemunharam em sua convivência com a população prisional feminina. O resultado é que, embora essas obras nos tenham permitido caminhar muito, ainda faltam textos nos quais seja permitido a nós, pesquisadores de literatura, averiguar as especificidades do discurso feminino em tempos sombrios.[1]

1. A publicação de obras em que as mulheres brasileiras falem em primeira mão sobre a tortura, o aprisionamento, a violência e até a guerra é tarefa urgente. A maior parte de nós ignora que as mulheres foram as principais sobreviventes da Guerra do Paraguai (1864–1870) e também do conflito de Canudos (1896–1897). Embora a História (Alencastro, 1992) nos conte que a maioria da população escrava brasileira era feminina e que a maior parte dos presos de Ilha Grande era composta de mulheres (Santos, 2009), também são poucos os relatos a respeito desse passado sombrio. Enfocar esses grandes conflitos pelo lado feminino

É para contornar esse problema que usaremos de um estratagema, e recorreremos ao cinema e ao testemunho como meios de alcançar uma voz feminina em primeira mão. Assim, propomos aqui estudar comparativamente duas produções da recente filmografia luso-brasileira, a saber, as películas *Que bom te ver viva* (1989), da brasileira Lúcia Murat, e *48* (2009), da portuguesa Susana de Sousa Dias. Apesar dos vinte anos que separam esses dois filmes, eles trazem muitos elementos em comum: ambos se propõem a revisitar o tema das ditaduras que assolaram tanto Brasil quanto Portugal, e ambos fazem isso em uma mistura de ficção e documentário que se assenta sobre o depoimento de antigos militantes presos e torturados pelos regimes autoritários de seus respectivos países. Nossa intenção, entretanto, é lermos os dois trabalhos como tentativas de captar e de representar esteticamente a especificidade da dor e do sofrimento feminino no contexto de tortura e de aprisionamento. Como mostraremos adiante, as figuras de mulheres fortes, as suas falas e as suas experiências, estão no centro dessas duas obras. Na falta de melhor metodologia, daremos um tratamento literário a esse material, deixando de lado as especificidades da linguagem cinematográfica que já foram analisadas de maneira profunda e compreensiva por trabalhos anteriores.[2]

Que bom te ver viva!

Lúcia Murat, a diretora e *Maré, nossa história de amor* (2007), é ela mesma uma sobrevivente dos porões da ditadura. Tendo militado no MR-8 nos seus anos de juventude, ela foi presa e duramente torturada (Azevedo, 2013). A experiência desses anos, que a marcaram profundamente, é frequentemente

seria a maneira que teríamos hoje de falar do nosso passado na perspectiva das vítimas, e não só naquela dos vencedores, como queria Benjamin.

2. A respeito de *Que bom te ver viva!*, recomendamos especificamente *Que bom te ver viva: vozes femininas reivindicando uma outra história*, de Kátia Bezerra, *O que falamos da Ditadura? Memórias da violência da sobrevivência no filme "Que bom te ver viva!"* de Desirée de Lemos Azevedo e *A história oral visita o cinema: Que bom te ver viva* e *Los Rubios* de Ana Maria Veiga. Sobre 48, indicamos os artigos *Corpos estranhos ou (des)igualdades inscritas na película* da própria Susana de Sousa Dias e o sexto capítulo do livro *O cinema português, aproximações a sua história e indisciplinaridade* de Carolin Overhoff intitulado *Face a face com a ditadura: os filmes indisciplinares de Susana de Sousa Dias.*

retomada em seus filmes, como acontece em *Quase dois irmãos* (2005) ou em *A memória que me contam* (2013).

Que bom te ver viva! é um de seus primeiros longas. Lançado em 1989, ainda no contexto da redemocratização, o filme se utiliza da experiência da própria diretora e de suas contemporâneas como fio condutor para refletir sobre os horrores da ditadura. As filmagens se estruturam a partir de uma série de entrevistas com antigas militantes de esquerda: ao todo são oito mulheres que recompõem, por meio de depoimentos, a militância, a prisão, a tortura e depois a tentativa de reintegração à vida comum. Alternadas com suas falas, a diretora insere uma série de esquetes ficcionais que dialogam diretamente com as experiências narradas pelas depoentes. Nessas 15 cenas, protagonizadas pela atriz Irene Ravache, uma alter-ego da própria diretora se dirige por vezes ao público, por vezes a um interlocutor masculino, elaborando e aprofundando questões levantadas nos testemunhos.

As mulheres são todas identificadas por nome, profissão, estado civil e papel que ocuparam na luta armada. São elas Maria do Carmo Brito, Estrela Bohadana, Regina Toscano, Maria Luiza G Rosa, Rosalinda Santa Cruz, Criméia de Almeida, Jane Jessie e uma mulher não identificada que se recusa a mostrar o rosto, mas que envia uma comovente carta aos produtores do filme que é, por sua vez, lida em lugar de seu testemunho. Ao final, são todas vistas em cenas caseiras, brincando com os filhos, indo para o trabalho ou saindo com as amigas.

Eu acho que há um silêncio sobre como as pessoas que foram torturadas vivenciam internamente isso, confessa a certa altura uma das depoentes. Ora, Lúcia Murat, ao aproximar as vítimas de tortura de uma realidade cotidiana e prosaica, parece querer criar um ambiente no qual esse silêncio possa ser rompido, e a violência desmistificada.

48

Susana de Sousa Dias vem de um contexto um pouco diferente. Nascida e criada em Portugal, ela hoje faz parte uma geração de jovens diretores que vêm se debruçando sobre o legado do passado em busca de respostas para os anos da ditadura.[3] No seu caso, essa busca vem se desenvolvendo especificamente em torno de materiais visuais achados nos arquivos históricos da Torre do Tombo. Ao contrário do que acontece no Brasil, os documentos da ditadura portuguesa, isto é, do salazarismo, são de livre acesso ao público, e é com esses arquivos que Susana de Sousa Dias trabalha desde o seu primeiro filme.

48 (2009) tem, a princípio, uma proposta um pouco mais abrangente que *Que bom te ver viva!*. Como o próprio nome dá a entender, a película busca cobrir os 48 anos de ditadura portuguesa por meio das histórias dos seus prisioneiros. Para isso, Dias recorre a antigas fotos de registro prisional, achadas no arquivo da PIDE, a infame polícia política que perseguiu e vitimizou militantes durante os anos do salazarismo. No filme, as imagens de frente e de lado (*mugshots*), tiradas das vítimas no momento da sua prisão, são filmadas em câmera lenta e acompanhadas ao fundo pela voz dos retratados, que falam então sobre suas experiências no cárcere. O efeito é fantasmagórico. No decorrer do relato, começamos a identificar marcas de cansaço nos rostos retratados, as rugas no canto dos olhos parecem se aprofundar e as olheiras ficam mais escuras. A sensação é a de que as imagens em preto e branco ganham vida na medida em que ficamos conhecendo a história dos sujeitos fotografados.

No total, são 16 indivíduos – 14 portugueses, dois moçambicanos –, sendo oito mulheres e oito homens. Ainda assim, não podemos deixar de sentir que o filme dá uma ênfase particular às figuras femininas e que, no centro do filme, está a história de uma mulher em especial. A própria Susana de Sousa Dias explica isso ao nos contar como o filme se originou. No artigo "Corpos estranhos ou (des)igualdades na película", ela relata que recorrera às imagens de registro prisional em uma obra anterior intitulado

3. No cinema brasileiro, identificamos um movimento semelhante protagonizado principalmente por jovens diretoras, filhas ou parentes de vítimas da ditadura, que se dedicam a explorar o legado dos pais. Flávia Castro de *Diário de uma busca* (2010) e *Deslembro* (2019), Isa Grispum Ferraz idealizadora de *Marighella* (2012), Maria Olliveira e Marta Nering que dirigiram juntas o curta *15 filhos* e Maria Clara Escobar diretora de *Os dias com ele* (2014) são alguns exemplos.

Natureza morta (2005).[4] Na ocasião, a direção do Arquivo Nacional a obrigou a obter autorização dos antigos prisioneiros antes de lhe conceder acesso aos seus retratos, alegando serem essas fotos protegidas por direito de imagem:

> Não me vou deter nos pormenores do complexo processo que me levou, ao fim de alguns meses, a obter as devidas autorizações. Refiro apenas que, em todo esse processo, falei com dezenas de antigos presos políticos. Uma das primeiras foi precisamente Conceição Matos que trouxe consigo uma cópia da imagem de cadastro. 'Já reparou que eu estou com buço nesta imagem?' Foi com essa pergunta que Conceição iniciou uma conversa sobre os elementos que se viam na imagem. Desde sempre tivera um grande cuidado com a sua aparência. Não tinha a ver com sua forma de ser deixar-se ficar com uma aparência descuidada. Porquê (sic) o buço no rosto? Porquê (sic) o cabelo em desalinho? E a camisola sem o aprumo habitual? Um dia de Abril, às quatro e meia da manhã, um grupo de agentes da PIDE e da GNR arrombaram-lhe a porta e entraram-lhe em casa. Conceição foi levada para Caxias, onde ficou dezassete (sic) dias em uma cela em isolamento. Só nessa ocasião, foi feita sua ficha. Tiraram-lhe as impressões digitais e fotografaram-na. A roupa era ainda a mesma com que tinha entrado na prisão e que viria a ser utilizada para limpar os seus próprios excrementos durante o posterior processo de tortura a que fora sujeita. Durante essa conversa tornou-se claro para mim que estas imagens constituíam um acesso privilegiado ao interior da prisão e que teriam de ser pensadas na sua dimensão temporal. Esse foi o ponto de partida para a realização de 48 [...] (Dias, p. 238)

48 e *Que bom te ver viva!* estabelecem, a nosso ver, uma relação de complementaridade. Duas diretoras dos dois lados do Atlântico se debruçam

4. Em *Natureza morta* (2005), Dias usa as imagens de registro em um contexto diferente, mas igualmente interessante. A película contrapõe essas fotos a trechos de filmes retirados de antigas propagandas governamentais. Na medida em que esses dois grupos de imagens bastante diferentes são justapostos em uma sequência, uma narrativa começa intuitivamente a se formar. Acompanhamos então a crônica oficial do Salazarismo (visível nas propagandas), tendo sempre por contraponto os rostos daqueles que foram aprisionados e violentados por esse regime (como dão testemunha as fotos de registro). Segundo Carolin Overhoff Ferreira (2009, p. 218), estudiosa da cineasta, o efeito dessa mistura é visa conscientizar o público para a terrível realidade que vigorou por trás das imagens de consenso.

sobre os regimes ditatoriais de seus respectivos países, mobilizadas, em grande parte, pelo interesse no papel exercido por mulheres nesses sistemas. A primeira delas, Lúcia Murat, é uma sobrevivente de primeira geração e foi impactada diretamente pelo que aconteceu. A segunda, Susana Dias, com idade para ser filha dos militantes com os quais conversa, fala daquilo que ouviu e pesquisou no contato com os mais velhos. Em ambas as obras identificamos os mesmos assuntos e as mesmas inquietações. Analisando-as, tentaremos levantar alguns dos protocolos comuns que povoam as narrativas femininas de cárcere e de tortura e, talvez, começar a sondar as suas especificidades.

A prisão no masculino

Em nossa pesquisa anterior, na qual trabalhamos com a literatura provinda dos campos de concentração luso-brasileiros,[5] entramos em estreito contato com os relatos de tortura e de aprisionamento. Praticamente a totalidade desses trabalhos era de autoria masculina e nesse *corpus* era possível identificar uma série de cânones comuns no que diz respeito à experiência prisional.[6]

5. Estamos falando do projeto *Ilhas-prisão: biopolítica e experiência concentracionária nas literaturas de língua portuguesa*, desenvolvido na forma de pós-doutorado PNPD na Universidade Federal da Bahia - UFBA. A pesquisa, que durou entre outubro de 2013 e julho de 2017, teve apoio da CAPES, do CNPq e se dedicou a estudar a representação literária daquilo que chamamos Ilhas-Prisão – instituições de exceção mantidas em ilhas pelos governos autoritários tanto do Brasil quanto do Portugal. Os dois maiores exemplos são as prisões de Ilha Grande, localizada no litoral fluminense, e o campo de concentração de Tarrafal, em Santiago de Cabo Verde. Em nosso corpus, destacamos os trabalhos de Orígenes Lessa, Graciliano Ramos, William da Silva Lins, Myriam Sepúlveda dos Santos, no Brasil e Cândido de Oliveira, Luandino Vieira, Amílcar Cabral, António Jacinto e António Cardoso em Portugal. Dentre os trabalhos publicados por nós, decorrentes dessa pesquisa, destacamos *Políticas do esquecimento: trauma e fantasmagoria nas culturas brasileira e portuguesa. Literatura e autoritarismo* (UFSM), v. 31, p. 5-15, 2018; *Antes que a definitiva noite: lembrar o passado, projetar o futuro. Cadernos Benjaminianos*, v. 11, p. 15–31, 2016 e *Literatura Atlântica: notas sobre o comparatismo em língua portuguesa. Via Atlântica* (USP), v. 25, p. 119–129, 2014.

6. Maria Rita Palmeira, em *Cada história uma sentença*, descreve uma situação semelhante. Nesse trabalho, defendido como tese de doutorado na USP, ela argumenta que há um cânone bastante específico seguido pelos relatos prisionais brasileiros do fim dos anos de 1990. Neles, parece quase imperativo passar por uma série de tópicos específicos como a sociabilidade da prisão. A diferença nas linguagens do cárcere e do mundo civil, a própria sentença e os motivos da condenação do autor são alguns deles (Palmeira, 2009).

Um bom exemplo pode ser constatado nas narrativas de tortura; é comum que os homens narrem a própria tortura como uma espécie de embate com a polícia ou com os torturadores. Nos relatos masculinos, se desenha um cenário em que dois oponentes, duas vontades distintas, se batem em busca de um bem precioso: a informação. Esse embate é, obviamente, desigual, o torturador tem todo o poder, enquanto o preso tem só a si e a sua própria força de vontade com o que contar. Ainda assim, o modelo narrativo não é muito diferente do duelo, ou o dos cânones de guerra, em geral.

Edmundo Pedro, militante português preso quando adolescente por conta de sua participação na Juventude Comunista nos dá um bom exemplo disso:

> A decepção que me provocara a circunstância de ter caído, uma vez mais, nas malhas da PDVE [antiga PIDE] era, evidentemente, enorme. Mas o moral não fora atingido. Estava certo de poder enfrentar a PDVE com a mesma determinação que mostrara antes. Os meus camaradas, apesar dos meus dezesseis anos, tinham-me atribuído novas e mais importantes responsabilidades [...] Tinha o dever de me mostrar à altura da confiança que tinham depositado em mim. Além disso, cumpria-me ser digno da herança moral de uma família de destacados resistentes. Essas reflexões tinham-me levado a interiorizar a certeza de que a PDVE não vergaria a minha firme determinação de defender a organização de mais esta arremetida policial. *Considerava-me um soldado consciente e disciplinado do grande exército revolucionário mundial em luta por uma nova Humanidade.* Aceitara voluntariamente as rigorosas normas internas de funcionamento que faziam desse exército uma força sem paralelo. Uma força invencível, pensava eu! E uma das normas internas mais importantes residia justamente no dever que incumbia a todos os militantes de defenderem a organização quando as contingências da luta os colocavam à mercê da crueldade dos agentes da PDVE [...] Chegara à sede da PDVE nesse estado de espírito. Mantive intransigentemente a posição que assumira perante o Lino [o torturador]. Estava disposto a assumir as minhas responsabilidades como dirigente da JC, mas estava fora de questão referir quaisquer nomes. Depois de várias sovas, que me deixaram bastante maltratado, o Lino, perante a minha intransigência, acabou por concluir que eu não estava ainda maduro para o interrogatório. Resolveu remeter-me, de novo, para a esquadra de Benfica da

PSP. [...] Quando o Lino deu por finda aquela primeira audição, eu, apesar de estar bastante maltratado, com fortes dores por todo o corpo, senti-me satisfeito. *Tinha ganho o primeiro embate com a polícia. As dores não me impediam de andar. E foi altamente moralizado com o resultado do primeiro interrogatório que dei entrada no calabouço daquela esquerda.* (Pedro, 2009, p. 321–322)

No relato romântico do adolescente, vemos todos os lugares comuns do cânone de guerra. O jovem Edmundo Pedro se vê como um soldado dedicado de uma guerra em surdina, seu trabalho é proteger seus companheiros, evitando que a polícia descubra quem são. O interrogatório tem para ele o estatuto de um *front* de batalha no qual ele, sozinho, com a força do próprio corpo, deverá resistir às investidas do inimigo. Antes do embate ele recapitula os próprios princípios em sua mente, eles serão as suas armas na luta contra o inimigo. Sua estratégia de batalha, por outro lado, é muito simples: confessar a própria participação como dirigente da Juventude Comunista, mas não dar nomes. Ao final, ter conseguido isso equivale à vitória pela qual ele livremente se autocongratula.

É impossível não sentir um tom de ingenuidade nesse relato que retrata *o acontecimento mais terrível que um ser humano pode carregar consigo* (Améry, 2013 p. 54) como algo heróico e romântico. Na narrativa de Edmundo Pedro, o embate com a polícia é muito mais uma desculpa para enaltecer a coragem e o espírito de sacrifício do protagonista do que uma descrição realista da realidade terrível da tortura. Muito mais ambíguo e doloroso é o relato que o político Fernando Gabeira dá a respeito de sua própria experiência. Apesar disso, nele ainda conseguimos ver traços dos mesmos cânones guerreiros utilizados acima:

Não tinha absolutamente forças para um comportamento do gênero turco - nada tenho a declarar e vou morrer na tortura. Não era minha intenção morrer e temia que, partindo de um padrão tão alto, caísse muito baixo, quando começasse a abrir. Vi na cadeia, entretanto, muitas pessoas não dizerem absolutamente nada. Muitos afirmavam que eram comunistas e que nada tinham a declarar; outros se refugiavam num vago não sei e dali não saíam jamais. Não foi esse e não creio que será esse meu caso no futuro. *Creio, sinceramente, que é um jogo, cheio de vaivéns, de pequenas derrotas e pequenas vitórias*. Várias vezes saí derrotado de um interrogatório: senti-me envolvido, senti que estava dando informações a respeito das quais não tinha certeza se eram ou não conhecidas da polícia. Houve outras vezes que me senti vitorioso, inteligente e esperto. Como nunca terei certeza de que morrerei de boca fechada, sempre será necessário preparar *um programa cheio de concessões e de armadilhas*, que reduzam o sofrimento e, ao mesmo tempo, reduzam a informação dos torturadores. (Gabeira, p. 107, grifos nossos)

Se Edmundo Pedro protagoniza um embate aberto e romântico, aqui temos técnicas mais elaboradas e insidiosas. Gabeira reconhece com muito mais honestidade a desigualdade de posições entre si próprio e os torturadores, e procura trabalhar com isso. Sua estratégia, ele confessa em outra parte do livro, era nunca se negar a responder uma pergunta, em vez disso, ele fornecia informações antigas ou inúteis para a polícia: *joguei um pouco com a descoordenação que ainda existia, em nível interestadual. Abri primeiro o aparelho onde havia morado na rua Rainha Guilhermina. Só 24 horas depois é que me insultavam por ter aberto um aparelho havia muito abandonado* (p. 106). Ao invés de enfrentar o combate de peito aperto, ele então retrocedia, negociava, desviava os torturadores do caminho certo. Ainda assim, a presença de termos como *derrota*, *vitória*, *armadilhas*, denunciam que Gabeira ainda compartilha dos cânones discursivos do duelo e da guerra. Talvez essa não seja mais a batalha clássica, na qual dois iguais se batem de maneira clara e aberta, mas com certeza lembra a guerra de guerrilha, com suas técnicas escusas e seus meios limitados.

A prisão no feminino

No caso dos relatos femininos colhidos em 48 e em *Que bom te ver viva!*, temos uma situação bastante diferente. Ao invés de se aterem aos cânones prisionais já conhecidos, os discursos das militantes se dispersam em uma multiplicidade de significados difícil de mapear. Em suas falas, os lugares comuns da violência e os heroísmos se misturam a relatos prosaicos sobre amor, filhos, sexualidade e companheirismo. No caso de 48, em que as mulheres são confrontadas com as fotos antigas, é muito comum que comecem falando sobre sua roupa e aparência. Outro tópico que surge com frequência são as relações familiares. Era comum que mulheres fossem presas como uma forma de pressionar os companheiros. Era comum também que, no caso de pessoas importantes, toda a família fosse visada pela polícia. O resultado é que mulheres, com mais frequência do que homens, são pegas como parte de grupos maiores. É o que acontece com Jane Jessie, presa junto com a mãe, a sogra e a irmã mais nova. Também é o caso de Alice Capela, militante do Partido Comunista Português, presa junto com a mãe, o marido e o filho pequeno. Nesse contexto, o apoio das pessoas próximas faz toda a diferença e a presença da mãe é constantemente mencionada: *Nós fomos juntos, todos no mesmo camburão para a aeronáutica, a família toda. A minha irmã muito abalada porque ela era muito menina.* Mas a minha mãe segurando muito aquela situação, *ela ficou dois meses presa conosco (...)* [Jane Jessie, *Que bom te ver viva!*, grifos nossos] diz Jane Jessie. Já Alice Capela relata o seguinte: *A minha mãe teve quase a suicidar-se. Eu tava sempre com muito cuidado com ela, e ninguém soube, só eu. Tratei dela e depois foi a vez dela tratar de mim,* [Alice Capela, 48]. Por outro lado, o medo pela segurança de filhos e de familiares é um dos grandes fantasmas que assombra os relatos. Jane Jessie, que viu a irmã mais nova ser torturada, e Alice Capela, que temia que o filhinho de quatro anos fosse morto, são as autoras de alguns dos testemunhos mais desestabilizadores das respectivas obras.

Praticamente todas as depoentes foram sujeitas a torturas ou a constrangimentos sexuais por parte dos torturadores. E esse é outro dos grandes temas que aparece nos relatos: *Na nossa fuga a gente subiu para uma pedreira e o próprio corpo de bombeiros ajudou a polícia nos tirar de lá. A violência começou já desde essa pedreira, onde eu fui despida e procuraram até dentro da minha xoxota mesmo se eu tinha alguma arma*, declara Maria Luiza Rosa. A gravidez e a maternidade também são assuntos recorrentes. *Quando eu fui presa eu tava grávida e perdi esse neném que seria o meu primeiro filho lá. E durante a cadeia toda o que me segurou era a vontade de ter um filho*, confessa a mesma Maria Luiza G Rosa. Crimeia de Almeida foi outra que carregou e pariu um filho na prisão: *Foi uma sensação difícil ter um filho na prisão, mas foi uma sensação gostosa (...) eu acho que ter um filho é uma coisa gostosa e eu senti isso mesmo na prisão.*

A atitude dos torturadores frente às mulheres também parece ser diferente. Embora haja da parte deles um desejo de obter informações, essa tarefa se mistura a outros propósitos nem sempre discerníveis. Jane Jessie nos conta que em seu caso não havia nada para confessar, ou ninguém para denunciar, uma vez que ela e seu grupo haviam sido pegos em sua integralidade em uma ação bastante pública. *O grande objetivo comigo não era nem informação, era me levar para a televisão. Nesse período tinha pessoas que foram para a televisão renegar a esquerda, aquele negócio todo. E eu era uma pessoa importante naquele esquema (...) então era uma coisa importante para eles conseguirem isso.* Já com Regina Toscano o objetivo dos torturadores era fazê-la se converter às causas da repressão, e espionar os próprios companheiros: *Foi num momento em que eles queriam que eu passasse para o lado deles, e eu ainda tentava resistir. E eles me puseram em uma cela com um pessoal que havia acabado de chegar e as meninas eram muito novas, estavam apavoradas e eu pedi a elas então que falassem o que estava acontecendo para mim.* Maria do Rosário é quem resume melhor o problema: *Eles me levaram para uma sessão de tortura na qual o que estava em jogo não era a informação, o que estava em jogo era a minha desestruturação, a minha rebeldia era o fato de eu ter me rebelado contra a autoridade e a prepotência deles.*

A sensação que temos é que, ao contrário do que acontece com os homens, a mulher é vista pelo torturador não como um sujeito contra o qual se bater na luta por algo maior, mas como um objeto a ser manipulado em meio a essa luta, que acaba sendo feita contra outra pessoa. Isso fica bastante claro no caso das mulheres portuguesas que são torturadas na frente dos maridos como forma de atingi-los. Adelino Silva, companheiro de Alice Capela, passou por uma sessão de tortura em que basicamente era submetido a ouvir gritos que lhe lembravam a própria mulher. Já Rosa Viseu percebe muito claramente que os comentários inapropriados que ouve da polícia eram feitos com o objetivo de atingir seu marido, e não a ela mesma. *Quatro anos de casada e ainda não teve filhos?*, perguntam na sua admissão na prisão. A insinuação parecia ser que seu parceiro, também um militante de esquerda, não tinha potência para engravidá-la.

Concluímos então que se o cânone da tortura segue o modelo do embate, da batalha, no caso das mulheres essa luta está a se desenvolver com um outro eu, físico ou imaginário. As militantes não passam de um objeto a ser apropriado como espólio, ou destruído pelo caminho. Segundo os relatos, parece haver três destinos almejados pelos torturadores quando mulheres estão em questão: 1) elas podem ser apropriadas enquanto objeto sexual – a tortura sexual e o assédio seriam um meio para isso; 2) elas podem ser arregimentadas como correligionárias – aí entrariam os jogos psicológicos e a pressão sobre a família; 3) elas podem ser simplesmente destruídas, como forma de demonstração de poder, como bem coloca Rosalinda Santa Cruz:

> Eu cheguei a um momento em que eu pedi: me matem, eu quero morrer, eu não tô aguentando. E eu me lembro do olhar, do riso dele que disse assim: 'eu não te mato porque não me interessa lhe matar, eu vou te fazer em pedacinhos, eu vou torturar o quanto eu quiser e inclusive eu lhe mato se eu quiser'.

A luta da mulher torturada não se dá então com o outro, mas consigo mesma: o objetivo é se manter íntegra e evitar a total dessubjetivação. O medo expresso tanto pelas mulheres retratadas em *48* quanto pelas de *Que bom te ver viva!* não é o da dor ou o da morte, mas o da loucura:

> A tortura física para mim foi nos três primeiros dias direto, depois era intercalado, depois pegaram lá pelos dez dias mais três dias direto e muita tortura psicológica de interrogatório de não poder sentar de não poder beber água, por exemplo, muita pressão, muito jogo – jogo com os amigos que iam chegando de você ver as pessoas torturadas, jogo com a tua moral mesmo de ter entrevistas muito longas. Os caras alternando o torturador que é um torturador explícito com o que é um torturador que é bonzinho que vai conversar com você que vai te ajudar até um que finge que tá se apaixonando por você. Aí você vai se misturando com aquilo, eu tinha 19, 20 anos, vai se misturando naquilo e vai tentando manter a sua integridade. E é uma coisa cada vez mais difícil [...]

Jean Améry (2013, p. 54), escritor judeu que foi seviciado pelos nazistas, se tornou com a idade madura um dos maiores teorizadores da tortura. Segundo ele, já citado aqui, a tortura é o acontecimento mais terrível que um ser humano pode carregar consigo. Isso porque ela implica na quebra de um pacto fundamental de respeito mútuo:

> [...] com a primeira bofetada somos privados de algo que poderíamos chamar provisoriamente de 'confiança no mundo' [...] é a certeza de que os outros, com base nos contratos sociais, escritos e não escritos, me pouparão, ou seja, respeitarão minha existência física e, por isso, minha existência metafísica. As fronteiras do meu corpo são as fronteiras do meu Eu. A superfície da minha pele me isola do mundo externo: para manter a confiança no mundo preciso sentir na minha pele somente aquilo que desejo sentir. Essa confiança desaba com a primeira bofetada. (p. 61)

Depois de um agravo, argumenta Améry, esperamos algum tipo de reparação: quando choramos, nossa mãe nos consola, quando estamos doentes, o médico nos trata, até na guerra a Cruz Vermelha cuida dos doentes. Na tortura, entretanto, isso não ocorre, estamos sozinhos e ninguém virá nos ajudar. Daí não haver reparação à altura da tortura. Até mesmo falar dela, elaborá-la freudianamente por meio da palavra, é impossível. Comentando sobre o próprio suplício, que consistiu em ter os dois braços puxados para trás até que as clavículas fossem quebradas, Améry (2013, p. 68) conclui: *As características das sensações são incomparáveis ou indescritíveis. Elas marcam os limites da nossa capacidade de comunicação verbal. Quem desejasse partilhar essa dor com outro seria obrigado a infringi-la, tornando-se um torturador.* O agravo infligido pela tortura nos retira então da nossa humanidade, nos torna um pedaço de carne. *Urrando de dor, o torturado, a vítima da violência que não espera ajuda e é incapaz de reagir, é apenas corpo, nada mais* (p. 68).

Mas se as mulheres de *Que bom te ver viva!* e 48 foram submetidas a esse tipo de agravo, elas mesmas conseguem dar uma resposta que passa pelo corpo, ao mesmo tempo que por uma afirmação enquanto sujeito mulher.

Para várias das depoentes brasileiras, a gravidez foi a maneira encontrada para que o mundo pudesse começar de novo, obviamente, agora para um segundo eu, o pacto social restabelecido.

> Eu me senti muito culpada de não ter morrido [...] me reconciliei com essa situação, na minha primeira gravidez. Descobri que a melhor coisa do mundo era ser mulher. Descobri porque que o homem tem que mandar no mundo: porque a barriga dele só produz coco, deve ser uma coisa terrível isso. E a gente produz vida. E é uma coisa... não é uma frase, não é um troço intelectualizado não, isso foi uma descoberta tão bonita: aí que eu descobri que ser mulher era o maior barato! (Maria do Carmo Brito)

> Quando eu fui presa eu tava grávida e perdi esse neném que seria o meu primeiro filho lá. E durante a cadeia toda o que me segurou era a vontade de ter um filho. A certeza que eu ia ter um filho. Isso representava para mim vida, né? *Se eles estavam querendo me matar, eu tinha de dar uma resposta de vida.* E ter um filho para mim simbolizava, simboliza até hoje a resposta que as coisas continuam, que a vida não acaba. (Maria Luiza G Rosa, grifos nossos)

> A gravidez foi marcou muito, teve seus aspectos positivos, eu acho que ter um filho é uma coisa gostosa e eu senti isso mesmo na prisão. Foi uma sensação difícil ter um filho na prisão, mas foi uma sensação gostosa [...] E eu pensava o seguinte: eles tentam acabar comigo e nasce mais um aqui mesmo onde eles tentam eliminar, onde eles tentam acabar com as pessoas, a vida continua... (Criméia de Almeida, grifos nossos)

Se a tortura invade os limites do corpo e também os do eu, como quer Améry, é pelo corpo que Lúcia Murat e Susana de Sousa Dias farão as vítimas falarem. Em 48, que é um filme silente e elíptico, os olhos das vítimas encaram a câmera e convidam o espectador a tomar parte na responsabilidade pelo que aconteceu no passado (Ferraz, 2009). Em *Que bom te ver viva!*, as cenas finais em que as mulheres aparecem com os filhos, os frutos de seus corpos, a mensagem é que a tortura não é o fim, e que é possível responder à morte criando sempre.

ALENCASTRO, Luiz Felipe. *O trato dos viventes*. São Paulo: Companhia das Letras, 2010.

ALEKSIÉVITCH, Svetlana. *A Guerra não tem rosto de mulher*. Tradução Cecília Rosas. 1ª ed. São Paulo: Cia das Letras, 2016.

AZEVEDO, Desirée de Lemos. O que falamos da Ditadura? Memórias da violência de da sobrevivência no filme *Que bom te ver viva! Revista Espaço Acadêmico*, Maringá, v12, nº 143, abril de 2013 / Disponível em: <http://periodicos.uem.br/ojs/index.php/EspacoAcademico/article/view/20124>.

BENJAMIN, Walter. "Teses sobre a história". In: *Magia e técnica, arte e política*. São Paulo: Brasiliense, 1994. Original alemão.

BEZERRA, Kátia. *Que bom te ver viva!*: vozes femininas reivindicando uma outra história. *Estudos de Literatura Brasileira Contemporânea, Brasília*. 2014, n.43, pp.35–48. Disponível em: <https://doi.org/10.1590/S2316-40182014000100003>.

CANÇADO, Maura Lopes. *Hospício é Deus*: Diário I. 5ª ed. Belo Horizonte: Autêntica Editora, 2015. 227 p.

_______. *O sofredor do ver*. 2ª ed. Belo Horizonte: Autêntica Editora, 2015. 131 p.

DIAS, Susana de Sousa *Corpos estranhos ou (des)igualdades inscritas na película*. *In*: CRUZEIROS, Cristina Prata; LOPES, Rui Oliveira (Org). *Arte e gênero*: mulheres e criação artística. Lisboa: Faculdade de Belas Artes (Universidade de Lisboa), 2012, p. 230–240.

FERREIRA, Carolin. Overhoff. "Face a face com a ditadura: os filmes indisciplinares de Susana de Sousa Dias". In: *O cinema português, aproximações a sua história e indisciplinaridade*. São Paulo: Alameda: 2014. p. 201–2019.

GABEIRA, Fernando. *O que é isso companheiro?* Rio de Janeiro: Nova Fronteira, 1982.

HELM, Sarah. *Ravensbruck*: a história do campo de concentração nazista para mulheres. Tradução de Cristina Cavalcanti, 1ª ed. Rio de Janeiro: Record, 2017. (Original em inglês.)

PALMEIRA, Maria Rita Sigaud Soares. *Cada história, uma sentença*: narrativas contemporâneas do cárcere brasileiro 2009, 180 f. Tese (Doutorado em Letras) – Faculdade de Filosofia, Letras e Ciências Humanas, Universidade de São Paulo, São Paulo, 2009.

PEDRO, Edmundo. *Memórias – um combate pela liberdade*. Vol. 1. 2ª ed., Lisboa: Âncora, 2009.

QUEIROZ, Nana. *Presos que menstruam*: a situação das mulheres nas prisões brasileiras. Rio de Janeiro: Record, 2015. 292 p.

RIBEIRO, Margarida Calafate. África no feminino: as mulheres portuguesas e a guerra colonial. Porto: Edições Afrontamento, 2007. 262 p.

SANTOS, Myrian Sepúlveda dos. *Os porões da república*: a barbárie nas prisões da Ilha Grande: 1894–1945. Rio de Janeiro: Garamond, 2009.

VARELA, Dráuzio. *Prisioneiras*. São Paulo: Cia das Letras, 2017.

VEIGA, Ana Maria. A história oral visita o cinema: *Que bom te ver viva!* e *Los Rubios*. *Revista Observatório*, Palmas, v2, n.1, 2016. Disponível em: https://sistemas.uft.edu.br/periodicos/index.php/observatorio/article/view/1815.

FILMES

Diário de uma busca (2010) e *Deslembro* (2019), Flávia Castro

Que bom te ver viva! (1989), Lúcia Murat

48 (2010), Susana de Sousa Dias

Natureza morta (2005), Susana de Sousa Dias

Marighella (2012), Isa Grispum Ferraz

15 filhos (1996), Maria Olliveira e Marta Nering

Os dias com ele (2014), Maria Clara Escobar

Quase dois irmãos (2005), Lúcia Murat

A *memória que me contam* (2013), Lúcia Murat.

TRAUMA, ESCRAVIDÃO, PRECONCEITO E VIOLÊNCIA NO DISCURSO LITERÁRIO DE LUIZ SILVA, EM *NEGROS EM CONTOS* (1996) [1]

MARCELA DA SILVA

RICARDO ANDRÉ FERREIRA MARTINS

A história brasileira tem sido caracterizada pela luta de grupos étnicos, tais como os indígenas e os negros, que, desde o período colonial, são vilipendiados, inferiorizados e bestializados pela desigualdade que é característica de nossa sociedade, geradora de profundos traumas que até hoje assombram a formação histórica e cultural do país. Não é demasiado lembrar aqui o que Renato Janine Ribeiro (1999, p. 7-12) afirma sobre os dois principais traumas coletivos do Brasil ao longo de sua formação histórica. O primeiro deles, consequência visível e funesta do processo de colonização empreendido pelos portugueses; o segundo, resultado violento e trágico do sistema de escravidão, cujos estigmas são, na realidade, feridas abertas em nosso tecido social. Para Ribeiro, esses traumas não foram devidamente superados e, em razão disso, estão presentes em toda a estrutura da organização social do país, expressos, sobretudo, por meio da injusta distribuição de renda entre os brasileiros, principalmente entre os afrodescendentes, e da enorme desigualdade econômica, social e política entre as regiões brasileiras.

Segundo Bosi (2002, p. 263), tais grupos étnicos "ansiavam, em primeiro lugar, pelo acesso ao conhecimento", pois a pobreza impossibilitava e excluía os grupos de um saber letrado, vivendo em uma sociedade que não valorizava as tradições orais das comunidades tradicionais, dificultando, assim, o surgimento de uma configuração dessa população em busca de sua identidade cultural. A cultura dos negros brasileiros foi tratada, por muitos séculos, como folclore de um grupo de descendentes de "ex-escravos".

1. O presente capítulo é uma versão modificada de artigo publicado na *Miguilim*, Revista Eletrônica do NETLLI da Universidade Regional do Cariri (URCA), volume 8, número 2, maio-agosto de 2019, p. 300–323.

Contudo, o crescimento expressivo dessas manifestações acaba por ser valorizado com o tempo, pois não se trata mais de um grupo minoritário e, para muito além disso, contribui efetivamente para a constituição da identidade cultural na literatura "afro-brasileira" ou "literatura negra". O movimento literário negro partiu de "um conceito identitário que teve como princípios básicos norteadores: construir uma nova identidade negra; rejeitar a arte decalque dos modelos europeus e rebelar-se contra a política colonialista europeia" (Figueiredo, 2010, p. 323).

Não se identificando como africanos e nem brancos, os escritores da literatura negra são enquadrados no preconceito difuso e, muitas vezes, institucionalizado, como brasileiros de segunda classe, com uma identificação parcial no cânone ocidental, praticantes de uma religião amplamente sincretizada, de modo que não lhes resta outra saída senão a rememoração dos vestígios de sua história e o resgate dos fragmentos de narrativas ancestrais para iniciarem um processo de redefinição identitária (Cuti, 2007). Essa identidade não é proposta como uma voz individual e isolada, pois o *eu* negro está profundamente ligado a sua comunidade:

> Vocês me perguntam quem sou eu? Respondo: eu sou, primeiramente, o homem de uma comunidade historicamente situada, eu sou negro e isto é fundamental. Esta é a definição de minha identidade. Eu pertenço, pois, a uma história. É uma afirmação de uma fidelidade. Em meu espírito não há lugar para negação, é também a afirmação de uma solidariedade. Isto significa que me sinto solidário com todos os homens que lutam pela liberdade, com todos os homens que sofrem, e antes de todo com aqueles que mais sofreram e que foram frequentemente esquecidos, eu falo dos Negros. (Bernd, 1987, p. 65)

Zilá Bernd (1987, p. 16–17) afirma que "poderão ser considerados como literatura negra aqueles textos em que houver o eu enunciador que quer ser negro, que reivindica a sua especificidade negra" e, ainda, "será negra a literatura feita por negros ou descendentes de negros reveladora de ideologias que se caracterizam por uma certa especificidade" ou "será negra a arte literária feita por quem quer que seja, desde que reveladora de dimensões peculiares aos negros ou a seus descendentes".

Nesse sentido, a obra que iremos analisar tem como autor Luiz Silva, mais conhecido como Cuti, a qual contribui para a redescoberta e afirmação do "eu-negro" em suas narrações do livro *Negros em Contos* (1996). Nessa obra em particular, Cuti apresenta uma abordagem que tenta aliviar e ressignificar a dor causada pelos eventos pós-traumáticos resultantes da escravidão. Cuti foi um dos fundadores e membro do coletivo cultural *Quilombhoje-Literatura*, de 1983 a 1994, e um dos criadores e mantenedores da série *Cadernos Negros*, de 1978 a 1993. Seus contos fazem uma denúncia da intolerância preconceituosa e racista que delimita a imagem dos afrodescendentes brasileiros e são um instrumento de conscientização crítica que propõe a literariedade negra ao cenário da literatura brasileira, buscando, assim, reconhecer a oposição entre brancos e negros existente na sociedade, tentando nortear uma superação desse conflito, apesar da miscigenação existente e da visão marginalizada do negro ainda imperar no contexto social. Mesmo com sua contribuição na cultura brasileira e em outros âmbitos, os afro-brasileiros ainda são avaliados sob uma ótica racista. Em suas breves narrações, Cuti mostra como o discurso preconceituoso perpetua-se na vida social dos negros e de seus descendentes.

A partir também do viés psicanalítico de Sigmund Freud (1976), utiliza-se a definição de trauma como uma ferida na memória, uma excitação vinda de fora, suficientemente poderosa, capaz de atravessar o escudo protetor do aparelho psíquico. Sendo assim, essa ferida causaria uma repetição de evento traumático referido: o processo de colonização e escravidão sofrido pelos negros no passado, o qual atravessa as culturas e as gerações, estas últimas em um esforço de superação contínua do trauma. Essa superação se faz com a exteriorização de sua dor, com o intuito de refazer sua história e de buscar a sua identidade. Ainda segundo Freud (1976, p. 325), é como se esses indivíduos não tivessem findado a situação traumática, "como se ainda estivessem enfrentando-a como tarefa imediata ainda não executada". Então percebemos que, na literatura, os escritores negros se empenham na tentativa de expressar em um meio artístico as suas aflições, angústias e traumas oriundos do preconceito.

Para Walter Benjamin (1987, p. 269), a narrativa tem um poder de cura, "o relato que o paciente faz no início do tratamento pode se tornar o começo do processo curativo". Benjamin trabalha com a hipótese de que a narração formaria um clima propício e a condição favorável para tais curas, fazendo com que as *short stories*, escritas por Cuti, sejam vistas com o "objetivo de fazer com que elementos da experiência dos protagonistas que, a princípio, são estranhos, misteriosos e ameaçadores, passem a ser compreendidos de forma sistemática" (Calegari, 2010, p. 102).

A partir da abordagem teórica proposta, percebe-se que várias obras da literatura negra ou afro-brasileira apresentam a mesma temática proposta por Cuti (1996, p. 11–13), como, por exemplo, no conto "Boneca", que estabelece uma conformidade com o conto *Negrinha* (Lobato, 2001, p. 20–24). Duas obras, portanto, que expressam o enraizamento da discriminação e do preconceito racial em pleno século XX, marcando a desigualdade desde a infância. Ainda podemos correlacionar os contos a obras como *Casa grande e senzala* (1933), de Gilberto Freyre, para confrontar a hiperssexualização e exotificação dos negros. Nas narrações de Cuti, essa relação de intertextualidade nos permite uma abordagem significativa quanto a várias obras com a mesma temática dos contos, complementando, assim, o trabalho proposto com uma grande representatividade da literatura negra. Para estabelecermos um parâmetro de comparação dos contos narrados com a veracidade contida na teoria do trauma, segundo Freud (1976), e também para realizar uma contextualização do estudo produzido, propondo uma complementação de informações, foi realizado o acesso ao site *Geledés*, a fim de coletar relatos verídicos que se assemelham aos recortes utilizados nas análises.

O discurso literário de Cuti e a manifestação do trauma através do preconceito racial

A obra do escritor afro-brasileiro Luiz Silva, também conhecido pelo seu pseudônimo Cuti, particularmente o livro *Negros em contos*, publicado em 1996, é extremamente ilustrativo no que concerne ao trauma ou angústia pós-traumática da escravidão na sociedade brasileira. O autor, no seu rol de atividades como professor, intelectual, acadêmico, pesquisador, poeta, prosador, foi também um dos fundadores e membros do movimento e grupo Quilombhoje-Literatura, especialmente entre os anos de 1983 a 1994, além de um dos mais proeminentes e fecundos autores e mantenedores da série *Cadernos Negros*, sobretudo de 1978 a 1993. A lista de suas obras é profícua e ampla (*Batuque de tocais* [1982], poemas; *Suspensão* [1983], teatro; *A pelada peluda no Largo da Bola* [1988], novela juvenil;... *E disse o velho militante José Correia Leite* [1992], memórias, em coautoria com o próprio José Correia Leite, personagem e narrador do relato) e tem textos em diversas antologias.

Um de seus contos mais emblemáticos é "Lembrança das lições", vigésimo primeiro do livro *Negros em contos*. Nesse conto em particular, o protagonista elabora uma narração, sempre em primeira pessoa, de suas experiências e memórias da infância, articulando-as a acontecimentos atuais de sua existência em termos comparativos. O conto é atravessado por um expressivo tom de perturbação, perplexidade, deixando à mostra o trauma que os afrodescendentes brasileiros suportam em razão de sua condição histórica de marginalidade, preconceito, violência e inaceitação na sociedade brasileira. Como estratégia, o autor e o narrador ancoram o passado ao presente imediato, demonstrando, assim, a vinculação psíquica e histórica de fatos remotos do passado histórico do país com o momento presente. A situação é ainda mais emblemática para o personagem principal, Joel, porque a situação traumática surge em meio às aulas de História, particularmente no momento em que a professora acerca-se da escravidão no Brasil e o contexto histórico que a gerou, dando uma explicação que suprime toda a dor e a violência do fato nefasto e inaceitável da escravidão do homem pelo homem. Nessa situação, a cada martelada da professora no tema, a psique do protagonista é ativada de forma dolorosa, fazendo-o transpirar muita inquietação, ansiedade, desconforto, inadequação, sintomas que apontam para a interpretação de que o passado, tanto individual quanto o coletivo, ainda não foi examinado a fundo pela consciência que narra. Portanto, é o sintoma de um estresse pós-traumático, desconhecido pelo personagem-narrador:

> A palavra escravidão vem como um tapa e os olhos de quase todos os moleques da classe estilingam um não sei o quê muito estranho em cima de mim. [...] Um calor esquenta-me o rosto e umas lágrimas abaixam-me a cabeça para que ninguém as veja.
> [...] A cada palavra de seu discurso, pressinto uma nova avalanche de insultos contra mim e contra um 'eu' mais amplo, que abraça meus iguais na escola e estende-se pelas ruas, envolvendo muitas pessoas, sobretudo meus pais. (Silva, 1996, p. 108)

Todos os sintomas do personagem são bem claros: na primeira frase, o personagem expõe a percepção que tem dos demais colegas no tocante à escravidão. Dessa forma, a sua inquietação e desconforto são aspectos resultantes de um estresse traumático associado à história coletiva de seu grupo étnico, trazido à força e sob grilhões para o território brasileiro, como animais. Com a angústia e o estresse traumático à tona, o sujeito da narrativa manifesta uma enorme incapacidade de verbalizar a dor e a violência que o atravessa e fulmina, por intermédio de um sentimento indescritível, associado à sensação de que seus colegas, informados de sua condição afrodescendente, em função da injuriosa escravidão de seus ancestrais, lançam-lhe um olhar de reprovação, apiedados pela sua condição de espoliado, o que provoca mais dor e humilhação ao protagonista. Assim, fica ressaltada a sua condição de marginalizado, excluído, de inferioridade social perante os demais, que se julgam menos conspurcados pelo fato de não se reconhecerem como afrodescendentes, apesar da patente miscigenação de nossa sociedade. O personagem afrodescendente, em meio a essa situação, sente o peso e a cobrança de um passado histórico e de uma dívida que não é sua, seu desconforto, angústia e inquietação são cicatrizes e feridas pungentes na memória, ainda não "curadas", ainda vivas, presentes em toda a população afrodescendente brasileira, em maior ou menor escala de dor e violência. Os exemplos de preconceito, violência e dor em nossa sociedade, perpetrados contra os nossos afrodescendentes, tornaram-se a rotina dos relatos e traumas vividos diariamente em nosso país por todos eles. Os nossos afrodescendentes sentem-se inferiorizados, envergonhados, violentados e ridicularizados em razão até do relato histórico oficial, que minimiza, muitas vezes, o violento e cruel processo de dor e espoliação a que foram submetidos, e continuam a sê-lo. Dessa forma, o trauma da escravidão e do preconceito racial torna-se visível e palpável, uma vez que estabelece uma profunda ligação entre os afrodescendentes brasileiros. Assim, a aula de História, que deveria ser um momento de reflexão, cura e purgação da memória coletiva, em que a sociedade revisa os seus momentos traumáticos para encontrar, por meio do processo narrativo, um alívio psicoterápico, torna-se, para o protagonista, e, portanto, para toda a população afro-brasileira, uma tortura explícita quando o assunto é escravidão. Em tais condições, é natural que o personagem deseje a expurgação de seu sentimento ignóbil:

> Os NEGROS ESCRAVOS eram vendidos como CARNE VERDE, peças, desprovidos de qualquer humanidade. Eram humildes e não conheciam a civilização. Vinham porque o Brasil precisava de...? Vejamos quem é que vai responder... Tremo, encolhido, dolorido diante da possibilidade de ser chamado. Meu coração bate na vertical e meus intestinos se revoltam. Saio apressado da sala, sem pedir licença. Chego à privada em tempo.
>
> Defeco o desespero das entranhas.
>
> Olho as paredes e a porta do cubículo rabiscadas, procurando espaço. Contenho, com bastante esforço, um choro que me vem insistente para afogar o mundo. Limpo-me com um pedaço de jornal, não sujo de todo, e fico ainda sentado sobre o vaso branco, pensando, vagando como um prisioneiro perpétuo. A cor do vaso sanitário desperta-me tramas. Primeiro levanto-me e chuto-o com a sola do sapato, depois sou levado pelo vento das imagens, das ideias... *ponho fogo na escola... veada filha da puta... papel de caderno debaixo da mesa dela... como a bunda de todo branquinho... acendo fósforo... quem me xingar de neguinho... são tudo veado... vou comprar um canivete... dou porrada mesmo!...* E a porta passa a me servir de lousa: *...branco caga no meio...*, acho graça das coisas que escrevo e continuo (Silva, 1996, p. 109, grifos do autor)

Contos como este, portanto, assim como toda uma literatura escrita por afro-brasileiros, trazem à tona a problemática dos traumas subjacentes e ainda não resolvidos à história da nação brasileira. De qualquer modo, o passado vinculado à escravidão ainda é um elemento candente em nossa sociedade, definidor das condições de vida dos afrodescendentes no presente. Com a discriminação, a existência torna-se caracterizada pelo trauma, pela rejeição, pela violência, pela espoliação, pelo desrespeito, pela humilhação. A criminalidade torna-se, então, uma permanente sedução e possibilidade para aqueles que desejam o revide para tanta agressão e dor. Dessa forma, as políticas públicas, no sentido de ações afirmativas e inclusivas, exigem ainda que o processo de inclusão de nossos afrodescendentes seja revisado em todas as suas etapas, particularmente através de uma permanente revisão e reflexão da constituição histórica brasileira, em todas as suas etapas, a fim de mensurar a verdadeira importância dos afrodescendentes em nossa sociedade e resgatar a dívida social imposta a todos com a cultura da escravidão. É necessário que os afrodescendentes conheçam a possibilidade de purgação do passado que o conto de Luiz Silva (1996, p. 112) aponta: "Porta e paredes rabiscadas já não adiantam nada. Já nem servem mais ao desabafo".

Dentre as várias temáticas principais encontradas nas narrações do autor, vê-se no conto "Boneca" a busca pela representatividade e, ainda, o preconceito racial que privilegia os brancos e menospreza e discrimina os negros perante a sociedade. No conto em questão, ficamos diante da busca de um pai pelo presente de Natal que sua filha deseja, uma boneca negra: "Queira nos desculpar... A fábrica não fornece, sabe..." (Silva, 1996, p. 11). A partir daí se mostra com clareza o despreparo da sociedade diante da procura por um referencial negro: "Olha que gracinha esta aqui de olhos azuis! É novidade. Chegou ontem e já vendeu quase tudo" (*ibid.*). Esse tipo de fala é comum no conto, pois o personagem se depara com essas situações que demonstram o privilégio social do homem branco. As atendentes, todas brancas, procuram mostrar ao cliente apenas os objetos de sua preferência étnica. Em alguns trechos percebe-se o carinho das funcionárias com as bonecas brancas, principalmente com a "ruivinha de tom amarelado, bem clarinha" (*ibid.*), apresentando, assim, uma narrativa explícita de como o branco é muito mais aceito na sociedade.

Por mais impossível que pudesse parecer, o personagem, após uma busca incessante, finalmente encontra o produto. Porém, a fala que marca o fato é discriminatória e vexatória:

> — O senhor desculpe a demora e o transtorno. Mas, não foi nada. O importante é que encontramos o produto. Está em falta, sabe... Eles não entregam. Eu mesmo encomendei na semana passada. Mas o representante disse que a firma está exportando para a África. Está certo, mas aqui também tem freguês que procura, não é? O senhor é brasileiro?
> — Sim.
> — Então... o homem engoliu a frase e preparou a nota. (Silva, 1996, p. 12)

A discriminação e o preconceito, portanto, estão explícitos no fato de o proprietário propor que o objeto que o cliente procura só tenha um comércio frequente na África, onde seria o local em que a população teria mais "afinidade" ou demanda comercial em relação à boneca de feições negras. Assim, a busca de um brinquedo com essa característica no Brasil se torna um transtorno para as atendentes e um momento de constrangimento e humilhação para o personagem, mostrando como a sociedade não está preparada para lidar com aquilo que julga como diferente do "habitual" ou do socialmente aceito, embora a população afro-brasileira seja expressivamente numerosa no país. Para confrontar o fato da discriminação, deixando em foco a infância negra, vamos comparar o conto de Cuti com o conto *Negrinha*, de Monteiro Lobato.

Nessa narração, uma órfã, nascida na senzala, de mãe escravizada, passa a ser criada por uma senhora dona da fazenda e, nas mãos desta, sofre todos os tipos de castigos, torturas e humilhações. Uma criança de sete anos que teve a infância roubada por conta do preconceito da senhora, que ficou responsável por sua criação. Esta, inconformada com o fim da escravidão, desconta as suas frustrações e descontentamentos com esse fato na criança. A abordagem realizada não tem ligação com o enredo do conto, e sim com a passagem que mostra o contato de Negrinha com a sua infância. No caso do conto, quando a menina brinca de boneca pela primeira vez.

Ao receber a visita das sobrinhas de dona Inácia, dona da fazenda, Negrinha ficou extasiada, nunca vira um cavalo de pau e muito menos "uma criancinha de cabelos amarelos... que falava mamã... que dormia..." (Lobato, 2001, p. 79; p. 83). A percepção de vida e infância da menina se contrapõe de maneira tão explícita à sua realidade que Negrinha vai definhando e morre em sua esteirinha, rodeada de "bonecas, todas louras, de olhos azuis". Uma criança negra não era considerada criança na época em que se passa o conto de Lobato. Na obra de Cuti, por mais que exista esse acesso, é visível a dificuldade na busca pela representatividade. Gilberto Freyre, em sua obra *Ordem e progresso* (1974), exemplifica o culto às bonecas louras e de olhos azuis entre as meninas da gente mais abastada do Império, pois existe uma permanência do arianismo que desenvolve a idealização eugenista de crianças louras que se parecessem com as bonecas francesas.

Walter Benjamin (1985) explica que a criança pode manter a liberdade de aceitar ou rejeitar um brinquedo. Porém, de certo modo, isso será imposto às crianças como um objeto de culto. É a imaginação que fará com que esses objetos se transformem em brinquedos, o que não é uma necessidade infantil, mas os adultos que fabricam e comercializam o ideal de infância, e, sendo assim, pregam a sua ideologia, valores e privilégios. Em ambos os contos observa-se uma desigualdade social especificamente marcada desde a infância, pois os mesmos direitos não são iguais para negros e brancos, demonstrando, assim, que o espaço reservado à afrodescendência foi sempre restrito, em nome de um historicismo não maculado pela escravidão.

Em alguns contos, Cuti aborda uma temática que é o resultado de uma mistura de religiões, devido à colonização do homem branco. No conto "Cochicho", podemos observar a marca que essa mistura causou em José:

> Ao ser dominado o homem já fizera a sua última vítima: uma carijó bem nutrida, que ainda batia as asas no chão, com o punhal varando-a. Ao todo dez galinhas e um galo. Marina e os filhos, debaixo da mesa, amordaçados pelo pânico. José espumava, respingando sangue, balbuciando trechos bíblicos e esotéricos. (Silva, 1996, p. 17)

O catolicismo foi imposto aos africanos escravizados desde a sua chegada ao Brasil. É do passado que advém essa mistura de religiões. Nina Rodrigues, em seu artigo publicado na *Revista Brasileira*, edição de 1897, com o título de "Ilusões da Catechese", narra diversas situações onde rituais claramente ligados ao candomblé são feitos com uso de elementos ligados ao catolicismo, principalmente a ligação de santos a orixás, não sendo demarcado somente como manifestações católicas, mas também como um sinal da eficácia da catequese na conversão afrodescendente. Porém, essa mistura de crenças é vista como uma afronta ao catolicismo. Arthur Ramos, em sua obra *O negro brasileiro* (1934), recolhe falas recorrentes da época para marcar a discriminação religiosa:

> Lá estava, repimpando, ridículo o santo Homulu, deus da bexiga, e outros respeitáveis, tais como S. João, S. Jorge, etc. Oxalá também se encontrava naquele antro de perversão e ignomínia, em que se respirava uma atmosfera de nojo e asco, de repugnância e mal estar. Cabaças, cuias, velas acesas, todos os apetrechos ignóbeis da seita bárbara enchiam o quarto e lhe emprestavam um aspecto infernal. (Ramos, 2001, p. 115)

Um exemplo claro de intolerância religiosa que mostra o tipo de atitude que marca a relação da religião católica, a qual dispõe de uma porcentagem maior da população em relação à religiosidade afro-brasileira, passa uma ideia de que essas práticas seriam uma afronta aos bons costumes e, por isso, deveriam ser extirpadas. Segundo Ricardo Mariano (2007), podemos sintetizar a longa história de perseguição à religiosidade de matriz africana no seguinte texto:

> Nesse período, as gigantescas diferenças de tamanho, status e legitimidade dos grupos religiosos existentes no país também contribuíram para manter a mais completa marginalização dos cultos afro-brasileiros. Isto é, *o predomínio esmagador da Igreja Católica, a elevada influência católica sobre diversos agentes do alto escalão do Estado (não obstante a separação jurídica entre Igreja e Estado), a limitada liberdade religiosa exercida por umbanda e candomblé*, a fragilidade inicial do pluralismo religioso e da própria democracia nacional constituíram o pano de fundo social, politico, e religioso que possibilitou a manutenção tardia

da discriminação, da marginalização e ate da perseguição policial e religiosa dos cultos afro-brasileiros. (Mariano, 2007, p. 127, grifo nosso)

Existe ainda um conflito religioso pessoal, que pode ser observado no conto "Avenidas", no qual um jovem negro, que expressa a dúvida que o catolicismo lhe causa, mantém um contato direto com os querubins, sem entender muito bem o porquê dessa relação, já que não via como dissipar as "enormes sacolas de dúvidas adolescentes a carregar" (Silva, 1996, p. 76):

> Os querubins, muito solícitos, voltavam carregando minhas novas dúvidas ao Paraíso. Certa vez os confundi com passarinhos e acertei um deles, com uma pedra, bem na cabeça. Disse-me palavras ásperas do Apocalipse. Tremi nas bases e prometi emendar-me lendo mais a Bíblia. Assim que ele virou a bunda, abri meu gibizinho de sacanagem.

Isso mostra uma crença imposta pela sociedade, fazendo com que os seus usos e costumes tentem moldar a identidade dos afro-brasileiros. Na obra *Questão de Pele* (2009), de Luiz Rufatto, essa estranheza da religião do colonizador fica marcada na frase do escravo Mahommah, quando a este é imposto, por seus donos, um ritual que o personagem desconhece:

> Ele era católico, e fazia regularmente orações com a família... nós todos tínhamos que nos ajoelhar diante delas; a família na frente e os escravos atrás. Fomos obrigados a entoar algumas palavras cujo significado não sabíamos. Também tínhamos que fazer o sinal da cruz algumas vezes. (Rufatto, 2009, p. 211)

O confronto entre as religiões, no conto de Cuti, se dá no momento em que o jovem, ao qual não é dado um nome e nem características, é surpreendido ao se deparar com um galo preto, que lhe pede ajuda:

> Vem cá!
> Assustado, fui. Afinal, era um patrício estrebuchado no meio-fio. Perguntei ao me aproximar:
> Que foi?
> De pernas amarradas com fita preta e vermelha, o pescoço quebrado, a ave respondeu apenas:

Me leva até lá, apontando-me o cruzamento das duas grandes avenidas da minha vida, com um movimento dificultoso de uma asa partida.

Esperei por mais palavras. Nada. Em seu silêncio havia um corte muito profundo. Encobri o meu titubeio com um sorriso amarelo e verde. Olhei para os lados. Ninguém passava. E era meio-dia em ponto!... Naquele horário o rush não permitiu sequer ouvir o grito de uma vítima de meu trânsito emocional. Mas, tudo era deserto. Não estranhei tanto. A solidão é uma brisa que veio chegando aos poucos, trazendo luz. (Silva, 1996, p. 77, grifos do autor)

A cena descrita na narração é facilmente associada às religiões afrodescendentes: um cenário incorporado à cultura religiosa afro-brasileira que sofre com a intolerância, vitimando as crenças de matriz africana. Segundo os dados do Censo de 2010 sobre religião, foi contabilizada uma mudança de porcentagem significante no campo religioso brasileiro:

> Entre 1980 e 2010, os católicos declinaram de 89,2% para 64,6% da população, queda de 24,6 pontos percentuais, os evangélicos saltaram de 6,6% para 22%, acréscimo de 15,6 pontos, enquanto os sem religião expandiram-se num ritmo ainda mais espetacular: quintuplicaram de tamanho, indo de 1,6% para 8.1%, aumento de 6,5 pontos. O conjunto das outras religiões (incluindo espiritas e cultos afro-brasileiros) dobrou de tamanho, passando de 2,5% para 5%. De 1980 para cá, portanto, prosperou a diversificação da pertença religiosa e da religiosidade no Brasil, mas se manteve praticamente intocado seu caráter esmagadoramente cristão. (Mariano, 2013, p. 119)

Por mais significativa que seja essa mudança dos grupos religiosos, ainda observa-se conflitos identificáveis nos casos de discriminação à religiosidade afro-brasileira. Os embates ocorridos devido a essa diversidade suscitam polêmicas de várias ordens, "inclusive pelas características de como essas religiões ora se aproximam, ora se distanciam em suas práticas ritualísticas, cosmovisões e a formas de organização" (Silva, 2007, p. 316). Para o personagem da narração, o ritual que presencia é uma fonte para a compreensão de sua ancestralidade: "Eu, seguro em suas pernas, fui trazido para este lugar de paz, livre de anjos e nossos senhores. É o céu de mim mesmo que eu tanto desconhecia" (Silva, 1996, p. 78).

Ainda questionando o tema da religiosidade, vemos, no conto "O batismo", o protagonista Paulino gerando uma desordem no ambiente familiar devido ao fato de não concordar com o batizado do sobrinho. Ele os enfrenta dizendo que estão negando suas origens:

> Ouviram todos vocês? Eu acabo de dizer, com este exemplo nas mãos, da quebra da nossa identidade negra. Ouçam o nome do meu adorado sobrinho: Luizinho... Já não chega o sobrenome Oliveira? Luiz é nome de qual ancestral? Refere-se a qual matriz cultural? E, minha gente, o nome é de origem francesa. Significa defensor do povo... (Silva, 1996, p. 42)

Paulino não concorda com o batizado, com o fato de os padrinhos serem brancos e com a falta de comprometimento da família em prol das causas da raça. Sendo assim, ele se vê na obrigação de "reivindicar o direito a identidade cultural" (Silva, 1996, p. 43), e tenta exemplificar aos demais o motivo de sua revolta: "A nossa religião nunca vai iniciar nenhuma criança. A gente tá se destruindo!", impondo assim a sua luta pela preservação de suas raízes e tradições. O propósito da análise desse conto é contrapor as opiniões; da mesma maneira que as religiões afro-brasileiras procuram firmar suas celebrações herdadas da África, o catolicismo busca ainda catequizar essa matriz cultural.

Quando se fala de estética negra, Cuti exemplifica o descontentamento da mulher com os seus traços físicos, o que torna quase impossível não se referir a cabelos:

> Mágoas passadas acionam o impulso de Zuleica. É bonita e se orgulha de ter conseguido um perfeito alisamento dos cabelos. Desenvolvera o cacoete de jogá-los para trás. Adora dias de muito vento. Sentia um incômodo ao ver mulheres com seus cabelos naturais. A onda de cabelo black fustigara Zuleica na sua vaidade. Várias vezes expressara-se contra: *Eu, hein!... Usar cabelo picumã? Eu não!...* (Silva, 1996, p. 44, grifos do autor)

Este trecho evidencia qual seria o padrão de beleza estética aceitável na época, colocando o cabelo crespo, que é uma herança das origens africanas, fora do modelo valorizado. Neusa Batista Pinto, em sua obra infanto-juvenil *Cabelo Ruim* (2007, p. 7), afirma que:

> [...] estigmatizado, o cabelo crespo foi por muito tempo classificado como 'inadequado' em favor do padrão de beleza geralmente branco ditado pela moda e perseguido principalmente pelas mulheres. O bonito é o liso. O crespo é o 'outro', o 'diferente'.

Esse estigma persegue várias personagens na obra de Cuti: "É *Ednardo, agora ela está assumindo a identidade da raça. Não alisa mais o cabelo. Ficou melhor, não ficou?* - adiantou-se o mestre, fingindo um entusiasmo" (Silva, 1996, p. 90, grifos do autor). O fato é que alisar os cabelos não torna uma mulher menos negra, do ponto de vista da consciência de raça. Porém, a problematização em questão é o preconceito e a discriminação que sofreram devido à influência de espaços sociais que são diretamente ligados aos padrões que beneficiavam aqueles com a estética mais próxima da estética branca. No conto "Incidente na Raiz", a protagonista Jussara não se identifica como uma jovem negra. Devido a isso, recorre a vários tratamentos estéticos para tentar se encaixar nos padrões de beleza que julgava "adequados":

> Jussara pensa que é branca. Nunca lhe disseram o contrário. Nem o cartório. No cabelo crespo deu um jeito. Produto químico e fim! Ficou esvoaçante e submetido diariamente a uma drástica auditoria no couro cabeludo para evitar que as raízes pusessem as manguinhas de fora. Qualquer indício, munia-se de pasta alisante, ferro e outros que tais e... O nariz, já não havia nenhuma esperança de eficácia no método de prendê-lo com pregador de roupa durante horas por dia. A prática materna não dera certo em sua infância. Pelo contrário, tinha-lhe provocado algumas contusões de vasos sanguíneos. Agora, já moça, suas narinas voavam mais livremente ao impulso da respiração. Detestava tirar fotografias frontais. Preferia de perfil, uma forma paliativa, enquanto sonhava e fazia economias para realizar operação plástica. E os lábios? Na tentativa de esconder-lhes a carnosidade, adquirira um cacoete – já apontado por amigos e namorados (sempre brancos) – de mantê-los dentro da boca. Sobre a pele, naturalmente bronzeada, muito creme e pó para clarear. Lá um dia,

> veio alguém com a notícia de 'alisamento permanente'. Era passar o produto nos cabelos uma só vez e pronto, livrava-se de ficar de olho nas raízes. Um gringo qualquer inventara a tal fórmula. Cobrava caro, mas garantia o serviço. Segundo diziam, a substância alisava a nascente dos pêlos. Jussara deixou-se influenciar. Fez um sacrifício nas economias, protelou o sonho da plástica e submeteu-se. Com as queimaduras químicas na cabeça, foi internada às pressas, depois de alguns espasmos e desmaios.
>
> Na manhã seguinte, ao abrir com dificuldade os olhos, no leito de hospital, um enfermeiro crioulo perguntou-lhe:
>
> — Tá melhor, nêga?
>
> Ela desmaiou de novo. (Silva, 1996, p. 118)

Existe, enraizada, uma negação quanto à condição da própria identidade. Para Gomes (2008), essa negação advém de um processo, que se alonga perante os séculos, na caracterização dos negros. Desde o início, a relação estabelecida no Brasil era de exploração e objetificação por intermédio do regime escravocrata. Isso recriminou as características físicas e as preferências individuais, estabelecendo uma homogeneidade entre os povos de várias etnias. A construção da imagem do negro tinha uma influência social que partia da visão do homem branco, pregando uma ideologia de sociedade dominante. Desde então, esses processos estéticos voltados ao padrão branco de beleza foram se aprimorando e, consequentemente, atraindo cada vez mais adeptos. Na narrativa, a protagonista tem o desejo de se enquadrar nesses critérios. Percebe-se um conceito discriminatório com a própria identidade, vindo de um complexo de inferioridade que foi imposto a ela desde a infância, quando a mãe apertava-lhe o nariz com o prendedor. Sendo assim, Jussara não nega esforços para tentar minimizar os traços que ela não aceita de sua etnia/raça, tornando, assim, o conceito de Taylor (1994) pertinente à situação:

> [A identidade] designa algo que se assemelha à percepção que as pessoas têm de si mesmas e das características fundamentais que as definem como seres humanos. A tese é que nossa identidade é parcialmente formada pelo reconhecimento ou pela ausência dele, ou ainda pela má percepção que os outros tem dela [...]. O não reconhecimento ou reconhecimento inadequado

> pode prejudicar e construir uma forma e opressão, aprisionando certas pessoas em um modo de ser falso, deformado ou reduzido. (Taylor *apud* Figueiredo, 2010, p. 189–190)

Em 1966, com a formação do grupo revolucionário americano *Os Panteras Negras*, obteve-se um salto na evolução do empoderamento estético negro. Tratava-se de um grupo armado que lutava contra a opressão sofrida pelos negros. Uma das presidentes e ativistas do movimento, Kathellen Cleaver, fez um dos discursos que mais repercutiu perante a sociedade, para o uso dos cabelos naturais:

> Esse irmão aqui, eu mesma, todos nós nascemos com nossos cabelos assim e simplesmente usamos desse jeito porque é natural. Você poderia dizer que a razão para isso é uma nova consciência entre as pessoas negras de que sua própria aparência física natural é bonita e agradável. Por tantos anos, nos disseram que apenas pessoas brancas eram atraentes, que somente cabelos lisos, olhos claros e pele clara eram bonitos, então as mulheres negras faziam de tudo – alisar seus cabelos, clarear a pele – para se parecerem o máximo possível com mulheres brancas. Isso mudou porque as pessoas negras estão conscientes. As pessoas brancas também estão, porque as pessoas brancas agora querem perucas naturais desse jeito. Você gosta? Não é bonito? (Cleaver, 1968)

A aceitação da estética negra vem se desenvolvendo de maneira crescente desde então. As páginas, blogs e sites de empoderamento da beleza negra têm hoje um acesso constante. Aliás, nunca se buscou tanta informação sobre o cabelo crespo e cacheado no Brasil quanto no ano de 2017. Segundo o portal O *Globo*, o crescimento alcançou a marca de 309% em relação aos anos anteriores. Informações foram divulgadas pelo *Google BrandLab* de São Paulo. Segundo Amanda Sadi (*apud* Barros, 2017), gerente de *insights* da página, "um dos principais fatores que contribuíram nas buscas por cabelos cacheados foi o discurso de empoderamento feminino e de aceitação da própria beleza".

Dando continuidade, portanto, à abordagem focada nas personagens femininas dos contos, é necessário também realizar uma análise a respeito da hiperssexualização da mulher negra, representada como portadora de uma sexualidade exagerada, como também sobre o machismo que sofrem por isso. No conto "Desencontro", ficamos diante da história de Pedro, um homem em um casamento insatisfatório sexualmente, e que se encanta com um recado presente em uma seção de cartas da revista *Prazer Café*:

> Amor delicia discreta. Sou jovem e bonita. Detesto escândalos amorosos. Gostaria de me relacionar com um homem de meia idade que soubesse fazer amor sem pressa. Minhas ancas dão quebranto. Mulata recatada. (Silva, 1996, p. 19)

O recado fica marcado na mente do protagonista devido à sua intenção explicitamente sexual. Adelaide, responsável pela publicação, passa a ser um objeto de desejo para Pedro, que, inclusive, chega a lhe escrever um bilhete que, por fim, não é enviado. Porém, o que fica explícito é o interesse do personagem, pelo fato de a carta ser assinada por *Mulata Recatada*. Duarte (2009), em sua obra *Mulheres marcadas: literatura, gênero, etnicidade*, utiliza os seguintes argumentos para exemplificar o teor depreciativo do termo:

> [...] condição de corpo disponível [que] vai marcar a condição literária da mulata: animal erótico por excelência, desprovida de razão ou sensibilidade mais acuradas, confinada ao império dos sentidos e as artimanhas e trejeitos da sedução. Via de regra desgarrada da família, sem pai nem mãe, e destinada ao prazer isento de compromissos, a mulata construída pela literatura brasileira tem sua configuração marcada pelo signo da *mulier fornicaria* (sic) da tradição europeia, ser noturno e carnal, avatar e meretriz. (Duarte, 2009, p. 6, grifos do autor)

No conto de Cuti, a representação de Adelaide como mulher independente, por morar sozinha e propor um relacionamento descompromissado em uma revista, se encaixa na fala de Duarte, ainda que em outro conto essa mesma independência seja proposta como uma desculpa para que esse pré-julgamento seja aceito com uma abordagem machista:

> Maria Inês era solteira. Nos seus 44 anos aparentava menos, bem menos. Governanta de família tradicional, havia conseguido boas vantagens, dentre as quais residir fora do emprego alguns dias da semana, além de um salário razoável. O apartamento que morava era pequeno, porem satisfatório para a

> inexpressividade de seus compromissos e móveis. [...] Mas, como se relacionara sexualmente com alguns poucos homens, era motivo de algum disse-que-disse. (Silva, 1996, p. 93)

"Vitória na noite" é um conto com várias temáticas preconceituosas inclusas. As falas que se referem à Maria Inês são sempre depreciativas: "Você, como governanta, pelo padrão de vida, está ganhando de muita gente com título universitário" (Silva, 1996, p. 94). Trata-se de uma personagem que apresenta certo grau de estabilidade financeira, intelectual, afinal, é autora de um livro, e independente, mas o que é representado é um estereótipo da mulher negra instituída como sensual, rebaixada socialmente e moralmente, subalterna, zoomorfizada no imaginário brasileiro. Segundo Jarid Arraes (2013), esses são obstáculos para as mulheres negras brasileiras, um empecilho constante e cruel para a conquista do crescimento profissional e a ocupação de lugares de relevância na sociedade.

Tanto no conto "Desencontro" quanto em "Vitória da Noite" estão contidos os fatores do machismo e da solidão da mulher negra. Em relação ao machismo, vê-se a relação de posse que os personagens masculinos têm sobre os femininos, quando aparece algum suposto amante ou parceiro das protagonistas no enredo:

> Explodi:
> *Vai me explicar, sua puta! Que negócio é esse de Mulata Recatada? Quem é esse tal de Lúcio?*
> Eu agitava o envelope ainda fechado. Estava transtornado. Vociferei e, após tantos outros impropérios meus, saí, esmagando na porta seu quase gemido: *Eu não sei, eu não sei de nada...* (Silva, 1996, p. 24, grifos do autor)

Lembrando que o que conquistou Pedro na carta foi o pseudônimo *Mulata Recatada*, mas não foi assim que se conheceram na realidade. Em um encontro casual no clube que ambos frequentavam, deu-se a discrepância, acentuada pelo fato de que Pedro não aceita que a mulher que ele está envolvido seja a mesma pela qual ele demonstrou tanto interesse na revista, em mais uma ironia que marca o machismo:

Oh, Ednardo! atacou com voz em veemência trêmula.
Você esta aí, rapaz? É uma pena que eu já estou de saída. Andei me sentindo mal e Maria Inês me socorreu... Tossiu, deu a mão para Maria Inês, balançou a cabeça ao poeta.
Doutor Mendes, o senhor vai sair a essa hora? Já passa da meia-noite.
Tomo um taxi, Maria Inês! Tomo um taxi, respondeu rispidamente. (Silva, 1996, p. 100, grifos do autor)

O professor Mendes deixa claro o descontentamento com o fato de Maria Inês estar recebendo uma visita masculina no meio da noite. Conforme Santos (2014, p. 61), esse machismo marcado pela relação possessiva deve-se "ao sistema escravocrata brasileiro, que fez com que os homens brancos vissem na relação sexual forte lucro, devido à procriação, e, além disso, concebessem a mulher negra/mulata como sua posse, tal qual as terras da colônia", assim gerando uma condição favorável ao pensamento machista e escravocrata, que é demostrado nos contos, o qual ainda persiste na realidade sociocultural. Ainda em outras obras pode-se perceber como essa prática se estabeleceu e é acometida com certa naturalidade. De acordo com Passos (2014), o que favorecia essa cultura de dominação é que não era vista como estupro ou violação para o escravizador, uma vez que os escravos eram bens móveis sub-humanos, que não possuíam direitos humanos e eram considerados coisas, propriedades.

O homem negro também tem sua porcentagem de objetificação. Estereotipado como alto, corpulento, bem dotado e de excessivo vigor sexual, não era aceito como um amante modesto, como é descrito no conto "O Dito pelo Dito Benedito":

mas apareceu uma louquinha para experimentar você, não foi? Perguntou. queria o queijo ou a rosa-dela. respondi:
era uma tábua, meio quadrada. não dava pra mastigar. não valia a pena. e também se mandou, depois de analisar minhas qualidades literárias e comparar às dos africanos. ela sonhava grandezas. acho que decepcionou, e deve ter dado pane em seu sistema de medida. (Silva, 1996, p. 132)

A projeção sobre a pele negra impõe um conjunto de regras. Um membro com as medidas do protagonista não seria digno de reconhecimento ou atenção. Segundo a etnógrafa negra norte-americana Yaba Blay (*apud* Ribeiro, 2017), isso se trata de uma herança escravagista, que alimenta um seguimento de mitos e estereótipos que naturalizam essa necessidade de validação sexual, propondo ao negro que esse seria o seu privilégio e o desencoraja de discutir sobre a discriminação e outros abusos que são vitimados há mais de quinhentos anos. Essa discriminação também fica exposta na estranheza causada pelas relações inter-raciais. Quando se trata de um país de formação escravista, o assunto se torna polêmico e sempre sendo discutido.

Apontando a definição de trauma descrita por Freud (1976b, p. 325), vê-se o quanto uma experiência traumática reflete nas gerações futuras e ainda culmina na realidade que o indivíduo vive "como se ainda estivesse enfrentando-a como tarefa imediata ainda não executada". No conto "Preto no Branco", de Cuti, o personagem Betão sofre com o preconceito da família de sua namorada Marli. O relacionamento não é bem aceito, visto que ele é negro e ela branca, e o medo de passar por situações de constrangimento é concentrado no conto, como é possível observar ao longo do seguinte trecho:

> É isso, Betão, vai naquela onda de que amor é cego e no fundo, no fundo, está mais é querendo abraçar uma princesa Isabel. Toda garra de crioulo consciente vai pras as cucuias.
> Oooooo, Baltazar, vai devagar, pega macio. Não exagera. Não é bem assim..., replicou ele sem muita convicção. E acrescentou: Você é meu camarada, meu irmão de longa data. Não vai achar que eu estou de otário na parada, vai?
> Mas, é melhor você se confundir um pouco agora do que se foder depois. Sabe como é que são esses brancos quando dão pra humilhar a gente! Esse negócio de racismo funde a cuca de qualquer um. Lembra do Elias? Ficou lambendo tanto a mina que ganhou um par de chifre e ainda foi xingado de macaco. Quis sair na porrada e acabou sendo grampeado. (Silva, 1996, p. 35)

Mesmo sem convicção no relacionamento, Betão investia nele, procurava se relacionar bem com os pais da namorada, mas o preconceito dominante vinha de Rubinho, irmão de Marli, que não aceitava a relação, e que, mesmo após uma tentativa de homicídio e uma acusação infundada contra o protagonista, não conseguiu evitar o casamento. Segundo Edward Telles (2008), há um grande número de casamentos inter-raciais no Brasil. Porém, como exemplifica no seu livro *Racismo à brasileira: uma nova perspectiva sociológica* (2008), cinco em cada seis dessas uniões têm o cônjuge negro com um status socioeconômico superior. Ainda de acordo com o autor, são indivíduos que estão em uma posição de superioridade social, educacional e financeira, sendo assim dotados de uma realidade em que podem "trocar" sua "inferioridade racial" e "superioridade socioeconômica" por uma "superioridade racial" e "inferioridade socioeconômica" dos indivíduos pobres da classe privilegiada. Nesse caso, os brancos.

Telles (2008) ainda estudou os dados matrimoniais brasileiros que revelam que o racismo estrutural da nossa sociedade, o qual desloca os negros para uma classe de cônjuges de baixo "mercado matrimonial", colocando-os em uma escala de grande desvantagem, exige um conjunto de prerrogativas e contrapartidas compensatórias de ordem econômica para obter um casamento "vantajoso", e conseguir, dessa forma, competir em pé de igualdade com a típica família brasileira branca, sugerindo assim que a união com alguém da "raça" considerada "inferior" só compensaria no caso de uma ascensão social e segurança financeira. Ou seja, sacrifica-se a branquitude em nome da ascensão social, pura e simplesmente.

A partir dessas estatísticas, chega-se a outro conto de Cuti. Com apenas algumas linhas, sua abordagem é bem significativa no contexto das relações inter-raciais. "In-Cura" fala sobre um casamento, um divórcio e um novo casamento:

> Era branca de doer. Mas, como o amor não tem cor, desposou um negro retinto. A dor não passou. Desenlace, divórcio, casório de novo. Loiro de olhos azuis. A dor piorou. (Silva, 1996, p. 32)

Segundo Fanon (2008, p. 85), "é utópico procurar saber em que um comportamento desumano se diferencia de outro comportamento desumano". A solidão e dor da personagem não distinguem as raças. O fato é que o autor não insere culpa à cor de nenhum dos personagens pelo ocorrido. Tanto uma relação entre casais homocrômicos ou heterocrômicos pode resultar em um desfecho como o do conto. Nesse sentido, os preconceitos predominantes em algumas narrações de Cuti são demarcados pelo destino ou condições de vida dos negros. O elemento da discriminação acaba sendo caracterizado pela rejeição, pela humilhação, pelo trauma e pela criminalidade, que se enraíza junto à cor, fazendo com que o único destaque que os personagens ganham nos contos seja o de marginal, ladrão, assassino e traficante, em um círculo vicioso que gera uma eterna conduta de autoexclusão e deprecia a imagem dos protagonistas em constante paroxismo de sofrimento, angústia e trauma.

O conto "Carreto", por exemplo, narra a história de um jovem, aliás, uma criança, que desde cedo trabalha para ajudar nas despesas da casa, pois, como muitos outros, é "movido pela responsabilidade que a pobreza lhes impõe" (Silva, 1996, p. 27), passando por situações de constrangimento e humilhações:

> Ô macaco! Fora daqui, tição apagado! o feirante grita.
> Olha o carregador!... insiste no seu pregão.
> Hei, vem cá! alguém intima. E continua: Dá o carrinho aqui. É um funcionário da prefeitura. (Silva, 1996, p. 28, grifos do autor)

O termo pejorativo "macaco" também é utilizado em outras narrações de Cuti. Sua vertente racista é usada desde a teoria da seleção natural de Darwin (1859) até a atualidade, discorrendo sobre várias formas e justificativas para o uso dessa ofensa depreciativa. Sem pautar esse viés argumentativo, pondera-se, aqui, a questão exclusivamente pela sua significância discriminatória, que, segundo Leandro Beguoci (2014), dá-se em função de objetivo de animalização do discriminado, o qual dispõe-se na seguinte ordem: primeiramente, ao chamar um negro de macaco, faz-se uma associação entre um humano e um não humano; essa associação é feita principalmente por causa da cor. Ao realizar essa comparação, há a afirmação de que um negro está abaixo da escala da evolução. Portanto, mais uma vez, existe a ideia de que negros são animais, e não humanos, e têm menos direitos que os homens brancos. Dessa forma, o racismo e o preconceito ficam marcados, estigmatizados com uma perspectiva não somente de diminuição social, mas também da cadeia evolutiva, subalternizando-o.

Além disso, lê-se no trecho a crueldade do fiscal, ao recolher o instrumento de trabalho do menino, o qual não tem referência sobre seu nome, sendo tratado apenas como "macaco", "neguinho", "preto", "pivete" e "Pelézico":

> *Pô, a molecada nem pode trabalhar sossegada!... Maior trabalho fazer um carrinho, chegam esses caras e...*, resmunga outro colega, sustentando um pedregulho para atirar contra os homens. (Silva, 1996, p. 28. Grifos do autor)

Movido por um torpor de revolta e desespero, por ter um irmão doente em casa, resolve no ímpeto roubar uma bolsa, é pego e vai parar na cadeia "superlotada e fétida. Está entre adultos" (p. 29). A criança negra não é infantilizada desde os primórdios da sociedade brasileira: "a sociedade colonial usurpava da criança negra o direito à infância. Logo que nascia, ela não tinha direito ao leite e aos cuidados maternos" (Farias, 2013, p. 51).

Nessa mesma abordagem que retira a criança de sua infantilidade, há o conto "Vida em Dívida". Paulo Roberto, o personagem, passa pelas acusações do personagem Seu Manoel:

> Vais morrer, negrinho!
> Num te fiz nada. Tô pagando o cigarro, num tô?
> Com o dinheiro que me roubaste ontem, malandro! Pensas que não sei?
> Não fui eu.
> Vais dizer que foi a minha mãe, então? A hora que eu saí pra ver o incêndio na Dona Rosane, estavas na esquina, não estavas?
> Mas não roubei nada.
> Já é a segunda vez que me aprontas, moleque! Vou mandar te dar um jeito, pode deixar... Pois não, Dona Maria?... (Silva, 1996, p. 46)

Com essas acusações se inicia o conto, que narra a vida de um jovem de quatorze anos que assume a responsabilidade de cuidar dos irmãos e da mãe: "Sai convencido também de suas responsabilidades. É o mais velho dos três filhos. Gosta de sentir-se o homem da casa, já que o pai sumiu desde o nascimento da irmã" (p. 47). Porém, o personagem se vê tão acuado diante da situação que decide fugir para não ser responsabilizado pelo furto. Paulinho deixava para trás sua família, mas a necessidade de escapar da armadilha de Seu Manoel e da realidade opressiva que vive se tornara maior. Contudo, para a tristeza do protagonista, a sua fuga o salvou e condenou o seu irmão mais novo, que foi alvejado em seu lugar, sem a chance de defesa, tornando-se mais uma vítima da cultura discriminatória que atinge o jovem negro:

> Filhos de rato! Fodo-os! Só servem pra pedir. Ou então roubar. Fodo-os todos! Vão roubar o diabo, se quiserem! Com esse pensamento seu Manoel fecha o estabelecimento bem mais cedo, desculpando-se dos que tardam no aperitivo. (Silva, 1996, p. 46)

Com esse pensamento, o personagem Seu Manoel utiliza-se da metonímia discriminatória ao se referir aos negros, tentado julgar a parte pelo todo, ao menos a parte que ele acusa de ser culpada, fazendo uma completa zoomorfização da população afro-brasileira, referindo-se aos negros como ratos, retratando-os como animais sujos.

Nessa altura, é necessário comparar a narração de intolerância racial de Cuti contida neste conto com o início da eugenia no Brasil. No início de século XX, os negros eram considerados um problema de saúde pública e saneamento básico a partir da interpretação eugenista de um movimento de médicos sanitaristas que, a posteriori, os historiadores batizaram de higienismo. Segundo Renato Kehl (1920), a Sociedade Eugênica de São Paulo tinha como propósito principal promover a modernidade cultural, dissimulando, assim, uma eugenia ou faxina étnica que parecia não ser tão preconceituosa no início, ao menos em termos discursivos. Ao ver de Stepan (2004), era interpretada simplesmente como um novo ramo de higiene, baseando-se nas ciências sanitaristas. O que não se esperava é que a eugenia brasileira estivesse camuflada nesse meio e ainda ganhando força e adeptos para a seleção de uma nova raça, pura e superior:

> A sociedade humana contra os fatores de degeneração, controlando os casamentos, evitando o matrimônio entre tarados e degenerados, vulgarizando e aplicando conhecimentos necessários à proteção individual e racial. (Kehl, 1935, p. 17)

O primeiro Congresso Brasileiro de Eugenia foi realizado em 1929, e propôs o seu ideal eugênico da seguinte forma:

> Durante muito tempo, [...] supôs-se que o meio dominava os organismos, portanto a medicina e a higiene resolveriam o problema de saúde; mas a ciência demonstrou haver alguma coisa que independe da higiene: é a semente, a herança, que depende da eugenia (Primeiro Congresso Brasileiro de Eugenia: Atas e Trabalhos, 1929, p. 11).

Assim como Seu Manoel, personagem do conto, discrimina a população afro-brasileira como um todo, os eugenistas visavam e apontavam todos os negros como um problema de saúde pública, que precisava ser erradicado, erradicação que perde força após o projeto eugenista/nazista alemão culminar no Holocausto. No conto "Dupla Culpa", a narrativa tem um trecho em que fica explícito como a violência aborda o afrodescendente em seu dia a dia:

> *Mão na cabeça todo mundo! Encostado no muro!* Gritavam os investigadores. Houve a revista. Cândido tremeu quando um tira colocou a mão no bolso dele e tirou um pacau de maconha, que ali nunca estivera antes. Um peso violento sobre a nuca, um puxão pelo colarinho. Foi arremessado contra a viatura.
> *Fumeta! Vai explicar onde conseguiu isso. Guarda o neguinho lá dentro!*
> Quis gritar: *Não tenho nada com isso. Nunca usei droga. Você colocou isso no meu bolso...* mas o grito não saiu. Assim, como tantos outros, ficou retido num novelo de angústia bem dentro de si. (Silva, 1996, p. 74, grifos do autor)

Nesse texto, a violência se manifesta de diferentes formas. Existe o abuso do poder, a agressão física, a injúria racial e a criminalização, atitudes advindas do preconceito que é construído socialmente. Adorno (1950) explica que a segregação e a discriminação decorrentes das autoridades são sustentadas pelo racismo e o que oportuniza isso é a condição de subalternidade e de inferioridade que o articulador dessas expressões e atitudes julga como uma manifestação de identificação do inimigo ou classe inferiorizada por uma personalidade autoritária, como é o caso demonstrado no conto. Em outros termos, o fenômeno ocorre quando o oprimido identifica-se com o opressor, a ponto de desejar igual poder. Segundo Pinheiro (1991, p. 48):

> durante toda república no Brasil, as práticas repressivas dos aparelhos de estado e das classes dominantes estiveram caracterizadas por um alto nível de legalidade, independentemente da vigência ou não das garantias constitucionais. Para os pobres, miseráveis e indigentes que sempre constituíram a maioria da população podemos falar de um ininterrupto regime de exceção paralelo sobrevivendo às formas de regime, autoritário e constitucional.

Um trecho da narrativa que confirma esse enfoque de Pinheiro é o último parágrafo do conto:

> Uma sirene rasga o ar em sua direção. A luz do holofote projeta-se sobre ele. Quer correr, mas num ímpeto salta o muro de uma casa e cai sobre a relva com um tiro na nuca. (Silva, 1996, p. 75)

O protagonista era culpado de um crime, porém, o fato de tentar fugir estabeleceu a sua sentença de culpa e de morte. O preconceito, portanto, é um fantasma do qual não se escapa, pois atravessa o tecido social de ponta a ponta, trama por trama, deixando apenas poucas oportunidades de escape às vítimas desse atroz mecanismo social de violência e exclusão.

Considerações finais

Conceição Evaristo (2010), em seu artigo "Literatura e educação segundo uma perspectiva afro-brasileira", explica que, ao se pensar em educação, supõe-se que o ensino não seria fundamentado no padrão dominante da cultura hegemônica, para que, no parâmetro ensino-aprendizagem, se inclua a necessidade de contemplar a diversidade étnico-racial a fim de que não haja nenhum tipo de exclusão. Nessa passagem, a autora chama atenção para a desumanização dos escravos, o que deixa o personagem extremamente abatido, humilhado e fragilizado. Sua revolta é expressa por pensamentos violentos, os quais são amenizados por essa fuga da sala de aula, caracterizando uma incidência apontada nas pesquisas como uma vulnerabilidade para evasão escolar:

> [...] Nos últimos anos, alguns estudos têm demonstrado que o acesso e a permanência bem sucedida na escola variam de acordo com a raça/etnia da população. Ao analisar as trajetórias escolares dos negros as pesquisas revelam que estas se apresentam bem mais acidentadas do que as percorridas pelos alunos brancos. O índice de reprovação nas instituições públicas também demonstra que há uma estreita relação entre educação escolar e as desigualdades raciais na sociedade brasileira. [...] É preciso considerar que a escola brasileira, com sua estrutura rígida, encontra-se inadequada à população negra e pobre deste país. Nesse sentido, não há como negar o quanto o seu caráter é excludente. (Gomes, 2001, p. 85)

Por mais que não haja, nos contos de Cuti, uma menção explícita à evasão escolar, subentende-se a situação excludente pelas quais os afrodescendentes se deparam diante de um padrão de ensino com déficit da educação, falta de recursos materiais e, ainda, com abordagens que causam uma agressão simbólica ao corpo físico e cultural do negro. Tendo como objetivo, portanto, realizar uma análise da fala e dos termos preconceituosos na obra *Negros em Contos* (1996), de Luiz Silva, cujo pseudônimo literário é Cuti, conclui-se que, no que tange ao assunto em questão, tanto a obra citada quanto as produções utilizadas para reafirmar e evidenciar a discriminação contida no eu enunciador negro são capazes de contribuir para o surgimento de uma reflexão e de uma conscientização sobre a avaliação que a sociedade faz quanto a uma escala de valores, em que se pressupõe a identidade negra vinculada, de partida, a uma atroz desigualdade e intolerância, enquanto grupo marginalizado socialmente. Portanto, os textos trabalhados aqui são utilizados como uma proposta de reflexão capaz de sensibilizar a sociedade para as diferenças que fazem parte da realidade e da vivência dos afrodescendentes no Brasil:

> A literatura negra é aquela desenvolvida por autor negro ou mulato que escrava sobre a sua raça dentro do significado do que é ser negro, da cor negra, de forma assumida, discutindo os problemas que a concernem: religião, sociedade, racismo. Ele tem que se assumir como negro. (Lobo, 2007, p. 266)

Por último, é necessário considerar ainda que, para a existência concreta de uma literatura afro-brasileira ou mesmo *negra*, não é suficiente o fato de os textos serem escritos por autores afro-brasileiros ou apresentar temática que abarque a cultura afro-brasileira. Segundo o pesquisador Eduardo de Assis Duarte (2011, p. 390), autoria e temática são, indubitavelmente, fatores constituintes e relevantes, que não podem ser descartados, no entanto, "literatura é discursividade e a cor da pele será importante enquanto tradução textual de uma história própria ou coletiva". Portanto, o ponto de vista negro tem de estar presente na tessitura textual da obra, de forma que a problemática existencial, cultural, social e literária da identidade afro-brasileira esteja patente em todo o texto. Segundo ainda Duarte (2011), é necessária a adoção de uma linguagem diferencial que em relação ao discurso literário dominante dos escritores brancos, com o fim de questionar o discurso hegemônico, a fim de destacar o imaginário afro-brasileiro. A obra de Cuti inscreve-se, portanto, no horizonte de tais exigências críticas e teóricas.

ADORNO, Theodor et al. *The authoritarian personality*. New York: Harper and Brothers, 1950.

ARRAES, Jarid. A carne mais exótica do mercado. *Blogueiras negras*. Disponível em: http://blogueirasnegras.org/2013/07/22/a-carne-mais-exotica-do-mercado.

BARROS, Luiza. Pela primeira vez no Brasil, buscas no Google por cabelo cacheado superam as por cabelo liso. *O Globo*. 8 de agosto de 2017. Disponível em: https://oglobo.globo.com/ela/beleza/pela-primeira-vez-no-brasil-buscas-no-google-por-cabelo-cacheado-superam-as-por-cabelo-liso-21683014.

BEGUOCI, Leandro. Por que chamar negro de macaco é racismo? 07 de setembro de 2014. *Geledés*. Disponível em: https://por-que-chamar-negro-de-macaco-e-racismo/.

BENJAMIN, Walter. *Reflexões*: a criança, o brinquedo, a educação. Trad. Marcus Mazzari. São Paulo: Summus, 1985.

_______. "Conto e cura". In: ______. *Rua de mão única*. Trad. Rubens Torres Filho e José Carlos Martins Barbosa. São Paulo: Brasiliense, 1987. Vol. II.

BERND, Zilá. *Introdução à literatura negra*. São Paulo: Brasiliense, 1988.

_______. *Negritude e literatura na América Latina*. Porto Alegre: Mercado Aberto, 1987.

BOSI, Alfredo. "A escrita e os excluídos". In: ______. *Literatura e resistência*. São Paulo: Ática, 2002. p. 257- 269.

CLEAVER, Kathleen. RBG-Why we wear our hair like this 1968, Kathlen Cleaver of the BPP Breaks it Down. Disponível em: https://www.youtube.com/watch?v=SUdHf6nqL9U.

CONGRESSO BRASILEIRO DE EUGENIA. Rio de Janeiro, 1929. *Actas e trabalhos*. Rio de Janeiro: s. n., 1929. v. 1. 342 p.

DUARTE, Eduardo Assis. Mulheres marcadas: literatura, gênero, etnicidade. *Terra roxa e outras terras* - Revista de estudos literários, v. 17, 2009.

______. "Por um conceito de literatura afro-brasileira". In: DUARTE, Eduardo de Assis; FONSECA, Maria Nazareth Soares (orgs.). Literatura e afrodescendência no Brasil: antologia crítica. Belo Horizonte: Editora UFMG, 2011, vol. 4, História, teoria, polêmica. p. 375–403.

EVARISTO, Conceição. *Literatura negra*: uma poética de nossa afro-brasilidade. *Scripta*. Belo Horizonte, v. 13, n. 25, p. 17–31, 2009.

FARIAS, Mabel. "Infância e educação no Brasil nascente". In: VASCONCELLOS, Vera Maria Ramos de (Org.). *Educação da infância*: história e política. Rio de Janeiro: DP&A, 2005. p. 33–48.

FANON, Frantz. *Pele negra, máscaras brancas*. Trad. Renato Silveira. Salvador: EDUFBA, 2008.

FIGUEIREDO, Eurídice; GONÇALVES, Ana Beatriz Rodrigues; PESSANHA, Márcia de Jesus; CAMPOS, Maria Consuelo. "Negritude, negrismo, literaturas afrodescendentes". In: FIGUEIREDO, Eurídice. *Conceitos de literatura e cultura*. 2a. ed. Rio de Janeiro: EdUFF, 2010. p. 313- 339.

FIGUEIREDO, Isabela. *Caderno de memórias coloniais*. 4a. ed. Coimbra: AngelusNovus, 2010.

FREUD, Sigmund. "Fixação em traumas: o inconsciente". In:______. *Obras psicológicas completas*. Trad. José Luis Meurer. Rio de Janeiro: Imago, 1976. Vol. XVI.

FREYRE, Gilberto. *Casa-grande e senzala*. Rio de Janeiro: José Olympio, 1961.

_______. *Ordem e progresso*. 3. Ed. Rio de Janeiro, 1974.

GOMES, Nilma Lino. "Educação cidadã, etnia e raça: o trato pedagógico da diversidade". In: CAVALLEIRO, Eliane. *Racismo e anti-racismo na educação*: repensando nossa escola. São Paulo: São Luiz, 2001.

_______. *Sem perder a raiz*: corpo e cabelo como símbolos da identidade negra. Belo Horizonte: Editora Autêntica, 2008.

KHEL, Renato; LOBATO, Monteiro. *Eugenia e medicina social*. São Paulo: Livraria Francisco Alves, 1920.

_______. *Lições de eugenia*. Rio de Janeiro: Canton&Reile, 1935.

KLOPPENBURG, Boaventura. Ensaio de uma nova posição pastoral perante a umbanda. *Revista Eclesiástica Brasileira*, p. 825–831, 1968.
LOBATO, Monteiro. *Negrinha*. 7a. ed. São Paulo: Brasiliense, 1956.
LOBO, Luiza. *Crítica sem juízo*. Rio de Janeiro: Francisco Alves, 1993. 2 ed. revista. Rio de Janeiro: Garamond, 2007.
MARIANO, Ricardo. *Neopentecostais*: sociologia do novo pentecostalismo no Brasil. São Paulo: Loyola, 1999.
MOUTINHO, Laura. "Raça", sexualidade e gênero na construção da identidade nacional: uma comparação entre Brasil e África do Sul. *Cadernos Pagu* [online], n. 23, p. 55–88, 2004.
PASSOS, Walter. *Escravidão e reprodução*: a mulher preta e o estupro. Disponível em <http:/cnncba.blospot.com.br/2014/06/escravidao-e--reproducao-mulher-preta-e.html/>
PINHEIRO, Paulo Sérgio. Autoritarismo e transição. *Revista USP*, São Paulo, n. 9, p. 168–79, mar.-mai. 1991.
PINTO, Neusa Baptista. *Cabelo ruim?* Ilustrações de Nara Silver. Cuiabá: Tanta Tinta, 2007.
RIBEIRO, Renato Janine. "A dor e a injustiça". In: COSTA, Jurandir Freire. *Razões públicas, emoções privadas*. Rio de Janeiro: Rocco, 1999. p. 7-12.
RIBEIRO, Weudson. A hipersexualização do corpo do homem negro, a face "aceita" do racismo. *Socialista morena. Jornalismo anticapitalista*. 30 de abril de 2017. Disponível em: http://www.socialistamorena.com.br/a-hipersexualizacao-do-corpo-do-homem-negro/.
RAMOS, Arthur. *O negro brasileiro*. Rio de Janeiro: Grafhia, 2001.
RUFATTO, Luiz. *Questão de pele*. Rio de Janeiro: Língua Geral, 2009.
SILVA, Luiz. *Negros em contos*. Belo Horizonte: Mazza Edições, 1996.
TAYLOR, Charles. *Multiculturalisme. Différence et démocratie*. Paris: Flammarion, 1994.
TELLES, Edward Eric. *Racismo à brasileira*: uma nova perspectiva sociológica. Michigan: Relume Dumará, 2008.

TRANSARTE BRAZIL:
DIVERSIDADE, ACESSIBILIDADE; ARTE, REFLEXÃO

MARÍLIA GABRIELA MALAVOLTA PINHO
MARIA HELENA PERES DE OLIVEIRA

A Galeria

Fundada em 2010, em São Paulo, por Maria Helena Peres de Oliveira, a Transarte Brazil, uma pequena galeria de arte radicada na Vila Madalena, notabiliza-se por ser também espaço de residência artística e, essencialmente, por propor editais e exposições de perfis absolutamente alheios à arte visual decorativa, contemplativa e/ou de já consagrado valor (de mercado, mas não só). Privilegiando a temática LGBTQ+, a Galeria prima por editais e exposições que promovam reflexão e acessibilidade, ao dar espaço e meios para que a diversidade possa ocupar mais lugares. Assim, a diversidade é o tema geral dos editais, viabilizando caminhos para artistas, em sua maioria novos, que a têm como bandeira, e pode efetivamente ganhar espaços por meio não só das exposições e dos catálogos viabilizados pela Transarte, como também da prática de preços justos e das formas de pagamento acessíveis adotadas pela Galeria.

Dessa forma, nota-se, a Transarte Brazil, dentro dos limites que são os seus, insere-se em uma problemática de feitio moderno e bastante conhecido, isto é, aquele que gira em torno das diferenças: de suas recusas, de suas inserções.

O escândalo da diversidade

Em 1986, Lévi-Strauss, a convite da Fundação Ishizaka, proferiu três conferências em Tóquio cujo conjunto, reunido em livro homônimo, ele intitulou "A antropologia diante dos problemas do mundo moderno". Em uma de suas falas, deteve-se em uma questão nuclear aos temas da "Raça", da História e da Cultura: *o escândalo da diversidade*. Tão antigo quanto o próprio homem, o repúdio à diversidade cultural manifesta-se na supressão do que teria – diante dos paradigmas confrontados – de "escandaloso" e de "chocante", não obstante a tentativa dos modernos de legitimar sua existência.

> Presos entre a dupla tentação de condenar experiências que os chocam moralmente, e de negar diferenças que não compreendem intelectualmente, os modernos testaram compromissos que lhes permitissem a um só tempo levar em conta a diversidade das culturas e suprimir o que ela conserva de escandaloso e chocante. (Lévi-Strauss, 2012, p. 79, 80)

Ao evidenciar as inegáveis limitações disso que denomina "sedutora solução evolucionista", Strauss sinaliza para uma possível preservação da inteireza da diversidade por meio da imagem de um "duplo ritmo de fechamento e abertura". Não contemporâneo ao continuísmo ofertado pela Internet e pelas onipresentes e prolixas redes sociais, mas absolutamente cônscio dos (des)caminhos da abertura global, Strauss credita à comunicação a possibilidade da preservação da diversidade; à possibilidade de que ela se dê segundo movimentos tanto de fechamento quanto de abertura, tal como praticados pelo Japão – cuja entrada na civilização mundial teria ocorrido, devido a isso, sem prejuízo de seus caracteres mais específicos.

> As grandes épocas criadoras foram aquelas em que a comunicação se tornou suficiente para que parceiros afastados se estimulassem, sem ser no entanto bastante frequente e rápida para que os obstáculos, indispensáveis entre os indivíduos como entre os grupos, diminuíssem a ponto de que as trocas demasiado fáceis uniformizassem e confundissem a diversidade. [...] o olhar que nós, ocidentais, lançamos sobre o Japão nos confirma que cada cultura particular, e o conjunto das culturas de que toda a humanidade é feita, não consegue subsistir e prosperar senão funcionando segundo um duplo ritmo de abertura e fechamento, ora defasadas uma em relação à outra, ora coexistindo no tempo. (Lévi-Strauss, 2012, p. 91; 94)

Ainda que se mantenha legítima a força de uma autopreservação da diversidade, a manutenção de um "centro de gravidade espiritual" (a se dar por meio de uma comunicação equilibrada) enquanto outros aspectos se processam em seu entorno, não compõe este ponto da análise do antropólogo o fato de que na contemporaneidade, e mesmo na dita modernidade, as diversidades iriam se tornar, elas próprias, palco de hostilidades, conforme sintetiza Leyla Perrone-Moisés, em *Mutações da literatura no século* XXI:

> A globalização econômica não resolveu os problemas nacionais em termos gerais e igualitários, e o multiculturalismo se transformou em enfrentamento de particularismos. Aquilo que a ideologia economicista havia recalcado voltou violentamente em reivindicações de ordem cultural e religiosa, ocasionando novas guerras e êxodos maciços de populações. (Perrone-Moysés, 2016, p. 40)

É Perrone quem cita as predições do poeta e ensaísta Octavio Paz que, com efeito, seriam mais claramente visíveis no século XXI:

> As sociedades mais avançadas, especialmente os Estados Unidos, já passaram da etapa industrial à pós-industrial. Esta última se caracteriza pela importância do que se poderia chamar de conhecimentos produtivos. Um novo modo de produção, no qual a ciência e a técnica ocupam o lugar central que teve a indústria. Na sociedade pós-industrial, as lutas sociais não são o resultado da oposição entre trabalho e capital, mas são conflitos de ordem cultural, religiosa e psíquica. [...]. No caso das rebeliões das minorias étnicas e culturais, as reivindicações de ordem econômica não são as únicas nem, muitas vezes, as centrais. (Paz *in* Perrone-Moysés, p. 40, 41)

Se este aspecto não compôs a análise de Strauss, não lhe foi ainda contemporânea, reforcemos, então, a ininterrupta conexão a informações e comunicações à qual nos encontramos expostos, como agentes e pacientes. Conexão que ocorre em franco detrimento de uma forma de comunicação capaz de ser favorável ao respeito às diferenças uma vez que – sob o jugo, mesmo que de maneira não mais central, por vezes aliciante, de interesses políticos e econômicos – tem atuado como potencializadora de conflitos, por meio, por exemplo, da proliferação de toda ordem de notícias falsas ou de outras formas de bombardeios midiáticos, fatores que constantemente vitimam minorias, ou quaisquer grupos diversos da ordem global – ocidental – preponderante.

Como não aludir, nesse contexto, à recente epidemia do coronavírus (COVID-19), iniciada na China, que tem reacendido sentimentos equivocados e xenófobos sobre o país, em grande parte em virtude do modo como contemporaneamente circulam as (des)informações. Rosana Pinheiro-Machado, em artigo para o The Intercept Brasil, com justeza observa:

> [...] hoje a notícia do coronavírus se espalha por meio de uma onda de pânico moral que mistura *fake news*, desinformação, racismo e estereótipos tolos. Notícias falsas gravíssimas percorrem o WhatsApp. A mais debatida nas redes sociais foi a de que o vírus teria tido origem na sopa de morcegos [...]. Um vídeo no Twitter mostrava uma cena grotesca de um jovem chinês comendo um pássaro vivo, como a prova cabal que era por isso que o vírus se espalha. [...] Na apuração de informações para esta coluna, descobri, com a ajuda do professor David Nemer, da Universidade de Virgínia (EUA), que grupos bolsonaristas no WhatsApp foram inundados de boatos, em forma de '*breaking news*', que diziam que os chineses estavam morrendo caídos nas ruas, que pais abandonaram filhos no aeroporto ao saberem da contaminação e que 23 milhões de pessoas estavam em quarentena e 112 mil haviam morrido. Essa é a narrativa apocalíptica – ou a doutrina do choque, como diria a escritora Naomi Klein – sempre muito bem manipulada para fins políticos. (Pinheiro-Machado, 2020)

Na mesma direção, de ênfases e de distorções informacionais, a colunista também lança olhar crítico sobre as notícias "positivas", no caso, a construção em tempo recorde de um hospital chinês:

> Para contrabalançar os estereótipos negativos, vieram os estereótipos positivos. A grande notícia das redes sociais foi de que 'A China construirá um hospital em 10 dias' – manchete que circulou de forma padronizada em diversos veículos. A difusão dessa notícia veio dos órgãos oficiais da imprensa chinesa, numa tentativa de direcionar as narrativas internacionais sobre a epidemia e o país.

É evidente que a manchete do hospital tem uma intenção positiva, que é mostrar uma China dinâmica, com tecnologia de ponta e vontade governamental para resolver seus problemas internos. Mas não deixa de ser o estereótipo do outro extremo, que reatualiza o eterno retorno da mítica chinesa acerca de suas grandiosas construções.

Desse modo, repelidos por meio de formas múltiplas de marginalização e de violência – o que os atuais meios de comunicação, enfim, catalisam – os diversos grupos de refugiados, os movimentos LGBTQ+, negros, indígenas, sem-terra, sem-teto (e mesmo os chineses, no presente contexto), figuram como os "selvagens", os "bárbaros", atuais – não obstante não sejam novos os preconceitos que lhes atingem.

> Os antigos gregos e os antigos chineses qualificavam os povos que não participavam de sua cultura com termos que nós traduzimos como 'bárbaro' e que, etimologicamente, parecem, nos dois casos, evocar o gorjeio dos pássaros. Portanto, eles os remetiam para o lado da animalidade; e o termo 'selvagem', que por muito tempo empregamos e que significa 'da selva', evoca também um gênero de vida animal, por oposição à cultura humana. (Lévi-Strauss, 2012, p. 79)

O escândalo da diversidade na Transarte Brazil

Barrados ou expulsos os "bárbaros", suas bandeiras são simultaneamente acolhidas pela arte, em suas diversas manifestações – visuais, literárias, musicais –, renovando possibilidades de valoração por meio da visibilidade e, sobretudo, da perenidade dos questionamentos humanos levantados e da inteligibilidade da realidade e de sua interpretação – conforme prerrogativa que Barthes atribuiu à Literatura.

Indubitavelmente, a Transarte Brazil desponta como um singular espaço desse acolhimento. A Galeria assumiu a dupla missão artística de estimular e de viabilizar ações expositivas desafiadoras, no que tange ao abrigo de temáticas e de formas limites de representação comumente hostilizadas por parte expressiva da atual sociedade brasileira, e, de resto, já delegadas a espaços marginais em virtude dos tradicionalmente escassos incentivos à arte no Brasil. Bordados, xilogravuras, ensaios fotográficos, pinturas e desenhos já passaram por ela, denunciando – de modo chocante ou escandaloso, via de regra – agruras experimentadas pelos atuais bárbaros.

A promoção de editais de fomento, exposições e catálogos, além do funcionamento do espaço também como residência artística, se dá inteiramente com recursos próprios, sem quaisquer formas de doação ou de leis de incentivo.

O edital de 2018, por exemplo, *Imigração: por um mundo sem fronteiras*, contou com uma premiação de R$ 6.000,00 ao primeiro colocado, bem como com exposição garantida na Galeria. À época, essas informações compuseram nota da jornalista Mônica Bergamo, ao lado de declaração de Lena Peres sobre a urgência da temática:

> A questão migratória é urgente, diz a galerista Maria Helena Peres. Dar visibilidade ao tema é um dever cívico de combate à xenofobia. Em São Paulo, haitianos vêm sofrendo violência; peruanos, bolivianos e colombianos estão enclausurados trabalhando escondidos por quase nada. Lá fora, aquele triste fluxo dos abandonados ao mar, os sírios bombardeados fugindo de seus lares. (*Folha de S.Paulo*, 2018)

Como esse, os demais editais e mostras da Transarte são de alto valor para o rol das reflexões em torno das produções culturais excêntricas e extemporâneas do obtuso momento pelo qual passamos, figurando, ela própria, como um gesto raro, destoante. A Galeria foi recentemente indicada para o Prêmio Arcanjo de Cultura e, em fevereiro, recebeu o Prêmio APCA (Associação Paulista de Críticos de Arte) na categoria "Arte e Reflexão". O mecenatismo de Lena Peres, acolhedor dos diversos e da diversidade, de urgentes temáticas e de artistas, se dá por expediente que também abarca comunicações tão notoriamente desequilibradas, na linha do que se refletiu logo acima. Ainda que contando com importantes notas na imprensa, como a referida anteriormente, os editais da Transarte Brazil são maciçamente divulgados por sua página no Facebook, que atualmente conta com 15.612 seguidores, e pelo Instagram (com 1.200 seguidores), impingindo-nos, de pronto, uma visão mais matizada da realidade (já destacada como premissa essencial por Lévi-Strauss): o reconhecimento de que "o lixo de um" é também "o tesouro do outro", conforme sintetizado no Festival *Transmediale*, ocorrido em Berlim, no início de 2014, sob o lema "Resplendor crepuscular":

> A revolução digital terminou novamente e dessa vez 'Você' perdeu. Nos baldios de suas consequências, o que é que ainda continua brilhando?
> Com o tema do arrebol, *Transmediale* 2014 sugere que num mundo em que os recursos (humanos, corporais, materiais, ambientais, econômicos...) estão sendo cada vez mais consumidos, o digital não sustenta mais sua promessa de mundos tecnológicos antissépticos e oportunidades para todos. Pelo contrário, a cultura digital cada vez mais está se tornando pós-apocalíptica, regida por poucos e poderosos líderes de clãs. No entanto, ela está cheia de coisas que brilham e irradiam, ao mesmo tempo promissoras e misteriosas: de mídias sociais a grandes dados. Por um lado, esse arrebol pode ser considerado como uma expressão extrema do estado esbanjador da cultura digital (excesso, sobrecarga, repetição, capturas do sentido, exploração), mas, por outro lado, como 'o lixo de um e o tesouro do outro', este arrebol também está fornecendo a transição para novas formas de ser. Se vivemos numa cultura pós-digital, o arrebol é o que caracteriza sua estética e política durante a transição para novas formas culturais que ainda não conhecemos. (*in* Pedrosa e Alves, p. 28, 39)

Assim, a artista Bia Leite, por exemplo, alvo, em 2017, de censura e de fortes ataques e perseguições por ocasião da repercussão negativa, alastrada especialmente via redes sociais, da exposição "Queermuseu – cartografias da diferença na arte brasileira", em Porto Alegre, foi lançada pela Transarte, premiada pelo *Edital Transarte* LGBT, de 2015, justamente com a tela "Criança viada", um epicentro da polêmica, e retorna agora à página da Galeria com obras referentes ao seu mais recente edital, *Sempre Gay* (2019), que privilegiou artistas de fora de São Paulo.

Transarte Brazil
9 de outubro de 2019 ·

A Transarte, galeria paulistana pioneira na apresentação de artistas com temática LGBTq+, novamente destaca jovens que militam corajosamente nas artes visuais do Brasil. Celebramos as diversas tendências com igual entusiasmo, pois há em comum uma forte justeza e o risco profissional das pinceladas ou fotogramas aqui inscritos. Para apoiar artistas gays que moram e trabalham fora de São Paulo, a Transarte concebeu a exposição "Sempre Gay", com artistas de diversos estados, que militam corajosamente nas artes visuais do Brasil pela astúcia que associam poética e plástica. A exposição trará obras de Bia Leite, Eduardo Mafea, Pedro Stephan e Liz Under. De 24 de outubro a 14 de dezembro deste ano. Entrada gratuita!

Nessa última exposição, Bia Leite apresentou a série *Naoparanao*. As pinturas fazem referência ao universo da cultura pop, tecendo diálogos entre imagens e trechos de composições do cantor Pabllo Vittar, presentes em seu álbum homônimo.

Transarte Brazil
13 de novembro de 2019 ·

Bia Leite é autora da obra "Criança Viada", lançada no Edital Transarte LGBT e censurada na exposição do Santander Cultural em 2018.

Para a exposição Sempre Gay, a artista criou a série NAOPARANAO, um conjunto de 3 pinturas figurativas que homenageiam o trabalho de Pablo Vittar, que tem um álbum homônimo. Suas obras e a de outros artistas poderão ser vistas entre os dias 24 de outubro e 14 de dezembro. Entrada gratuita.

Antes, em 2018, a artista cearense, bacharel em Artes Plásticas pela Universidade de Brasília (UnB), foi novamente patrocinada pela Transarte, tratou-se da exposição individual "Choque de monstros: laços profanos". Segundo a apresentação de Lena Peres (2018, p. 7):

> [...] a exposição exibe os resultados da homofobia, da discriminação pública e da violência padecidos e materializados intensamente nas obras. Bia mostra a figura do monstro que cresceu dentro dela; monstro criado por outro monstro: embate do preconceito contra a diversidade.

O catálogo dessa exposição conta com um "Press-clipping" de precioso valor documental. São dezenas de registros de publicações eletrônicas acerca da famigerada exposição Queermuseu: informações, imagens, especulações e comentários.

De volta à última exposição, *Sempre Gay*, a Transarte trouxe, além de Bia Leite, os artistas Eduardo Mafea e Liz Under. Mafea estabelece, em sua pintura, uma intersecção crítica entre o futebol e o universo do homem gay, enquanto Liz Under mergulha no que nomeia "arte-vadia", conforme os descritivos, acompanhados de algumas das produções, disponibilizados pela Transarte em sua página no Facebook.

Transarte Brazil
29 de novembro de 2019 ·

Estreante na Transarte, Eduardo Mafea é o artista convidado da exposição Sempre Gay. Suas imagens sugerem uma narrativa sobre intersecções entre o futebol e a vivência LGBTq+, mais especificamente do homem gay. Para ele, somos empurrados para o futebol desde o nascimento e, com isso, o esporte, "paixão nacional e símbolo de masculinidade tóxica, se faz um instrumento de violência contra corpos e sexualidades que destoam da heteronormatividade." Conheça seu trabalho na exposição. Entrada gratuita.

Transarte Brazil
13 de novembro de 2019 ·

Nascida em Araraquara, interior de São Paulo, Liz Under é uma artista visual autodidata. Concentra sua produção em arte pop, inspirada por elementos simbólicos comuns às histórias em quadrinhos.

Estabelece uma narrativa povoada de musas rebeladas, "cansadas dos emparedamentos em museus e do estereótipo construído para deleite do imaginário masculino". Seus trabalhos estarão expostos na Exposição Sempre Gay até 14 de dezembro deste ano.

Em meio às curtidas, recebendo ora rechaços, ora censuras, as redes sociais são, reitera-se, o veículo de divulgação dos editais, bem como o maciço canal de divulgação das exposições resultantes. Apesar de sua ampla formação e atuação, nacional e internacional, na área de comunicação, Lena Peres optou pelo uso exclusivo das ferramentas virtuais em função dos custos, para que assim pudessem ser maiores os investimentos nos cuidadosos catálogos das exposições, não obstante Facebook e Instagram tenham mudado suas configurações e procedimentos nos últimos anos, quando o engajamento só se tornou possível com pagamentos de impulsos, para que a audiência receba os comunicados.

De qualquer modo, as redes são tributárias, portanto, de alguns dos anseios gerais da Galeria: democratização da arte; busca pelas mais excêntricas e extemporâneas manifestações artísticas, bem como divulgação; contribuição para a formação de novos públicos colecionadores. Arte e reflexão. Sublinhe-se que esses anseios, para além da etapa do edital, são efetivamente pautados por uma prática de preços acessíveis, no que tange a valores reais e formas de pagamento facilitadas, muito diferentemente das galerias de arte, de modo geral, que sabidamente têm suas obras adquiridas sempre por um mesmo e seleto abastado grupo. Em contrapartida, arrebol da Transarte, matiz de realidade, a Galeria lida também com expectativas dissonantes do feitio realista, transgressor e contestador que é o seu e dos artistas que acolhe: não são poucos os que esperam por medidas de sucesso, como preços mais altos e aparição na mídia, e que creditam à venda o reconhecimento da importância do trabalho que realizam. Arte e reflexão.

Com sete catálogos publicados e oito exposições realizadas, a Transarte, até o presente momento, contemplou 28 artistas e recebeu centenas de trabalhos, possuindo, assim, um olhar privilegiado sobre a produção artística visual contemporânea no âmbito, essencialmente, da grande São Paulo, mas não só. Em 2015, lançou o *Edital Apoio São Paulo*, de temática livre; entre 2015 e 2016, o *Edital* LGBT; entre 2017 e 2018, o *Edital Imigração: por um mundo sem fronteiras*; em 2019, o *Edital Sempre Gay*. Além da citada exposição individual de Bia Leite, em 2018, a Galeria foi ainda residência artística para a artista Silvia M (entre agosto e dezembro de 2014) e para os artistas, consagrados internacionalmente, Iwajla Klinke (entre fevereiro e junho do mesmo ano) e Timothy Cummings (entre setembro e dezembro de 2013), do que resultaram, igualmente, apurados catálogos e exposições.

Arte é reflexão, uma conclusão

Creditando à arte o importante testemunho ativo de seu tempo, a galeria Transarte Brazil tem na diversidade, com a devida preservação de suas nuances comumente "escandalosas" e "chocantes", sua matéria e seu material privilegiados. Se o repúdio à diversidade, alimento da arte, é antigo, e se moderna é a tentativa de, por meio dos ganhos da comunicação, preservá-la maximamente, pode-se dizer que a Galeria, de um lado, capitaneia questões que já nos são bem conhecidas, explorando, naturalmente, de outro lado, aspectos novos que lhe são próprios e contemporâneos: como um trabalho de curadoria que atualiza tanto os "bárbaros" da sociedade quanto formas de mecenatismo e como o uso das redes sociais enquanto espaço principal de comunicação, a despeito das contradições – matiz de realidade – que encerram.

REFERÊNCIAS

ARENDT, Hannah. *Entre o passado e o futuro*. São Paulo: Perspectiva, 2013.

BERGAMO, Mônica. *Folha de São Paulo. Caderno Ilustrada*. "Mundo da Arte". "Mundo da Arte 2". 27 de março de 2018.

CANDIDO, Antonio. "O direito à literatura". In: ______. *Vários escritos*. Rio de Janeiro: Ouro Sobre Azul, 2011.

HARDMAN, Francisco Foot (org.). *Morte e progresso*: cultura brasileira como apagamento de rastros. São Paulo: Editora UNESP, 1998.

LÉVI-STRAUSS, Claude. *A antropologia diante dos poemas do mundo moderno*. São Paulo: Companhia das letras, 2012.

PAZ, Octavio. *Os filhos do barro*. Rio de Janeiro: Nova Fronteira, 1984.

PEDROSA, C.; ALVES, I. (org.). *Poesia contemporânea*: voz, imagem, materialidade. Belo Horizonte: Editora UFMG, 2016.

PERRONE-MOISÉS, Leyla. *Mutações da literatura no século XXI*. São Paulo: Companhia das Letras, 2016.

PERES, M. Helena. *Transarte Brazil*. Catálogos e editais, de 2015 a 2018.

PINHEIRO-MACHADO, Rosana. *The Intercept Brasil*. "Coronavírus expõe a nossa desinformação sobre a China, o maior fenômeno econômico dos nossos tempos". 28 de janeiro de 2020. Disponível em: <https://theintercept.com/2020/01/28/coronavirus-desinformacao-china/>.

SASSEN, Saskia. *Expulsões. Brutalidade e complexidade na economia global*. Rio de Janeiro: Record, 2016.

SOBRE OS AUTORES

ANA SILVIA ANDREU DA FONSECA é jornalista, doutora em linguística aplicada pela Unicamp e professora da Universidade Federal da Integração Latino-Americana (Unila). É membro do Conselho Municipal de Políticas Culturais de Foz do Iguaçu, do Observatório Educador Ambiental "Moema Viezzer" e da EcoIguaçu/ Rede EcoVida. Atualmente, faz pós-doutorado na Universidade de Buenos Aires.

BRUNO BARRETTO GOMIDE é professor livre-docente de Literatura e Cultura Russa na USP. Doutor pela Unicamp, com estágio CAPES em Berkeley. Pós-doutorado na EHESS. Professor e pesquisador visitante no IMLI (Moscou), Púchkinski dom (S. Petersburgo), Harvard, IAI (Berlim) e nas Universidades de Glasgow, Londres e Sófia. Autor, entre outros, de *Da estepe à caatinga: o romance russo no Brasil* (Edusp, 2012), *Dostoiévski na Rua do Ouvidor: a literatura russa e o Estado Novo* (Edusp, 2018) e *Antologia do pensamento crítico russo* (org., Ed. 34, 2013).

BRUNO ZENI é graduado em Jornalismo, mestre e doutor em Teoria Literária pela USP, com pós-doutorado em Literatura Brasileira na USP. Professor do Instituto Vera Cruz. Autor de *Sinuca de malandro: Ficção e autobiografia em João Antônio* (Edusp, 2016).

CAMILO SOARES é professor do curso de Cinema e Audiovisual da Universidade Federal de Pernambuco e doutor pela Université Paris 1 Panthéon-Sorbonne. É autor de *#1cartaparamarselha* e *Poesia, Mesa de Bar e Goles Decadentes – Descaminhos de Três Poetas Marginais do Recife*, ambos de 2013.

DANIELA BIRMAN é professora do departamento de Teoria Literária do Instituto de Estudos da Linguagem da Unicamp. Doutora em Letras pela UFRJ, possui graduação em Comunicação Social e mestrado em Comunicação e Cultura, ambos pela Escola de Comunicação da UFRJ. Trabalha com temas como literatura brasileira e violência; narrativas de exílio; literatura brasileira contemporânea. Em 2019, organizou o volume *Contos de Lima Barreto* (ed. da Unicamp).

FAN XING é professora assistente do Departamento de Espanhol e Português da Universidade de Pequim (PKU) e doutora em Teoria e História Literária pela Universidade Estadual de Campinas (Unicamp). Atua nas áreas de literatura brasileira, estudos culturais e tradução literária, com enfoque no romance brasileiro moderno e contemporâneo.

FRANCISCO FOOT HARDMAN é professor titular na área de Literatura e Outras Produções Culturais do Instituto de Estudos da Linguagem da Unicamp e pesquisador 1-A do CNPq. É professor-visitante na Universidade de Pequim (2019-20). Fez pós-doutorados no Collège International de Philosophie, Paris, e na Università di Bologna, onde foi pesquisador e professor-visitante. Autor, entre outros livros, de: *Trem-fantasma: a ferrovia Madeira-Mamoré e a modernidade na selva* (2005) e *A vingança da Hileia: Euclides da Cunha, a Amazônia e a literatura moderna* (2009).

LISA CARVALHO VASCONCELLOS é doutora em Teoria Literária e Literatura Comparada pela Universidade de São Paulo. Tendo trabalhado com clássicos da literatura brasileira e portuguesa no passado, dedicou os últimos anos de sua carreira ao comparativismo de língua portuguesa, com um foco especial nos temas da violência, biopolítica e pós-colonialidade. Desde 2019, vem atuando como professora adjunta junto ao CEFET-MG.

MARÍLIA GABRIELA MALAVOLTA PINHO é doutora em Estudos Literários pela Unesp – Fclar (2016), atualmente é pesquisadora colaboradora de pós-doutorado junto ao Departamento de Teoria Literária do Instituto de Estudos da Linguagem (IEL – Unicamp), com projeto acerca da materialidade da escrita de Clarice Lispector, em intersecção com as artes plásticas e com a escrita ideográmica.

MARIA HELENA PERES DE OLIVEIRA possui mestrados em Marketing e em Arts Administration pela Universidade de São Francisco (EUA), gerenciou a galeria de arte contemporânea Catharine Clark Gallery e supervisionou a comunicação da San Francisco Art Dealers Association. No Brasil, dedicou-se à produção e coordenação de exposições nacionais (CCBB, Pinacoteca, entre outras) e internacionais. Mestre na área de Bens Culturais, pela FGV, é idealizadora e proprietária da galeria Transarte Brasil.

MARCELA DA SILVA é graduada em Letras Português/Inglês pela Universidade Estadual do Norte do Paraná (UENP), Campus de Jacarezinho.

MÁRIO LUIZ FRUNGILLO é professor doutor da Unicamp. Possui mestrado em Filologia do alemão como língua estrangeira pela Ruprecht-Karls-Universität Heidelberg e doutorado em Teoria e História Literária pela Unicamp. Foi professor da Universidade Federal de Goiás de 1997 a 2006. Atua ainda na área de tradução, tendo sido premiado nesta categoria com o Jabuti 2017 pelo livro *Conversações com Goethe nos últimos anos de sua vida: 1823-1832*, de Johann Peter Eckermann.

RICARDO ANDRÉ FERREIRA MARTINS é doutor em Teoria e História Literária pela Universidade Estadual de Campinas (Unicamp). Professor adjunto do Colegiado de Letras da Universidade Estadual do Norte do Paraná (UENP), Campus de Jacarezinho.

VERA MARIA CHALMERS é livre-docente em Teoria Literária pela Unicamp. Estudiosa do modernismo brasileiro, publicou vários livros sobre a obra jornalística de Oswald de Andrade. Recentemente, lançou o volume *Escritas libertárias* (EdUFSCar, 2018), que reúne resultados de pesquisas sobre a literatura publicada na imprensa anarquista brasileira e universal. Além de integrar o núcleo Exodus, é pesquisadora do Transfopress Brasil – Grupo de Estudos da Imprensa em língua estrangeira no Brasil e professora colaboradora do Departamento de Teoria Literária do Instituto de Estudos da Linguagem da Unicamp.

1ª EDIÇÃO [2020]

Esta obra foi composta em Electra e Scala Sans
sobre papel Pólen Soft 80 g/m² para a Relicário Edições.